U0857427

中国文化四季

马新 主编

周流天下

中国传统交通文化

董莉莉 陈树淑 著

山东大学出版社

山东省中华优秀传统文化传承发展工程重点项目
中华优秀传统文化传承书系

课题组负责人

马　新

课题组成员

（以姓氏笔画为序）

马丽娅	王文清	王玉喜	王红莲
王思萍	巩宝平	刘娅萍	齐廉允
李仲信	李沈阳	吴　欣	宋述林
陈树淑	陈新岗	张　森	金洪霞
赵建民	贾艳红	徐思民	郭　浩
郭海燕	董莉莉	韩仲秋	谭景玉

總序

中国传统文化是中国历史发展中物质文化与精神文化的结晶，也是人类文明史上唯一没有中断的独具特色的文化体系，是中国历史带给当今中国与世界的文化遗产。

早在遥远的旧石器时代，我们的先民为了生存，打制着各式各样的石器，也击打出最初的文化的火花。随着新石器时代的到来，以农业生产为前提的农业文明发生了，我们的先民筚路蓝缕，耕耘着文明的处女地，孕育着中国文化的萌芽，绚烂多姿的彩陶文化与精致绝伦的玉石文化是这一时代的文化地标，原始宗教与信仰、语言、审美及创世神话也纷纷出现。

进入文明的门槛后，先民们开始了艰辛的文化积淀。商周时代的礼乐文明与青铜文化代表了这一时代的杰出成就，甲骨文与金文则成为这一时代的文化符号。至春秋战国，中国文化史上的“寒武纪大爆发”开始了，无论是物质文化，还是精神文化，都进入一个创造和迸发的时代：这一时代，出现了“百家争鸣”，从孔子、老子、墨子到孙子、孟子、庄子等贤哲，无一不在纵横捭阖，挥斥方遒，发散出理性的光芒。这一时代，出现了《诗经》《楚辞》，还出现了《左传》与《国语》以及不可胜数的人文经典。这一时代，又是科学与技术的辉煌时代，铁器与牛耕技术的出现，奠定了此后2000多年中国农耕文明的基础；扁鹊的医术与《黄帝内经》的理论，成为中医药文化的基石；墨子、鲁班、甘德 、石申，启迪了我们的科学探索，民间无数的工匠们在纺织织造、建筑交通以及各种手工工艺上都进行了卓越的创造。春秋战国时代既是中国文化的启蒙时代，也是中国文化的奠基时代。

随着秦汉时代的到来，海内为一，中国文化进入凝炼时代，形成了大一统的文化特色。这一时代，不仅有了大规模的驰道、长城以及宫殿的兴建，还有了统一的度量衡与文字；这一时代，不仅牛耕技术继续向全国推进，还有了精耕细作技术，使其成为中国农耕文化的首要特征;这一时代，不仅有"独尊儒术"与经学的繁荣，也有汉大赋的飞扬与汉乐府的古朴；这一时代，商品贸易"周流天下"，工商政策与商业理论富有特色，全社会在衣、食、住、行方面的水平明显提高。生活的精致化与生活水平的不断提高，使得20世纪的权威史学家汤因比也动了想去中国汉代生活的念头。

魏晋南北朝与隋唐时代，是中国文化史上的交融与繁荣时代，周边游牧民族文化的涌入，西部世界的宗教文化及其他各种文化的东来，使这一时代形成了空前的中西文化碰撞与冲击。在此后到隋唐时代的融合发展中，实现了文化的大繁荣。道教虽产生于汉代，但其发展与传播则是在魏晋南北朝与隋唐时代；佛教也是在汉代传入，它的发展与繁荣同样是在魏晋南北朝与隋唐时代。这一时代，玄学与禅宗是思想史上的两大硕果，书法、绘画、雕塑以及音乐、舞蹈方面，更是群星闪耀，唐诗的地位在文学史上是无可替代的，唐三彩的艺术魅力同样穿越千古。这一时期的农耕文化、工商文化以及其他各文化形态也都取得了长足的发展，特别是中外文化交流之活跃、之丰富，使中国文化与外部世界的文化产生了有力互动，隋唐长安城是当时世界文明的中心所在。

宋元明清时代是中国文化的扩展时代。随着文明的进步与文化手段的变化，随着市民社会的兴起与社会结构的变化，面向民间、面向市民与普通民众的文化形态迅速扩展。宋明理学的主旨是给民众套上牢牢的精神枷锁，但是与汉代经学相比，它也是儒学民间化的一种体现。从宋词到元曲，从“三言二拍”到话本小说，再到戏剧的兴起和四大文学名著的问世，无不体现着这一特色。这一时代，既有明末清初试图开启民智的三大启蒙思想家，又有直接面向社会生产与社会生活的《天工开物》《本草纲目》以及《农政全书》。这一时代，中国文化在积淀着中国文明丰厚底蕴的同时，也在准备着自己的转身，准备着与新文化的拥抱。

从中国文化的发展可以看出，其历史之悠久、内容之丰富、价值之巨大，可谓蔚为大观，令人叹服。在新的历史时期，把握与了解这些渐行渐远的文化宝藏，并将其传承给青年一代，是摆在我们面前的世纪难题。

自 20 世纪 80 年代以来，学术界与文化界一直在孜孜不倦地去破解与完成这一难题，为此付出了艰辛的努力，推出了一批又一批面向青少年群体的“中国传统文化”类读物或教材，可谓琳琅满目，数目繁多。毋庸置疑，文化学者们的这些努力，对于研究与普及中国传统文化发挥了重要作用。但是，若作为当今面向青少年群体的普及性著作还有若干不适应之处。比如，有的著作篇幅过大，往往动辄四五十万字甚至上百万字；有的著作理论性偏强，在理论性与知识性的结合上还不够；还有的著作对有关知识点的叙述不够均衡，轻重不一。更为重要的是，随着社会主义核心价值体系建设的推进，尤其是习近平总书记所提出的对中国传统文化的“四个讲清楚”，对中国传统文化的研究和普及提出了更高的要求。为此，我们组织了 10 余所高校的相关研究人员，共同编写了这套适合当代青少年阅读的中国传统文化读物——《中国文化四季》，旨在为青少年提供一套富有时代特色的中国传统文化专题知识图书。

在编写过程中，我们深刻地感受到中国传统文化源远流长、博大精深，是中国文明 5000 年进程的辉煌结晶——既有筚路蓝缕的春耕，又有勤勤恳恳的夏耘；既有金色灿然的秋获，又有条理升华的冬藏。所以，我们以“中国文化四季”

作为总领，旨在体现5000年文明进展中最具代表性的精华篇章。在专题确定与内容安排上，也着重体现中国文化在春耕、夏耘、秋获、冬藏各个演进环节上的标志性成就。整套丛书由16册组成，包括：

《精耕细作：中国传统农耕文化》

《货殖列传：中国传统商贸文化》

《大匠良造：中国传统匠作文化》

《巧夺天工：中国传统工艺文化》

《衣冠楚楚：中国传统服饰文化》

《五味杂陈：中国传统饮食文化》

《雕梁画栋：中国传统建筑文化》

《周流天下：中国传统交通文化》

《人文荟萃：中国传统文学》

《神逸妙能：中国传统艺术》

《南腔北调：中国传统戏曲》

《兼容并包：中国传统信仰》

《天人之际：中国传统思想》

《格物致知：中国传统科技》

《传道授业：中国传统教育》

《止戈为武：中国传统兵学》

我们希望通过各专题的介绍，使读者既可以有选择地了解中国传统文化的有关知识，又可以全面地把握传统文化的基本构成。

为适应青少年的阅读需求，我们吸取了以往此类图书的优点，尽量避免其缺陷与不足。在全书的内容设计上，打破了传统的章节子目式的编排方式，每章之下设置专题，以分类叙述各门类知识；在写作时，尽量避免以往一些读物的“高深”与“生冷”现象，以叙述性文字为主，做到通俗、易懂、生动;另外，各册都精心配备了一些与各章内容相对应的中国传统文化图片等，做到了图文并茂。

需要说明的是，这套丛书作为“中华优秀传统文化传承书系”被纳入山东省“中华优秀传统文化传承发展工程”重点项目，得到中共山东省委宣传部和有关专家的大力支持与指导 。为不负重托，我和20余位中青年学者共同合作，以对中国传统文化的挚爱为基点，精心施工，孜孜不倦，以打造一套中国传统文化的精品作为出发点和最终目的。全书首先由我提出编写主旨、编写体例与专题划分；各专题作者拟出编写大纲后，我对各册大纲进行修订、调整，把握各专题相关内容的平衡与交叉，以更好地体现中国传统文化的四季风情；然后交给各专题作者分头撰写初稿；初稿提交后，由我统一审稿、统稿、定稿，并补充与调整书内插图。这套丛书若能蒙读者朋友错爱，起到应有的作用，功在各位作者；若有缺失与不足之处，我当然不辞其咎。

我们由衷地希望通过全体作者的努力，使本书不再只是枯燥乏味的知识叙述，而是青少年真正的学习伙伴，让中国优秀传统文化能够浸润到每一个青少年的心灵深处。

马 新

2017年3月于山大高阁书斋

目錄

第三章　海上交通

第四章　桥梁关津

第五章　交通技术

第六章　交通制度

第七章　交通模式

第八章　交通习俗

1

概述

衣、食、住、行是人类社会最基本的生活方式，四者缺一不可。其中，行即通常意义上的交通，是指人们有意识地进行人或物的空间移动，以此来实现两地之间的交流。“交通”一词最早出现于春秋战国时期。在这一时期，它包含的意义非常广泛，人们之间的交往、信息的传递、万物的生长都可称作“交通”。汉晋之后，“交通”多指人或物的空间流动，其含义已接近于今义。

原始社会时期是中国传统交通文化的萌芽时期。这一时期，人们依血缘关系生活在一起，以采集和狩猎为生，活动范围相当有限。然而，在这一时期，为了生存以及简单的交流，人们开始制造简易的交通工具来实现短距离的往来。独木舟、车子的出现为后世交通工具的发展奠定了基础。为了跨越河流，人们制造了独木桥和梁桥。居住在沿海地区的人们还利用水的特性实现了简单的漂航。随着生产力的提高，人们活动范围的日益扩大，不同人群间的交流往来也日益频繁。

夏商周时期是中国传统交通文化的初步形成时期。这一时期的农业、商业、科技、文化都得到了较大的发展，为各民族间的融合提供了物质基础。而各个民族通过不断的融合与交往，又促进了交通区域的扩大。夏商王朝的不断西进与周朝的东进、南下最终使中国古代的道路遍布全境。随之而来的便是道路沟渠的开通、交通工具的改进以及道路设施的建立。在道路沟渠方面，这一时期虽然尚未形成以某一中心为主向四周辐射的交通网络，但是以各诸侯国国都及著名的经济都会为中心的交通网络已经形成。各国设置了关津保境安民，交通制度也进入草创阶段。这一时期最为人称道的是人工运河的开凿，它使中国不再拘泥于天然河道的流向，而使几条河流以人工运河的方式实现了汇合，促进了水上交通的发展。邗沟、鸿沟、胥河的开凿在中国运河开发史上占有重要的地位。在海上交通方面，近海的南北航线已经形成，去往日本、朝鲜、南海等地的航线也已经形成。在交通工具方面，木板船的出现、独辀车的发明以及马、牛等牲畜的利用促使人们实现了远距离的交流，它们在军事、商业、农业的发

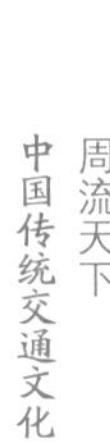

展中都起到了重要的作用。在道路制度方面，作传递消息、提供住宿之用的邮传制度以及作通关证明之用的符传制度都表明这一时期的交通制度已经初步形成，富有特色的中国传统交通文化开始显现。

秦汉是中国历史上第一个大一统时期，也是中国传统交通文化大发展时期。为了加强对地方的控制，集权国家废除了六国并立时的关卡，令“车同轨”，促进了全国范围内交通网络的发展，便利了各地的交流，中国传统社会的交通文化走向新的时代格局——全国性交通网络初步形成，域外交通开辟，交通模式开始呈现多样化发展态势，交通工具有所改进，交通制度也逐步发展起来。

秦汉时期，在内陆交通中出现了以都城为中心并向四面辐射的交通网络。各地区经济的迅速发展，推动了许多著名的内地都会以及沿海港口的出现，它们也成为重要的交通枢纽。在道路的修筑方面，这一时期因地制宜，修筑了许多令后世赞叹的伟大工程，如西南地区子午道、褒斜道的修筑以及沟通长江与珠江的灵渠的开凿至今仍堪称伟迹。在域外交通中，张骞出使西域开辟了西域丝绸之路，徐闻—合浦南海道的开辟标志着海上丝绸之路的形成，再加上北方草原毛皮之路以及西南丝绸之路的开通，中国已经与朝鲜、日本、印度、罗马等地建立了密切的联系。秦汉借丝绸贸易在世界贸易史上占据了一席之地，促进了东西方文明的传播与交流。在交通技术方面，依托于秦汉时期先进的科学技术以及雄厚的物质基础，这一时期，无论在车辆还是船舶的制作方面，都较之前有了突破性的进展。双辕车成为这一时期的主要车辆类型，辒辌车的发明以及安车的改进则提高了人们乘车的舒适度。汉代楼船、橹以及船尾舵的出现，使人们能够进行大规模的水上战争，同时节省了人力，使人们能够更好地掌握船舶的航向，为远距离的海上航行提供了基础。在交通制度方面，秦汉时期有了统一的法度。秦统一六国以后，令“车同轨”，无论是车辆的制作还是驰道的修筑，都有了统一的标准。男女异路、贱避贵等交通规则也在这一时期慢慢地确定下来。为了更好地维持治安以及保卫国家，全国性的关津制度建立起来，

加上“传”这种通关凭证，人们被严格地控制在政府的密网之下。

魏晋南北朝时期是中国古代史上的分裂与整合时期。一方面，各个民族、各方政权的分裂与割据造成了交通的障碍或不便；另一方面，各民族的交流与融合又为中华文明的发展增添了新鲜血液。这体现在交通文化上，则是区域性交通的发展、域外交通的短暂停滞以及具有时代特色的交通模式的形成。各个政权在自己的势力范围内致力于交通的发展，其结果是全国范围内各个地区交通的大发展。值得注意的是，南方地区不论在经济还是在交通方面都得到了较大的发展，一改秦汉以前注重中原地区的发展格局，而慢慢地转向南、北共同发展的格局。另外，由于政治的混乱与腐朽，这一时期人们更加注重内心的精神生活。追求独立、崇无轻有、重审美轻实用是这一时期的时代特点，体现在交通工具方面，则是人们不再追求实用性更强的马车，更加舒适的牛车成为主要的畜力车，在车的装饰上也更加追求奢华。肩舆也于这一时期兴起，迎合了当时显贵们养尊处优、寄情山水的特点。

隋唐五代时期是中国传统交通文化的成熟时期。这一时期，疆域扩大，国力增强，再加上兼容开放的特点，遂形成了以唐朝为中心的“东亚文化圈”。表现在交通上，则是国内更加严密的交通路线的往还交织、邮驿制度的发展、交通工具的发展、交通设施的发展、交通习俗的定型以及域外交通的昌盛。在国内交通路线方面，以长安和洛阳为中心的陆上交通线四通八达，各州郡之间、各县之间都修筑起了大道，这些道路层层连接，形成了稠密的交通网络。尤其是在南方，这一时期随着南方经济的发展，出现了越来越多的经济大都会，如扬州、广州、荆州等，它们迅速成为重要的交通枢纽，承载着沟通南北的重任。这一时期最为人称道的是隋唐大运河的开凿。它是应南北交流的需求，在隋唐强盛国力的支撑下开凿的令世人惊叹的伟大工程。

隋唐时期在邮驿方面的变化是邮驿机构开始兼有馆舍的性质，这种馆舍专供贵人使用，与汉代的邮亭大不相同。在交通工具方面，车的形制增加，肩舆

的使用更为普遍。船舶制造技术有了很大的突破，建造的平底海船、尖底海船更加适合近海或远洋航行，车船的发明则是我国古代劳动人民在船上使用机械动力的尝试。总体来说，交通工具向着更加方便、更加舒适的方向发展。在运输方面，则是向着承载量更大、速度更快的方向发展。交通制度更加成熟、更加细化，政府对于人们的行船、闹市走车马、出入关津都以法律的形式作了严格的规定。另外,唐朝还颁布了《仪制令》,这是中国最早的关于交通礼仪的规范。在交通设施方面，私人旅舍兴盛起来，收入可观。在都城及重要的港口、码头随处可见私人旅舍，它的兴盛与这一时期外商的大量涌入密切相关。另外，这一时期修建、设置了许多桥梁和关津，从而便利了人们的出行。在交通习俗方面，畏远行及饯别、折柳、送行、软脚等拜别程式开始盛行并固定下来，成为中国传统交通文化重要的组成部分。在域外交通方面，丝绸之路全面繁荣。唐朝时期大漠南北统一，北方草原毛皮之路达到兴盛阶段；去往滇缅、印度的西南丝绸之路、茶马古道也在很长的一段时间内成为宗教徒的往来之路；隋唐对西域的大力经营也迎来了西域丝绸之路的重新开通；在海上丝绸之路方面，唐朝可以越过印度半岛直达阿拉伯海和波斯湾，而且首次到达了红海和非洲。总之，丝绸之路的全面繁荣实现了东西方文明的直接对接，也促进了中亚、西亚等地经济、文化的发展。另外，由于唐朝交通发达，朝鲜、日本与中国往来频繁，在吸收中国先进文明的基础上迎来了本国的大发展时期。

宋元时期，我国古代交通走向成熟完善阶段，其总体面貌经过汉唐的发展出现了较大的变化。首先，在域外交通方面，陆路交通呈萎缩之势，海上交通全面繁荣。这一时期在远洋航线方面的成就是开辟了直接横渡印度洋的航线，在这条贸易航线上，除了丝绸，瓷器也成为炙手可热的商品。另外，随着海上丝绸之路的发展，东南亚地区成为沟通东西的桥梁，借中转贸易逐渐繁荣起来。当然，域外交通的繁荣无疑得益于宋元时期先进的科技。李约瑟曾说：“每当人们在中国的文献中查找一种具体的科技史料时，往往发现它的焦点在宋代，不

管在应用科学方面或纯粹科学方面都是如此。”[①] 正是有了宋元先进科技的支撑，才有了指南针的应用，而指南针应用于航海是航海技术的巨大变革，它预示着计量航海时代的到来。另外，平衡舵的出现以及水密舱壁技术的成熟都是这一时期船舶远洋航行的必备条件。其次，在国内交通方面，陆路交通线更加成熟，尤其是元朝在四大汗国与中原地区以及各行省之间建立了发达的驿路，在行省之下的省与府之间、府与县之间建筑了大道。三级交通网络奠定了明清时期的交通格局。在水路交通方面，宋朝四渠、元朝京杭大运河成为宋元漕运、沟通南北的重要路线，堪称宋元政府的命脉。再次，在交通制度方面，《仪制令》遍布全国各地，成为人人都需遵守的规则。随着海上贸易的发展，宋元朝廷为海运立法，建立了市舶司，出台了《市舶法》等相关法律。在这一时期，由于商业的发展，关津制度的经济职能逐渐凸现出来。在邮驿方面，官方经营的馆舍与邮驿逐渐合并，合称“馆驿”，既可用于官方传递政令、军令以及文书等，又可用于接待宾客，邮驿制度更加成熟。

明清时期的交通无论在交通路线、交通技术、交通习俗还是交通制度方面都继承了前朝，是中国传统交通文化的总结时代。这一时期的内陆交通网经过前朝的发展已趋完善，政府所做无非是对道路的修缮与整治。交通习俗与交通制度也渐渐固定下来。人们乘车坐船的规则、出行的禁忌及漕帮与马帮的习俗都在这一时期得到总结并传承下来。在域外交通方面，可以分为两个发展阶段。明中期以前，中国的造船技术臻于极盛，加上明朝强盛的国力与宣扬国威的政治目的，成就了郑和下西洋的壮举。郑和下西洋开辟了中国历史上最远的航路，使中国与亚非国家得以友好往来，扩大了明朝的影响力，传播了先进的中华文化，也为世界地理大发现开辟了东方航路，这可以说是古代中国在世界史上绽放的最后的辉煌。明中期以后，由于“闭关锁国”政策的实行，域外交通渐趋没落。

---

① ［英］李约瑟：《李约瑟文集》，辽宁科技出版社 1986 年版，第 115 页。

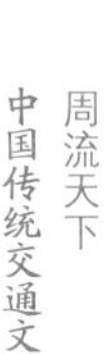

第一章 陆路交通

陆路交通，顾名思义，是指人们自然走出来的或者是人为修建在陆地上的供人与车、马行进的路。在不同时期，路的称谓不同。比如：西周时期，人们把能通行一辆马车的道路称为“途”，能通行两辆马车的道路称为“道”，能通行三辆马车的道路称为“路”；秦始皇统一六国后，既有以咸阳为中心通往各地的国道——“驰道”，也有为抗击北方匈奴而修建的“直道”；清朝将道路分称为“官马大路”“大路”“小路”；等等。

在远古时期，人们的活动范围有限，所经地区无非是生活区的周围。到了春秋战国时期，由于人们生存条件的改善、国家之间战争与交流的需要，人们的活动范围逐渐扩大，这就需要有通往各个地方的道路，慢慢地也就形成了陆路交通网。在内陆交通方面，汉朝时有以长安为中心的东路干线、北路干线、西南干线、南路干线、河东干线，唐朝时有“八到”，元朝时有以驿道和官道为主的道路网络系统，等等。在对外的陆路交通方面，最著名的莫过于丝绸之路，它将中国、印度、埃及、罗马联系了起来，是中西交往的大动脉。

有了日渐完善的陆路交通网，就会有交通枢纽与旱码头的形成和发展。同现代一样，古代能够作为交通枢纽的地方无非是政治中心、商业中心或军事中心。在地理位置优越的前提下，这些城市往往会自觉或不自觉地成为重要的交通枢纽。政治中心以汉朝都会长安为例，其向北可达九原郡（今内蒙古包头），向西可达陇西郡（今甘肃临洮），向东可达临淄，向南可达江陵（今湖北荆州），向西南可达云南，构成了以长安为中心的向四面辐射的交通网。商业中心以宋朝成都为例（其同时也是宋朝重要的军事中心），向北可至秦岭南，向东可至荆、鄂地区，向南可至静江府（今广西桂林），构成了以成都为中心的西南交通网。旱码头是交通比较发达的陆地城镇。比较著名的旱码头有山东周村、江西景德镇、广东佛山镇等，它们都因交通便利而成为贸易中心或军事重镇。客栈也是伴随着交通网络的不断扩展而形成的。其历史悠久，有官营客栈和私营客栈之分，为我国交通事业和社会经济乃至文化的发展做出了重要的贡献。

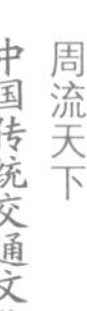

一、内陆交通线

内陆交通线是一个国家在所辖区域内修建的国内交通线。自先秦至清朝，各个时期的统治阶级都以修建四通八达的交通线为首务。从政治史、军事史的角度来看，发达的交通网络能够有效地实现中央对地方的控制和管理，尤其在国家出现危急状况时能够迅速地集结兵力与运输物资；而从社会史、文化史的角度来看，“交通网的布局、密度及其通行效率，决定了文化圈的范围和规模，甚至交通的速度也对社会生产和生活的节奏有重要的影响”[①]。

夏商周时期是中国传统交通的初步发展阶段。据考古发掘，最晚至商朝末年，形成了以商都为中心的道路交通网络。其主要干线有6条：以商都为中心，向东北通往今辽宁朝阳等地；向东南通往今徐淮地区；向南通往今两湖地区；向西通往周都丰镐（今陕西西安）；向东可达今山东青州地区；向西北可达今山西地区。[②]西周时期，在文献记载中道路被称为“周行”“周道”。《诗经·小雅·大东》记载：“周道如砥，其直如矢。”

春秋战国时期，因各国联系的加强以及战争的需要，交通大为发展，以各诸侯国都城或经济都会为中心向四面辐射的交通网逐渐形成。以秦国都城咸阳为例，东出函谷关，经洛邑（今河南洛阳）可达中原各地；向东南经商於之地（今陕西商洛境内）可至宛（今河南南阳）；向东北经栎阳（今陕西阎良境内）、蒲阪（今山西永济境内）可至太原郡；向西北经萧关（今宁夏固原东南）可至北地郡（今宁夏吴忠西南）。此外，秦国最为人称道的是通往西南的巴蜀大道。这条连接今川陕地区的古道，不论在政治上、军事上还是交通中都起到了非常

① 王子今：《秦汉交通史稿》，中国人民大学出版社2012年版，第2页。

② 参见彭邦炯：《商史探微》，重庆出版社1988年版，第269页。

重要的作用。这一时期的经济都会有秦国的雍（今陕西凤翔南）、楚国的吴（今江苏苏州）、齐国的临淄、赵国的邯郸等。其中以齐国的陶（今山东定陶）最为发达。陶曾是曹国的都城，后成为穰侯魏冉的封邑。范蠡助越王勾践灭吴之后，弃政从商，来到陶。他认为陶居“天下之中，诸侯四通”。以陶为中心，西可至魏国、秦国，北可至赵国、燕国，南可至韩国、楚国，再加上便利的水上交通，陶成为各个诸侯国货物交易的场所。这一时期的交通以各国都城为中心向四面辐射，同时以经济都会为中心的交通又会超过一国范围而涵盖某一区域。但是，由于各国各自为政，加上战争频繁，全国范围内并没有形成四通八达的交通网络。秦朝统一六国后，以咸阳为中心的面向全国的交通网络才开始形成。

秦始皇统一六国后，为了实现对全国的统治，遂致力于建设通向全国的交通线。他在拆除战国时期各国私筑的高墙壁垒以及关卡的同时，还下令修建以驰道、直道为主要干线的交通路线。此外，秦始皇还依不同的修筑条件而修建了几条特殊道路，初步形成了以咸阳为中心的覆盖全国的内陆交通线。秦朝的主要交通线由三部分构成：一是驰道。所谓驰道就是专供帝王驱车的国道。秦始皇在统一六国后的第二年（前 220 年）就下令修筑以国都咸阳为中心、通往全国各地的驰道。对于驰道的规模，《汉书·贾山传》有载：“东穷燕、齐，南极吴、楚，江湖之上，滨海之观毕至。道广五十步，三丈而树，厚筑其外，隐以金椎，树以青松。”（详见“驰道”条）二是直道（见图 1–1）。《史记·秦始皇本纪》载，秦始皇三十五年（前 212 年），“除道，道九原抵云阳，堑山堙谷，直通之”。三是在巴蜀地区（分布在秦岭、巴山、岷山之间）依山而建的栈道。汉朝在秦朝的基础上，对陆路交通线进行拓展完善。如：在西南夷，“凿山通道千余里，以广巴蜀”；在北方，北边

图 1–1　秦直道遗址（今内蒙古东胜境内）

道在秦朝时西起临洮，东至辽东，汉朝时则西起敦煌，东至辽东以东的乐浪（今朝鲜平壤附近）地区；在江南地区，东汉时开零陵（今湖南永州境内）、桂阳峤道。

大体来说，秦汉时期的内陆交通线有6条：（1）东路干线：自长安而东，出函谷关，经洛阳、定陶而至临淄；（2）北路干线：自长安而北，直达九原郡（今内蒙古包头）；（3）西北干线：自长安而西，至陇西郡（今甘肃临洮）；（4）河东干线：自蒲津（今山西永济西）渡黄河，经平阳（今山西临汾西北）、晋阳（今山西太原南），至平城（今山西大同东）；（5）西南干线：自长安向西南经褒斜道，过汉中，至成都及云南地区；（6）南路干线：自长安向东南出武关（今陕西丹凤东），经南阳，至江陵。[①] 东路干线是一条贯穿关西和关中两大经济区的动脉。北路干线与河东干线是为抵御匈奴而建，它们的作用更多体现在军事方面。对于西南干线，秦汉统治者修筑了褒斜道、子午道、阴平道等栈道。自西南干线再向前延伸可以到达印度等地，是中西交流的重要国际交通线。这一时期的内陆交通线以长安为中心，以几个干线为支柱，同时又有通向各个地区的交通支线，形成了全国规模的交通网络，不仅对当时的政治、经济、军事的发展起了积极作用，也奠定了后世道路规划及修筑的格局。

魏晋南北朝是政局动荡的年代，秦汉时期大一统局面被打破，随之而来的是近400年的政权割据局面。这一时期，全国性的交通线发展受阻，而各个割据政权为了巩固自己的统治，在所属区域内致力于发展交通，以都城为中心的区域交通有所发展。这一时期的交通区域随着少数民族的入侵以及巴蜀地区、南方地区的发展而得以拓展，呈现出不同于秦汉时期的特点。西南地区以成都为交通中心，北方地区以长安、洛阳、平城（今山西大同）、邺城（今河北临漳）等为交通中心，南方地区则以建康（今江苏南京）为交通中心。魏晋南北朝时期的道路有驰道、官道、州道、县道、乡道之分。

① 参见王崇焕：《中国古代交通》，天津教育出版社1991年版，第11页。

隋、唐两朝结束了魏晋南北朝的分裂局面，继秦汉之后又形成了空前繁荣的统一国家，其经济与政治的发展程度也远非前朝可比。表现在交通上，则是御道、直道、新道的修筑。如隋炀帝修筑了由洛阳经太行山到并州（今山西太原西南）的驰道；唐玄宗时期，张九龄修筑了大庾岭新路（今广东始兴）；等等。其结果则是内陆交通线往还交织，域外交通发达，陆路交通与水路交通得到大发展。南方地区交通发展起来，并有赶超北方之势。

这一时期以长安和洛阳为中心，形成了全国内陆交通网络。据《元和郡县志》的记载以及今人论著的研究，这一时期主要有 8 条内陆交通线:（1）以长安为中心，向西南经凤州（今陕西凤县）、成州（今甘肃西和）、武州（今甘肃武都）至松州（今四川松潘）。（2）向西北经邠州（今陕西郴县）、泾州（今甘肃泾川）、兰州、瓜州（今甘肃瓜县）、沙州（今甘肃敦煌）至安西都护府（今新疆吐鲁番地区）。（3）向南经兴元府（今陕西汉中）、利州、汉州（今四川广汉）至益州（今四川成都）。（4）从长安向南穿越秦岭、大巴山至四川地区的栈道是中原与四川地区联系的主要交通要道;向北经耀州、鄜州（今陕西富县）、银州（今陕西榆阳）至天德军（今内蒙古乌拉特前旗）。（5）向东南经商州、南阳、宣州至温州。（6）向东经会昌（今陕西临潼）、郑县（今陕西华县）、华阴至洛阳。以洛阳为中心，向东经偃师、荥阳、汴州（今河南开封）至淄州（今山东淄川）。（7）向东北经怀州（今河南沁阳）、邯郸、幽州（今北京西城）、渔阳（今天津蓟县）、安东都督府（今辽宁辽阳）至朝鲜平壤地区。（8）向北经河阳（今河南孟州）、祁县至太原;向南经伊州（今河南伊川）、南阳、武胜关、鄂州（今湖北江夏）、衡州（今湖南珠晖）至广州、邕州（今广西邕宁）地区。此外，还有以成都、南阳、汴州为交通枢纽的干线。[①] 总体来说，隋唐时期形成了州与州之间有干线交通，县与县、乡与乡之间有支线交通的格局。

两宋时期出现了少数民族政权与中原王朝并立的局面，虽有短暂统一，但

① 参见秦国强：《中国交通史话》，复旦大学出版社 2012 年版，第 419 ～ 421 页。

与唐朝辽阔的疆域相差甚远，交通发展也受到了一定的影响。这一时期的内陆交通线基本沿袭唐朝，但也开辟了一些新的道路。此外，宋代是封建经济高度繁荣的时期，以经济都会为交通枢纽的交通线大为发展。宋代道路分为驿道与官道，很多官道与驿道重合。宋代以开封、临安（今浙江杭州）、成都、广州为中心，建立了通达各府、州、县的道路网。

两宋内陆交通线基本沿袭唐朝，有所不同的是，交通中心由唐朝的长安和洛阳变为北宋首都开封与南宋首都临安，因此，有少数道路的走向发生了些许变化。成都是西南地区的交通枢纽，所属四川盆地农业发达，是重要的经济中心。在两宋政权并立时期，成都也是宋朝在西部的军事防御中心。以成都为中心，向北经剑阁道可至秦岭南，向东借助水道可至两湖地区，向南经万州、江陵府（今湖北荆州）可至静江府（今广西桂林）、邕州（今广西南宁）地区。广州因唐宋以来海外贸易的繁荣而逐步发展成为两宋南部地区的交通枢纽。北经潮州、泉州、福州可至临安；有沟通岭南、岭北的大庾岭道、骑田岭道、桂阳峤道；西经封州、梧州、临桂可至广西地区。

元代是陆路交通的繁荣时期。元代结束了宋辽金时期政权割据、并立的局面，实现了大统一，并且疆域辽阔，全国道路得以重新整顿。元帝国包括察合台、伊利、钦察、窝阔台四大汗国以及岭北、辽阳、江西等 11 个行省。为了巩固统治，加强管理，元世祖在四大汗国与中原地区以及各行省之间建立了发达的驿路，在行省之下的省与府之间、府与县之间修筑了大道。这样就形成了三级交通网络，奠定了明、清两朝的交通格局。这一时期的交通以大都为中心，向东北经通州、蓟州可至辽阳行省；向北经宣德、开平、纳邻道可至蒙古地区；向西经居庸关、河套地区可至察合台汗国；向南经通州、德州、徐州、苏州、杭州可至福州；向西南经涿州、汴梁的驿道可将西南、中原等几大行省连接起来。[①] 元代发达的

---

① 参见马小奇、张培东编著:《中国古代交通》，北京科学技术出版社 2006 年版，第 104 页。

陆路交通促进了全国农业、手工业和商业的发展。元代江南各地丝织业相当发达，大量丝绸被运往大都销售，并对外出口。大都、杭州和泉州是当时闻名于世的商业城市，其中大都的各种集市尤为繁荣，促进了北方地区的发展。这不仅对当时中国封建经济的繁荣起到了重要作用，而且还对当时的中外文化交流做出了重要的贡献。而这些都得益于陆路交通的完善与发达。

明清沿袭元朝，是中国古代内陆交通的完善时期。经过前朝的发展，全国性的内陆交通网络渐趋完善，明清统治者所做的无非就是对道路进行修整，或开辟一些更为便捷的道路。这一时期的道路有官马大路、大路和小路，官马大路是首都北京通往各个省城的路，大路是省城通往地方城市的路，小路则是各城市通往城镇的路。

二、丝绸之路

“丝绸之路”一词始出于德国地理学家、东方学家费迪南·冯·李希霍芬1877年的著作《中国——亲身旅行和据此所作研究的成果》。在这本长达5卷的宏著中，他首次将公元前114～127年间连接中国与河中以及印度的丝绸贸易的西域道路称为“丝绸之路”。其实，这只是丝绸之路的一条通道，另外还有经北方草原地带的“草原毛皮之路”，经海路到达西方的“海上丝绸之路”以及经西南地区通往印度地区的“西南丝绸之路”。（“海上丝绸之路”属于水路交通，详见后述）

西域丝绸之路　西域丝绸之路在汉武帝时期正式开辟，东汉以及魏晋南北朝时期时断时续，唐朝时达到繁荣阶段。从唐朝后期开始，因西北地区政权割据以及航海技术的发展，海路逐渐取代陆路成为中西交通的主要通道，西域丝绸之路的地位不复从前。

西汉的张骞与东汉的班超对西域丝绸之路的开辟与维护起到了重要的作用。

张骞，汉中成固（今陕西固城）人。汉武帝建元三年（前 138 年），张骞以郎应募出使大月氏，以期联合大月氏共同对抗匈奴。对于张骞第一次出使西域的路线，《史记·张骞列传》与《史记·大宛列传》都记载得非常清楚。张骞与甘父等人出陇西郡（今甘肃临洮），经匈奴[①]时为匈奴所获，居 10 余年后，又向西至大宛（今中亚费尔干纳盆地）、康居（今巴尔喀什湖与咸海之间）、大月氏、大夏。此时的大月氏已从敦煌、祁连间（今伊犁河流域）迁至大夏（今阿姆河流域），这一地区物产丰富，大月氏已无心对抗匈奴，张骞无功而返。他从大月氏返回，沿塔里木盆地南、柴达木盆地而行，本想经羌中地区而还，不料又为匈奴所获，后趁匈奴内乱返回长安。这是张骞第一次出使西域的路线。虽然没有达到联合大月氏对抗匈奴的目的，但是他却了解了西域地区的风俗、物产、地理等情况，为汉武帝对抗匈奴、经营西域提供了及时的信息。

张骞向汉武帝讲述了自己的所见所闻之后，汉武帝决定打通通往河西的道路。公元前 121 年，西汉王朝控制了通往西域的必经之路——河西走廊，并在此置郡，西拓长城，兴修水利，实行屯田制，为汉与西域的交流提供了保障。

在汉武帝大败匈奴，控制河西走廊之后，张骞第二次出使西域。（见图 1–2）他出河西走廊，出玉门关，沿塔里木盆地北边至焉耆，再到乌孙（今伊犁河和伊塞克湖地区），并且遣副使出使大宛、康居、大月氏、身毒（今印度）等国。张骞的两次出使，开辟了丝绸之

图 1–2　张骞出使西域（敦煌壁画）

① 据王宗维考证，张骞所经过的匈奴，当在北地与陇西郡以西，即今天的甘肃临洮西。[参见王宗维：《张骞出使西域的路线》，《西北大学学报》（哲社版）1984 年第 4 期]

路。自此之后，这一条通道成了东西方经济、政治与文化交流的重要道路。据《史记·大宛列传》记载："使者相望于道。诸使外国一辈大者数百，少者百余人，人所赍操大放博望侯时。其后益习而衰少焉。汉率一岁中使多者十余，少者五六辈，远者八九岁，近者数岁而反。"司马迁以"凿空"来评价张骞的功绩，可谓恰如其分。

对于这一时期的交通路线，《汉书·西域传》有明确的记载：从长安出发，经河西走廊至玉门关、阳关，再向西则分为南、北两路，南路沿昆仑山北麓西行，经鄯善（今新疆若羌）、莎车，过葱岭，到达大月氏、安息（今伊朗呼罗珊地区）；北路沿天山南麓西行，经车师前王庭（今新疆吐鲁番）、焉耆、龟兹（今新疆库车东）、疏勒（今新疆喀什），过葱岭，到达康居、大宛，进而西至奄蔡地区（今里海、咸海北）。

西汉末年的政治危机以及王莽统治时期消极的民族政策导致西域怨叛，丝绸之路一度断绝。东汉初年，国内政局未稳，恰在此时，匈奴势力重新抬头，逐渐占据了西域地区，并且时常侵扰东汉边境，成为东汉时期的外患。在经过四五十年的休整之后，东汉经济慢慢恢复，政局也渐趋稳定。此时，解除边患危机，重新打通丝绸之路，成为东汉政府的首要问题。

东汉明帝永平十六年（73 年），班超投笔从戎，随奉车都尉窦固攻打匈奴，因战绩突出而与郭恂出使西域。他为结束西域的混乱局面、对抗匈奴，经营西域 30 年，保障了丝绸之路的畅通。

班超出使西域的路线是先经鄯善，将出使鄯善的匈奴使者歼灭，使鄯善臣属汉朝，进而沿昆仑山北麓西行，到达于阗（今新疆和田）。同鄯善一样，于阗也在汉朝与匈奴之间摇摆不定。班超杀掉于阗国相，迫使于阗国王杀掉匈奴使者，于阗重新归汉。班超继续西行至疏勒，捆绑了本为龟兹人的疏勒王兜题，解除了疏勒的危机。在班超平定疏勒后，东汉政府在军事上也屡战屡胜，使西域大部分国家都归属汉朝。东汉政府还设置了西域都护，对西域进行统治。

永平十八年，匈奴卷土重来，又逢新帝登基，班超欲听从诏令而返回洛阳，但南道诸国王侯及百姓都不愿他离去。班超看到南道诸国的诚意，于是下定决心继续经营西域。当班超返回疏勒时，疏勒已经向龟兹投降。班超斩捕反叛者，再次平定了疏勒。此后，班超以疏勒为据点，开始平定北道诸国。他首先收复姑墨（今新疆阿克苏地区），进而西进平定莎车（今新疆莎车）。龟兹等国也相继归降。

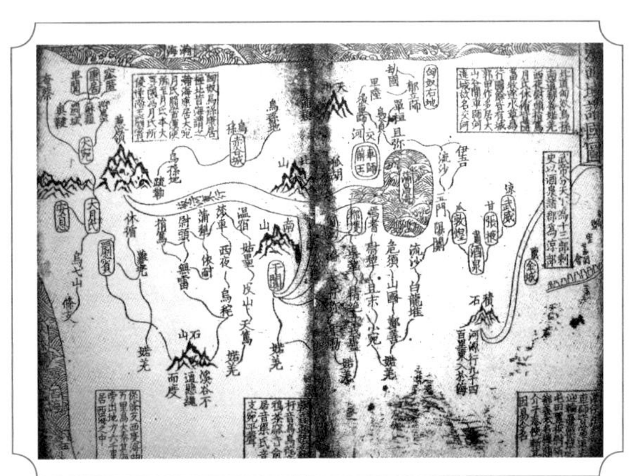

图 1–3　南宋雕版《汉代西域诸国图》（北京图书馆藏）

班超定西域的过程也是丝绸之路复通的过程。据《后汉书·西域传》记载，班超破焉耆之后，“五十余国悉纳质内属。其条支、安息诸国至于海濒四万里外，皆重译贡献”。班超还派甘英出使大秦（古罗马帝国）。虽然甘英最终没有到达大秦，但是他已经远至地中海西岸，到了前人所未到之处，了解了更多的风俗以及地理、经济状况。这次向西拓展是东汉丝绸之路的一大成就。（见图 1–3）

三国时期，丝绸之路有了新的发展。据曹魏鱼豢《魏略·西戎传》记载，这一时期的交通路线由两汉时期的 2 条变为 3 条，即南道、中道和新道。南道即汉代的南道，中道为汉代的北道，新道在汉代北道之北。经陈振江考证，新道出玉门关向西北走，沿天山北麓西行，经五船（今新疆哈密附近）、高昌（今新疆吐鲁番），在龟兹、焉耆与汉北道汇合，越天山经车师、乌孙、康居、奄蔡

到达黑海沿岸。[①] 南北朝时期丝绸之路以汉魏时期的路线为主，另外增加了几条支线，如吐谷浑道，具体走向是从益州出发，经吐谷浑东端的龙涸（今四川松潘），向西行至鄯善而与丝绸之路南道相接。

隋唐是西域丝绸之路的繁荣时期。隋朝裴矩的《西域图记》记载了西域 44 个国家的地理、风土、物产等资料，是研究中西交通史的重要参考资料。裴矩根据商人的口述以及自己的了解，记载了丝绸之路南道、中道、北道 3 条路线：从长安出发，经河西走廊，出玉门关后，南道经鄯善、于阗、喝槃陀（今新疆塔什库尔干），越葱岭，经吐火罗（今阿富汗阿姆河南巴达克山地区）、帆延（今阿富汗八米安）、漕国（今阿富汗加兹尼）至北婆罗门（今巴基斯坦）、阿拉伯海地区；中道经高昌、焉耆、疏勒，越葱岭，经康国（今乌兹别克斯坦撒马尔罕地区）至地中海东岸；北道经伊吾（今新疆哈密），沿天山北麓经突厥可汗庭（今伊犁河流域），渡伊犁河，经里海北，到达黑海沿岸。[②]

继隋之后的唐王朝是中外交流的大繁荣时期。为了保障西域丝绸之路的畅通，唐太宗设置安西都护府，统辖安西四镇（龟兹、疏勒、于阗、碎叶）；武则天设立北庭都护府，管辖原安西大都护府所辖的天山北路、热海以西的西突厥故地，安西大都护府只管辖天山南路、葱岭以东的地区。除了设置都护府以外，唐朝还在西域地区实行均田制，发展农业。隋唐对西域的经营加强了中西交流，促进了东西方政治、经济与文化的发展。

唐朝后期，藩镇割据，西北地区再次陷入混乱局面。吐蕃贵族趁机侵占了河西、陇右地区，并对这一地区的人们进行了长期的奴役。唐宣宗大中二年（848 年），著名的民族英雄张议潮率领沙州（今甘肃敦煌西）人民起义，驱逐了吐蕃守将，自摄州事。此后，张议潮相继收复了甘（今甘肃张掖）、肃（今甘肃酒泉）、

① 参见《三国志·魏书·乌丸鲜卑东夷传》，中华书局 1959 年版。

② 参见陈振江：《丝绸之路》，中华书局 1980 年版，第 16 页。

秦（今甘肃秦安北）、原（今宁夏固原）、安乐（今宁夏中宁东南）和石门（今宁夏海原东南）。大中五年，唐宣宗任命张议潮为沙州防御使。是年八月，张议潮兄张议潭入朝，献上沙、瓜（今甘肃安西东南）、伊（今新疆哈密）、肃、鄯（今青海乐都）、甘、河（今甘肃东乡西南）、西（今新疆吐鲁番东）、兰（今属甘肃）、岷（今甘肃岷县）、廓（今甘肃化隆西）11州图籍。从此，河西走廊重新归入唐朝版图，丝绸之路复通。（见图1–4）

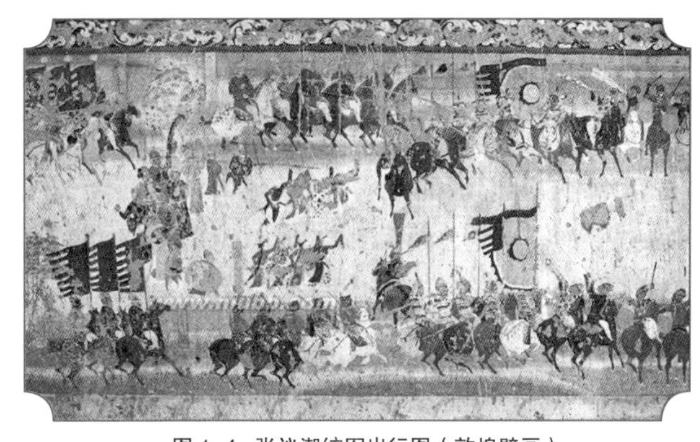

图1–4 张议潮统军出行图（敦煌壁画）

元朝时期，发达的驿路系统使中原去往欧洲的道路畅通无阻。但是，海路的日渐成熟、欧洲政局的变化以及新航路的开辟使这条曾经沟通东西方的丝绸之路慢慢地成为遗迹。但是，直到明朝时期，西域丝绸之路一直存在着。

西南丝绸之路 西南丝绸之路是从今四川成都出发，经云南到达南亚、东南亚、中亚等地的国际通道，它是连接中、印两个文明古国的最早的通道，堪称民族文化走廊。这条道路的最初开拓者是西南夷。《史记·大宛列传》记载了张骞自西域归来以后向汉武帝报告的情况。他说："臣在大宛时，见邛竹杖、蜀布。问曰：'安得此？'大夏国人曰：'吾贾人往事之身毒。'身毒在大夏东南可数千里。"邛竹杖、蜀布能够从身毒流向大夏，说明西南地区的民间有对外的贸易往来。汉武帝听了张骞的报告后，开始遣使打通从西南通往西方的道路，不料却被昆明人阻道。直到东汉永平十二年（69年），外夷哀牢王归汉，东汉置永昌郡，这一通道才得以开通。

魏晋南北朝时，中原地区陷入混乱局面，很多汉人都去了南方避乱，促进

了西南地区的开发。这一时期的交通线上不仅有商人，还有求佛之人。唐朝是对外开放的大发展时期,去滇缅的路线也更加成熟。这一时期的路线是从成都出发,经姚州、不韦、永昌等地,入吐蕃,再入印度等地。宋明之后,海上丝绸之路渐兴,西南丝绸之路渐渐沉寂下来，但仍在持续发展。直到二战时期，沿丝绸之路而修筑的滇缅公路仍然是当时从中国出境的唯一的一条国际通道，在反法西斯战争中起到了重要的作用。

西南丝绸之路的内陆交通线有 2 条：一条是零关道。从成都出发，经邛崃、荥经、汉源、西昌到会理县后，再向西南经攀枝花，渡金沙江至云南大姚，再至大理地区。另一条是从成都出发，经彭山，沿岷江而下，经乐山至宜宾，沿五尺道南行，经高县向西折入横江河谷，经豆沙关、大关至昆明地区，再至大理地区。[①] 对于中印缅道，有学者认为是由博南山渡澜沧江，经保山，西出高黎贡山，沿亲敦江经胡康河谷由曼尔尼普进入阿萨密，再南下达卡地区，顺恒河而西，经巴特那、卡瑙季到马土腊，北上到锡亚尔科特，越开普尔山口到阿富汗等西亚、中亚地区并远至欧洲。[②]

北方草原毛皮之路　北方草原毛皮之路是从中原地区北上，经蒙古高原，向西经南俄草原、中亚、西亚北部至欧洲的国际通道，因以毛皮为主要贸易商品而被日本学者白鸟库吉称为“毛皮之路”。

草原毛皮之路的形成年代至今难有定论，但可以明确的是，先秦时草原上的游牧民族与中原农耕民族之间已经有了联系与交流。草原游牧民族对粮食的需求以及中原农耕民族对毛皮的需求是草原毛皮之路兴起的直接因素。

当北方草原地区还在匈奴控制之下的时候，中原地区往往通过匈奴与西方联系。秦朝时期修筑了从长安通往北方的直道以及北方边郡大道。汉朝时蒙古

---

① 参见伍加伦、江玉祥主编：《古代西南丝绸之路研究》，四川大学出版社 1990 年版，第 33 页。

② 参见沈福伟：《中西文化交流史》，上海人民出版社 1985 年版，第 50 页。

高原被纳入汉朝版图，方便了中原与北方大漠的交流。这一时期的南北通道有稒阳道、云中至陇西道、白道等等。但是，在同一时期，西域丝绸之路开辟，成为东西交流的主要通道，毛皮之路的重要性降低。

魏晋南北朝时期，北方草原毛皮之路复兴。三国魏鱼豢《魏略》中记载的“北新道”即此路线。如前所述，西域丝绸之路在魏晋时的北道即此道，它出玉门关向西北走，沿天山北麓西行，经五船（今新疆哈密附近）、高昌（今新疆吐鲁番），在龟兹、焉耆与汉北道汇合，越天山经车师、乌孙、康居、奄蔡到达黑海沿岸。“五胡乱华”时期是毛皮之路的延伸时期。“这条路线由车师后部、高昌向东延伸，经河套地区过黄河，至北魏前期政治中心平城，东至辽东，形成贯通中国北方的东西国际交通路线。这种东延与其时北中国政治形势密切相关。”[①]北魏迁都洛阳后，与西方的联系多通过西域丝绸之路，而北方草原毛皮之路先后被新崛起的民族——柔然、突厥利用。突厥统治北方草原时期，罗马为了与突厥直接联系，曾与波斯进行多次战争，最终开通了新的东西方贸易通道。这一时期的毛皮之路既是贸易之路，也是民族迁徙与民族融合之路。鲜卑拓跋部入主中原之后，学习汉人礼仪与制度，加速了民族融合，也为中华文明增加了新的血液。

唐贞观四年（630年），东突厥被唐打败，大漠南北统一于唐，北方草原毛皮之路也达到兴盛阶段。唐朝在阴山南设立了三受降城，南至长安，北达碛口（阴山北麓草原）；同时还修筑了夏州塞外通大同道、安北都护府至长安的“参天可汗道”，在北方形成了以长安为枢纽的交通网络。

宋元时期，北方草原丝绸之路依然兴盛。辽朝以连通上京（今内蒙古赤峰巴林左旗林东镇南）、中京（今内蒙古赤峰宁城大明城）、东京（今辽宁辽阳）、南京（今北京城西南）、西京（今山西大同）的道路网为骨干，形成了向北达室韦、乌古，向东北至黄龙府（今吉林农安）、渤海国、奴儿千城，向西北至突厥、

① 石云涛：《3～6世纪的草原丝绸之路》，《社会科学战线》2011年第9期。

吐谷浑，向西至西夏，向南通北宋的道路网络。金朝的道路可通至龙驹河（今克鲁伦河）、移米河（今呼伦贝尔伊敏河）、斡里扎河（今蒙古国东方省乌尔集河）等地。元朝的道路四通八达，以上都（今内蒙古锡林郭勒盟正蓝旗金莲川）、大都（今北京）为中心，设置了帖里干、木怜、纳怜三条驿路，构筑了连通漠北至西伯利亚、西经中亚达欧洲、东抵东北、南通中原的发达的交通网络。①

明清时期，随着北方边疆地区的叛乱以及海上丝绸之路的发展，北方草原毛皮之路逐渐被废弃。

北方草原毛皮之路是形成最早、延续时间最长、覆盖地域最广的国际通道，在不同的时期形成了不同的交通格局，促进了北方游牧民族与中原农耕民族的联系与交流，促进了草原地区的开发与中华文明的发展。

丝绸之路的开辟，对东西方生产与生活的各个方面都产生了重要的影响，使中西交流不断加强。丝绸是丝绸之路上的主要货物，深受西亚、中亚以及欧洲国家的欢迎，很多国家因为东西方贸易而成为重要的中转站。（见图 1–5）如安息帝国的崛起就与丝绸贸易有关，他们长期控制着东方与西方的商路。古罗马帝国为了打通直接通往东方的商路，与安息进行了多次战争。罗马与波斯也因此进行了一系列战争。两汉时期，西方的物产传入东方，有胡麻、无花果、黄瓜、石榴等等，汉朝的漆器、生姜等物产以及打

图 1–5　丝绸之路商旅图（敦煌壁画）

① 参见潘照东、刘俊宝：《草原丝绸之路探析》，张海鹏、陈育宁主编：《中国历史上的西部开发——2005 年国际学术研讨会论文集》，商务印书馆 2007 年版，第 76 ～ 77 页。

井技术等也传入中亚、西亚地区，对双方的生活产生了深远影响。隋唐至宋元时期，丝绸之路在物产方面增加了瓷器的西传，茶马贸易也兴盛起来。这一时期，从北方草原到西南夷地区，都有对外交通的路线，丝绸之路贸易全面兴盛。明清时期，由于国际格局的变动以及中亚地区的动乱，丝绸之路贸易多限于民族性的区域贸易，而且多是朝贡体系下的贸易，就规模而言，早已今非昔比。

丝绸之路引起的思想文化方面的一个重大的变化就是佛教的传入与发展。佛学自两汉之际通过丝绸之路传入东方，它在汉朝经学走向僵化、政治大混乱时，以其“有生皆苦”“众生平等”的观念对当时的人们产生了重要的影响。魏晋隋唐时期，佛教在与中国本土文化的碰撞、交流与融合中逐渐中国化，成为中国传统文化不可或缺的一部分。宋朝以降，中外交流进入鼎盛阶段。中国的四大发明传入西方，对西方的政治制度、军事、经济等产生了重要的影响。元朝大都是当时世界性的都会，元朝时期的文化代表了当时世界上最先进的文化。总之，通过丝绸之路进行的中西交流改变了东、西方的面貌。

可以说，丝绸之路是沟通东西方贸易和文化交流的通途，是“人类文明的运河”。通过丝绸之路，中国的丝绸、铁器、造纸术、印刷术、瓷器等源源不断地输出西方，而西方的玉器、苜蓿、葡萄、马匹、文化艺术、宗教等也相继输入东方。更为重要的是，丝绸之路把古代几个世界文明中心联系起来，罗马、埃及、波斯、希腊等都通过这条道路与东方联系。无论是在政治、经济还是在文化上，丝绸之路都加强了东西方的联系与交流，在世界文明史上有着重要的意义。

三、茶马古道

茶马古道，主要兴起于汉藏之间的茶马互市，是连接横断山脉与喜马拉雅山脉两大民族文化带的走廊；它是东西走向，与呈南北走向的西南丝绸之路形成交汇并且部分融合；它以背夫、马帮和牦牛驼队为运输载体；它萌发于唐，

形成于宋明，在清代达到鼎盛。[①] 当然，“茶马古道”只是一个狭义的概念，事实上，早在2000多年前的汉朝，蜀地的商人就渡过大渡河与河西的商人进行物产交换，而且茶马古道上的交换商品不只是茶，就像丝绸之路上的交换商品也不只是丝绸一样，只是以茶叶贸易为主。

茶马古道的路线有2条：川藏茶马古道与滇藏茶马古道。

川藏茶马古道　川藏茶马古道形成较早。在汉朝，蜀地的商人就渡过大渡河与河西的商人进行物产交换。其路线是：由成都、临邛（今四川邛崃）出发，经雅安、严道（今四川荥经），逾大相岭，经旄牛县（今四川汉源），过飞越岭、化林坪至莋都（今四川汉源东北），渡大渡河，经磨西，至木雅草原（今四川康定境内）的旄牛王部中心。这条路线也是西南丝绸之路的一段，只不过西南丝绸之路由成都至旄牛县后，不是向西进入康、泸地区，而是向南进入邛部（今四川西昌地区），然后进入云南，通往南亚、东南亚地区。[②]

唐代，不仅汉族人饮茶之风盛行，边疆地区的人们因仰慕中原文化，也喜欢上了饮茶的风俗，对茶的需求量逐日增加；另外，中原与西北、西南少数民族地区联系日益密切，唐王朝因战争对马的需求量增加。为此，唐朝开始实行榷茶制，进行茶马互市，有利地推动了茶马古道的繁荣。宋代承袭唐朝的茶马互市制度，并且设立了专门的茶马互市市场，实行引岸制度，使茶马古道得以拓展。这一时期的路线东起关中地区，经青海，过金沙江、昌都、那曲至逻些（拉萨）。元朝时期，西藏纳入中国的版图。为了管理川藏地区，元政府在藏区大兴驿站，使川藏茶马古道得到延伸。明清时期是茶马古道发展的鼎盛时期。一方面，明清统治者重视对西南地区的政治管理，不断加强西南地区与内地的联系；另一方面，明清统治者看到了茶叶对边疆地区的重要性以及茶马互市带来的丰

① 参见李旭：《茶马古道：横断山脉、喜马拉雅文化带民族走廊研究》，中国社会科学出版社2012年版，第49页。

② 参见任建新：《茶马古道的历史变迁与现代功能》，《中华文化论坛》2008年第S2期。

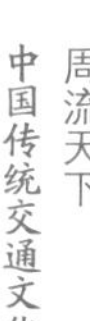

厚利润。对此，明代杨一清曾说："以马为科差，以茶为价，使之虽远外小夷，皆王官王民，志向中国，不敢背叛。且如一背中国，则不得茶，无茶则病且死，以是羁縻之贤于数万甲兵。"[①]因此，明清历代统治者都比较重视茶马互市，不断修筑与拓展茶马古道。

川藏茶马古道的具体路线为：从四川雅安出发，经泸定、康定、雅江、理塘、巴塘到昌都，或经泸定、康定、道孚、甘孜、德格，渡金沙江到岗拖、妥坝再到昌都，两路汇合后再经边坝、达孜到拉萨，由拉萨出境进入印度、尼泊尔、阿富汗等地。[②]

滇藏茶马古道　滇藏茶马古道大约兴起于唐代，光绪《普洱府志》就有"西蕃之用普茶，已自唐时"的记载。明清时期，滇藏茶马古道达到鼎盛阶段。明朝万历时在普洱设官管理茶叶贸易，清朝时在普洱府和思茅厅设置官茶局，商人要向官方领取"茶引"才能经营茶叶贸易。这一时期的茶马古道异常兴盛。清人擅萃在其《滇海虞衡志》中云："普茶，名重于天下，此滇之为产而资利赖者也。入山作茶者数十万人，茶客收买运于各处，每盈路，可谓大钱矣。"

滇藏茶马古道起始于西双版纳的易武镇，自此经曼罗、曼松、小黑江、普文到思茅、普洱，这是滇藏茶马古道的第一段，被称为"茶叶之路"。第二段由思茅、普洱经景东、景谷、大理下关至剑川、鹤庆，与丽江下来的道路汇合至藏区。第三段由三条直线构成：第一条由昆明经安宁、姚安过金沙江到西昌、成都；第二条由大理下关经丽江、迪庆至西藏，再远至印度等国；第三条由鹤庆、丽江经盐源、九龙、泸定、康定与川藏线相接。第四段由丽江经中甸或维西到茶马古道在云南境内的最后一个重镇——德钦，出了德钦，经芒康、邦达与川藏茶马古道汇合，或直接西经洛隆宗、边坝、达孜到拉萨，或北经昌都、丁青、

① （明）陈子龙等：《明经世文编·杨石淙文集·为修复茶马旧制第二疏》，中华书局1962年版。

② 参见李旭：《茶马古道：横断山脉、喜马拉雅文化带民族走廊研究》，第57页。

索县、当雄到拉萨，这是滇藏茶马古道的最后阶段。[①]

在古代，茶马古道作为重要的贸易通道而存在。在海、陆、空交通发达的今天，它的价值则主要体现在文化上。茶传入西藏地区后，这一地区至今保持着饮茶习俗；茶马古道所经之处民族众多，语言不通，为了交流而形成了西南官话，其对中国的语言体系产生了重要的影响；茶马古道是藏传佛教的主要载体，这一地区有很多寺庙，佛教精神渗透到了每个角落。正如木霁弘所说："她（茶马古道）扎根在亚洲板块最险峻的横断山脉；她维系着两个内聚力最强的文化集团：藏文化集团和汉文化集团……它对于解释汉藏语言联盟的起源，汉藏文化联盟的发生具有重要意义。"[②]

四、驰　道

驰道是秦汉时期供天子驰车之御道，兴于秦朝。秦始皇统一六国后，加强了对全国的统治，他十分注重交通建设，驰道就是他在这方面的功绩之一。

秦始皇二十七年（前 220 年）下令修建驰道。关于驰道的形制，《汉书·贾山传》中有明确的记载："道广五十步，三丈而树，厚筑其外，隐以金椎，树以青松。"根据贾山的记载，驰道高于地面，宽约 50 步，两边植以青松。驰道的选线一般要求平直，这样做的目的是减缓坡度并提高通行速度。

秦朝时期的驰道已经覆盖全国，是国内主要的交通干线。关于驰道的故迹，我们现在已经无法复睹，但尚可从秦始皇的巡行路线中窥其大略。秦始皇于二十七年巡游陇西、北地，出鸡头山，过回中道，而后返回咸阳。而后"上邹峄山。立石……乃遂上泰山，立石，封，祠祀。……于是乃并勃海以东，过黄、腄，

① 参见李旭：《茶马古道：横断山脉、喜马拉雅文化带民族走廊研究》，第 63 ～ 65 页。

② 木霁弘等：《滇藏川大三角文化探秘》，云南大学出版社 1992 年版，第 252 ～ 253 页。

穷成山，登之罘……南登琅邪……始皇还，过彭城……乃西南渡淮水，之衡山、南郡。浮江，至湘山祠。逢大风，几不得渡。……自南郡由武关归。二十九年，始皇东游。至阳武博狼沙中……登之罘，刻石。……三十二年……始皇巡北边，从上郡入。……三十七年十月癸丑，始皇出游。……行至云梦……还过吴，从江乘渡，并海上，北至琅邪。……自琅邪北至荣成山，弗见。至之罘……遂并海西，至平原津而病”[①]。秦始皇巡游，西北至陇西，东至海滨，南至吴、楚，北至上党（今山西长治）。既然是天子巡行，所过之处必是驰道。据此推断，在秦朝已经形成了以首都咸阳为中心的通向全国的驰道交通网络。

驰道在秦朝时是天子出行之路。汉代仍然实行驰道制度，未经许可，上至达官贵人，下至普通百姓，都不得横穿驰道，更不能行于驰道中。史载，汉武帝的姑母馆陶公主因太后诏而行于驰道中，江充见之而呵问公主，然后将公主的车骑尽数没收。汉哀帝时，丞相掾史行于驰道中，被司隶鲍宣呵问并没收车马。

不得不说的是，汉朝虽承袭秦朝的驰道制度，但它的实际执行力度是有限的。这一时期，人有行于驰道者，呵之而不能禁止。汉平帝时，禁行驰道的制度被废止。驰道制度的这一变化有利于加强各地经济、政治与文化联系，也适应了交通业进一步发展的要求。汉朝之后，驰道制度基本被废除。虽然魏晋时期仍然有天子行于驰道的记载，但全线禁行的制度已经被废除了，仅供天子通行的道路或许只存在于宫城及附近的区域。

五、官马大路

清朝是我国最后一个封建王朝，它建立了高度集中的中央集权制度，对各个地区实行强有力的控制与管理。其能够对各个地区实行强有力的控制与管理

① 《史记·秦始皇本纪》，中华书局 1959 年版。

的因素有很多，便捷的交通便是其中之一。清朝的道路交通建设更加规模化、有序化。这一时期的道路既有以北京为中心通往各个省城的官马大路，也有各省城通往地方重要城市的大路以及城市通往乡镇的小路。

清朝时期的官马大路以北京为中心向全国辐射。向北的官马大路主要有4条：（1）从北京出发，经通县、山海关到奉天府（今辽宁沈阳）。这是一条通往东北的干线。从奉天往南，跨过鸭绿江可至朝鲜半岛，是京师通往朝鲜半岛的国际通道。（2）呼伦官路：从北京向北，经喜峰口或独石口到内蒙古多伦或呼伦。（3）恰克土官路：从北京至乌里雅苏台的库伦（今蒙古乌兰巴托）及恰克图、科不多。这是通往蒙古、西伯利亚的国际通道。（4）塞上通道：从北京出发，经宣化至张家口，东北接多伦可至蒙古，西通大同、绥远至凉州，连接新疆官道。向南的官马大路有3条：（1）云南官路：从北京出发至太原，过黄河经洛阳、襄阳、荆州、常德、贵阳至昆明。（2）桂林官路：从北京出发至太原，过黄河经洛阳、开封、信阳、武昌、长沙至桂林。云南官路和桂林官路在清廷平定吴三桂等人的叛乱时起到过重要作用，也是清政府与云南、广西等地联系的交通干线。（3）广东官路：从北京出发，经涿州、河间、德州、济南、徐州、合肥、南昌、赣州，越大庾岭至广州。这是贯通南北的官马大路，也被称为“使节路”。向西的官马大路有2条：（1）兰州官路：从北京出发，经保定、平定、太原，过黄河至西安、兰州。从兰州分道，一条经西宁、格尔木至拉萨；一条经凉州至伊犁或喀什。这是一条连接北京与新疆、西藏地区的官马大路，同时也是往西连接中亚、西亚地区的国际通道。（2）四川官路：从北京出发，经保定、平定、太原，过黄河至西安，通过古栈道越秦岭而至四川。这条官马大路充分利用了秦汉以来的巴蜀大路，是北京通往西南的重要干线。向东的官马大路有1条，即福建官路，它从北京出发，经天津、德州、济南、徐州、扬州、南京、苏州、

上海、杭州到福建。这条官马大路是清政府沟通东南地区的重要通道。①

从这几条官马大路的走向来看，清朝时期的道路分布比较合理，所经之地大都是各省的重要城市，这为各地区之间的联系与交流提供了便利。它的走向为后世的公路建设奠定了基础。

六、栈 道

栈道，是中国古代特有的道路交通设施，主要分布于我国的西南、西北和华南地区，而尤以西南地区最为典型。南宋鲍彪注《战国策·秦策》称："栈，棚也，施于险绝，以济不通。"这可谓是对栈道的合理解释。栈道，又称"阁道""复道"，根据其材质可以分为木栈道和石栈道。在崖壁上凿空装上木梁，再在水中立木柱托住木梁，然后在木梁上铺设木板，这是最标准的木栈道。此外还有在斜坡上架设的斜柱式栈道以及直接在崖壁上凿空装上密集的木梁以为路的无柱式栈道。石栈道即凿山为路，也称"碥路"。典型的栈道有华山长空栈道、剑阁栈道、大宁河栈道。

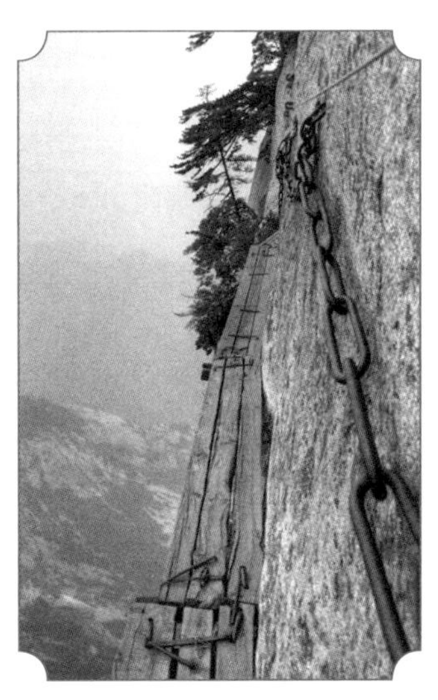

图 1–6　华山长空栈道

华山长空栈道　华山长空栈道（见图 1–6）是非常陡峭的悬崖栈道，位于华山南峰落雁峰东侧的山腰上。对于长空栈道的险峻，明代李攀龙在其《太华山记》中有明确的记述："出南天门向西就是栈道，栈虽有铜柱铁索拦护，然阔不盈尺。行二十余丈方至尽头。"吴同春的《太华双

① 参见陈鸿彝：《中华交通史话》，中华书局 2013 年版，第 429 ～ 432 页。

游记》把行人走栈道时的体态描绘得非常形象:“垂双索下坠，行则面壁，臂缘索，足横移，踵常落板外。”

长空栈道是元朝时期华山派第一代宗师贺志真带领弟子架设而成。元朝时期，道教兴盛，很多道教之人为了修行而选择清净之地。华山险绝，风景秀丽，人烟稀少，非常适合修行。贺志真带领弟子开山凿洞 40 余年，在万仞绝壁上嵌入石钉、搭上木柱而筑成长空栈道。长空栈道位于落雁峰的悬崖上，是去朝元洞的必经之路。据明代李攀龙的记载，栈道仅宽约 0.3 米，行人只能贴壁而过，因此当地有“小心小心，九厘三分。要寻尸首，洛南商州”的说法。中华人民共和国成立之后，当地政府修建了索道，长空栈道不再是去朝元洞的必经之路，更多的是作为旅游景点与探险家的探险之路。①

剑阁栈道　剑阁栈道是三国时期诸葛亮为了巩固统治、加强边防而在剑山上开凿的道路。据清代李榕的《重修剑州志》记载 :“诸葛亮相蜀，凿石架空为飞梁阁道，以便旅行，并于山之中断处，立剑门关。”对于剑门之由来，唐代刘仪凤在《剑门关记》中记载得非常清楚 :“其山峭壁中断，两崖相嵌，如门之辟，如剑之直，故名剑门。”剑门关（见图 1-7）作为蜀道第一险关，自古以来就是兵家必争之地。清代顾祖禹《读史方舆纪要 · 四川》云 :“蜀之所恃，惟在剑阁。”“如失汉中，则蜀之大势十去其六 ; 剑阁危，则蜀之大势十去其九。”

图 1-7　剑门关

从广义上来说，剑门栈道是金牛道的一部分。金牛道是中国古代关中进入汉中、成

① 参见王泽妍:《古代栈道》，吉林出版集团有限责任公司 2010 年版，第 59 页。

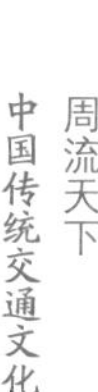

都的必经之路。从关中翻越秦岭进入汉中有 4 条道路：陈仓道、褒斜道、傥骆道、子午道。从汉中进入成都的道路有 2 条：一条是剑阁道——从汉中往西南行，顺嘉陵江至广元，经剑门关至成都；另一条是米仓道——从汉中向南翻越米仓山至绵阳、成都。金牛道的主道一般是经褒斜道至汉中，从汉中经剑阁道至成都，这也就是李白所说的“鸟道”。剑门栈道架设在险峻的剑山上，全长 15 公里，在诸葛亮伐魏中起到了重要的作用。唐宋时期，剑阁栈道依然兴盛，唐刘禹锡、石文颖曾开凿散关至剑门关的驿路。唐宋诗词中也有很多关于剑阁栈道的描写。最著名的莫过于李白的“蜀道难，难于上青天”。宋代司马光也在《送张兵部知遂州》中留下了千古名句：“剑岭横天古栈危，相如重驾传车归。”明朝时期过剑门仍然是自栈道而过。明末战乱，四川陷入灾乱，剑门栈道被毁弃。

如今的剑门栈道虽然失去了其原先的价值，但是作为自然景观和人文景观一直为人们所重视。剑阁道是四川地区的四大自然景观之一，是国家级风景名胜区，也是全国最长且唯一的带形、山岳形风景名胜区。除了自然景观，剑阁道还有众多的历史文物遗迹，栈道是其一，另有千佛崖摩崖造像、邓艾墓、姜维城等。此外，古代文人墨客在此留下诸多千古名篇，如李白的《蜀道难》、陆游的《剑南诗稿》等。

大宁河栈道　大宁河发源于大巴山南麓，自北向南流经巫溪、巫山的崇山峻岭，在巫山龙门峡口注入长江。每年吸引着数万游客的大宁河栈道即沿着大宁河修筑在崖壁上。

大宁河栈道以大宁盐场为界分为南、北两段。南段自大宁盐场起，至龙门峡口。据《巫山县志》记载，自龙门峡起，沿着大宁河西岸绝壁北上，全长约 130 公里，有均匀排列的石方孔（见图 1–8），至大宁盐场共有 6888 个。部分峭壁危岩地段有上下两排石孔，两排孔眼交错成“品”字形，与行人所走的栈道

有显著的不同。[①] 因此，这一段栈道应为引盐之路。清光绪《巫山县志・古迹》记载:“石孔，沿宁河山峡俱有。唐刘晏所凿，以引盐泉。”对于栈道的修筑时间，至今没有确切的答案,但是其作为引盐之路是学界普遍认可的。巫山并没有盐泉，所以古人利用自然落差，以竹笕将下游宝源山的天然盐泉引至巫山煮盐。

大宁河栈道的北段自大宁盐场起，沿西溪河、东溪河至湖北竹溪县、陕西镇平县一带，全长数百公里，是通往湖北、陕西一带的人工运盐栈道。据严如煜编纂的《三省边防备览・山货》记载 :“房竹兴归，山内重岗迭岭，官盐运行不至，山民之肩挑背负，赴厂买盐者，冬春之间日常数千人。”这条栈道直到民国时期仍在使用。

图 1–8　大宁河栈道栈孔

大宁河栈道的主要功用在于运盐，但有时也用于军事，如宋太祖平蜀地时即用过此栈道。现在我们所看到的大宁河栈道是中华人民共和国成立之后复建的一段。当我们乘船行于小三峡风景区时，可以看到古人遗留下来的数千孔洞。这些孔洞不仅仅是运盐之路，更是中原地区与巴蜀地区相互交流的印证。

七、旱码头

在中国古代有很多旱码头，它们有这样两个共同点 :（1）位于内陆交通要道上，有得天独厚的地理优势，是著名的转口贸易镇 ;（2）依托本地繁荣的手

① 参见汤绪泽:《大宁河古栈道新考》，《四川三峡学院学报》1999 年第 3 期。

工业而成为著名的商业城镇。以丝织业闻名的山东周村、以瓷器闻名的江西景德镇以及以冶铁业闻名的广东佛山都是历史上有名的旱码头。

图 1–9 周村古镇

周村　周村是一个具有几千年历史的内陆古镇，素有“天下第一村”之称。（见图 1–9）周村在春秋时属于齐国，这一带自古以丝织业著称于世。直至汉唐时期，这一带仍然是关东地区的商业中心，也是丝绸之路贸易中丝绸的主要来源地。

周村位于今淄博西部，北临黄河，南依泰山，西临济南，东通青岛、烟台等沿海城市。明清统治者历来注重这一地区的交通建设，尤其是清朝修建官马大路后，经山东的南北交通线路过周村，使周村成了连接济南府、青州府以及泰山、沂蒙山区的枢纽。有了便捷的交通，加上传统的商业文化，周村迅速成长起来，成为重要的内陆商业城镇。

周村在明朝中叶以前还只是一个普普通通的小村落，村里有几家经营毛皮的店铺，后来生意越来越好，吸引了很多外地商人。到明朝中期，周村已经有 300 户居民了，从一个小村落变成了周村店，一时间商业繁荣，被誉为“旱码头”“大镇”。清人王衍霖在《周村重修兴隆桥碑记》中说：“旧有镇市曰周村，烟火鳞次，泉贝充牣，居人名曰旱码头。”《山东各县乡土调查录》中说周村“商业繁盛，百货云集，实为山东唯一市场”，其贸易之发达甚至一度超过江南。当时，家家户户都备有一两台织布机，正所谓“步步闻机声，家家织绸缎”。

景德镇　景德镇位于江西东北部，是闻名世界的“瓷都”，古名“昌南镇”。18 世纪以来，景德镇瓷器畅销国外，久而久之，瓷器成了中国的代称，这也就是“中

国”一词的英文翻译—— China 的由来。

景德镇在春秋战国时期隶属楚国。秦朝一统天下后，实行郡县制，景德镇隶属九江郡番县。汉朝时则属于豫章郡鄱阳县。东晋时期，陶侃率军平息了昌江以南地区的农民起义，这一地区遂被称为“新平镇”，景德镇由此始设镇。唐武德年间设置新平县，新平镇从鄱阳县中分离出来。因在昌江之南，新平县又被称为“昌南镇”；唐天宝年间改名“浮梁”。宋真宗景德年间，因该镇所产青白瓷质地优良，遂将皇帝年号作为地名，浮梁此后改称“景德镇”，一直沿用至今。

景德镇位于今江西、浙江、安徽三省的交界处，自古以来就是重要的交通枢纽。从陆路上来说，如前所述，汉唐以来修建的通向广州地区的驿路都经这一地区而过。因此景德镇向北可至各朝京师，向南可至广州，甚至远至海外。从水路上来说，流经景德镇的只有一条昌江，昌江虽然水面窄，但是连接长江水系，是景德镇通往长江进行河运的必经之地。在明朝以后，景德镇的瓷器更多的是通过水路进行运输。这一方面是因为瓷器易碎，水路较平稳；另一方面是因为水路运费低。

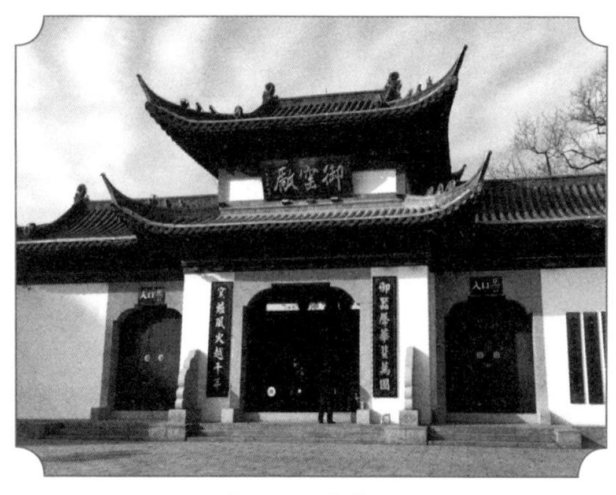

图 1–10 御窑厂

景德镇最初更多的是作为一个贸易集散地而存在，自东晋建立新平镇之后，手工业者开始向这一地区靠拢，就近烧制瓷器。这一地区有昌江提供的充足的水源，有烧制瓷器的优质土壤，加上便利的交通，专业性的手工工场自发形成。明清时期在这里始设御窑厂(见图 1–10),

烧制专供宫廷使用的瓷器。宋代蒋祈的《陶记》记载，景德镇镇窑“昔三百座”，“村村窑火”，“户户陶埏”。据清朝乾隆时期的《浮梁县志》记载，景德镇“人居之稠密，商贾之喧阗，市井之错综，物类之荟萃，几与通都大邑”。

佛山镇　佛山镇在先秦时期属于百越。秦始皇征服百越后，在这一地区设置了象郡、桂林、南海三郡，佛山隶属南海郡番禺县。三国时期，吴国在交州东部设置广州，佛山统辖于广州南海，直至清朝。佛山最初名为“季华乡”。东晋时期，佛教兴盛，来自罽宾国（今克什米尔地区）的法师达昆耶舍来到季华乡建寺传授佛教，后佛寺倒塌。唐朝时期，乡人在此处掘得3尊佛像和1方刻有“佛山”二字的石碑，季华乡因此改称“佛山”。明朝时称佛山为“佛山堡”，清朝时将佛山堡改称“佛山镇”。

佛山镇位于广东中南部，地处珠江三角洲平原，是江西、贵州等省进入广州地区的门户。清朝末年的袁昶在《广东便览·广州府序》中说：“东粤之雄，莫先于穗石之岑也；南海之饶，莫过于禅山之浔也。佛山当八府之冲，西樵为群峰所萃，南邑奥区也。”明清时期，佛山冶铁业发达，商贾云集，当地官府与士绅特别重视这一带的陆路建设。明崇祯年间，官绅李待问等修筑了广州城西度海陆路，这条陆路由城西度海南岸经盐步、佛山、黄鼎，通顺德、新会、香山、三水。从明崇祯到清道光年间，佛山又多次重修通济桥，并增建多处桥梁，进一步发展了佛山与广州及佛山与珠江三角洲的陆路交通。① 这样，佛山南可至广州，远及海外，北可至京师，成为南北联系的交通枢纽。发达的交通加上冶铁业、制瓷业的兴盛，使得这一地区成为“岭南一大都会”，与京师、汉口、苏州并称“天下四大聚”，与汉口镇、景德镇、朱仙镇并称“四大名镇”。

佛山镇在商业发展中形成了特有的佛山文化，这一文化是广府文化的重要组成部分。这一地区的乡贡、进士人数在广东地区名列前茅，经学大师郑毓、史

---

① 参见蒋祖缘：《清代佛山商业繁荣的条件》，《广东社会科学》1984年第1期。

图 1–11　佛山祖庙

学大家梁廷枏都出自佛山。佛山地区不仅崇文，而且尚武，近代很多武学大师都曾活跃于此地。佛山祖庙（见图 1–11）、南风古灶都是著名的历史遗迹。作为商品集散地，这里聚集了来自各地商会的商人，如晋商、徽商、鲁商等，他们在相互交流中形成了独特的文化，对佛山的经营观念等产生了重要的影响。

八、客　栈

伴随着地区之间交流的逐渐扩大，人类对长途旅行的渴望日益强烈，客栈应运而生。

1. 传统客栈的分类

“客栈”是对古代旅馆的称呼，其为人们提供饮食与住所，在人们的行旅生活中占据重要的地位。客栈分为官营客栈和民营客栈两大类：前者由国家经营，不以营利为目的，包括驿传、管驿和都市里的馆舍，主要服务对象是官员、使臣、国外来宾等；后者以营利为目的，面向社会各个阶层，虽是后起之物，但是发展非常迅速。

官营客栈　古代官营客栈最初被称为“庐”“馆”“旅”“舍”等，主要设在交通干线尤其是驿道上，因而又有“驿馆”“候馆”之称。官营旅馆大约产生于周代。当时馆舍分为三个等级：一是馆，二是寄寓，三是施舍。馆是为国家的宾客设置的，

寄寓和施舍则是为普通的百姓商旅而设。秋官司寇的下属野庐氏，负责路途中馆舍的修理和警卫。据《周礼·地官司徒》“遗人”条记载：“凡国野之道，十里有庐，庐有饮食；三十里有宿，宿有路室，路室有委；五十里有市，市有候馆，候馆有积。”这些驿站主要是供传递公文消息和诸侯朝觐使用，有“连锁化”的倾向。春秋战国时期，馆舍总称为“传舍”，置于驿道附近，一般是每隔 15 ～ 25 公里设置 1 处。馆内备有粮草和食品，以供行人食宿，也会为行人提供车和马匹等交通工具。

秦汉时期的传舍主要为往来官员、驿使提供车辆和食宿。亭原来是地方上的一种行政组织，后兼有关照行旅之责。汉代的“都亭”实际上就是一种旅馆，为往来官员和驿使提供饮食住宿及交通工具。汉代旅店种类增加。长安城里修建有 140 多所“郡邸”，实际上是各郡或各王国设在京师的办事处，类似于现代的驻京招待所，一般不对普通百姓开放。

魏晋南北朝时期，馆舍分为三种形式：一是馆，二是亭，三是舍。前两种是国营的，第三种是私营的。馆舍普遍建在城乡的交通干线上，用于接待来往的过客。馆接待的对象主要是外国使臣和国家官员。亭和舍多用于招待普通人，不过需要严格的手续，如若手续不完备便不能留宿。三国两晋时期，政府意识到旅馆带来的丰厚利润，开始下令进行整顿管理。曹操专门颁布“客舍令”，促进旅馆业的发展。晋武帝曾要求开设新旅店必须“冬有温庐，夏有凉荫，刍秣成行，器用取给”，让客人有宾至如归之感。

唐宋时期，官方经营的馆舍与邮驿逐渐合并，合称“馆驿”，既可用于官方传递政令、军令及文书等，又可用于接待宾客。馆舍既设于都城，又设于一些主要城市。国家级宾馆招待的对象主要是外国使臣和宾客。隋炀帝时期，于东都洛阳建国门外建立四方馆，以接待四方使者。唐朝都亭驿设于长安和洛阳，规格最高。唐代旅馆行业发展十分兴盛。韩愈《酬裴十六功曹巡府西驿途中见寄》所云“府西三百里，候馆同鱼鳞”，集中反映了唐代客栈行业发展的盛况。北宋时，荆南地区有五花馆，是接待宾客的地方。

元明清时期，驿馆及驿站的发展也十分迅速，馆舍的许多功能多被取代。明代在南京、北京各设置会同馆，均为国家高级宾馆，负责接待外国使节及各地官员。国家将馆舍经营的好坏作为评判政绩的一种标准，因此地方官员对本地的公馆建设也很重视。[①]明清时期的馆舍崇高宏大，环境幽雅，十分气派舒适。

私营客栈　古代私营客栈是面向全社会各个阶层的，任何人均可入住，但收取一定的费用。根据客栈等级的不同，收取的费用也不同。设于都城及大城市的旅馆条件较好，有的十分豪华；而设在普通城市、村镇的旅馆条件则很一般，至于山野村店条件更是简陋。（见图 1–12）

图 1–12　明 · 戴进《关山行旅图》（局部）

先秦时期，私人经营的客栈多称为“逆旅”“舍”“客舍”。《庄子 · 山木》中记载，阳子至宋国时“宿于逆旅”。《国语·晋语》中记载，春秋时期晋国在宁这个地方有对姓嬴的夫妇在大路附近开办“逆旅”。《左传 · 僖公二年》中有“今虢为不道，保于逆旅”之语。“逆旅”是由民间经营的服务于旅人的营利机构。春秋战国时期，私人开设的传舍就已经出现。这些机构受到政府的严格管理，客人入住时必须要有凭证。《史记·商君列传》载，商鞅逃亡至关下，“欲舍客舍”，但是没有相关凭证，客舍主人不敢留宿商鞅，就是因为秦律规定，“无验者”入住客舍后，客舍主人也要被连坐。

① 参见赵云旗：《中国古代交通》，中国国际广播出版社 2011 年版，第 139 页。

唐宋时期仍然沿用“逆旅”“客舍”的称呼。如王维《送元二使安西》:“渭城朝雨浥轻尘，客舍青青柳色新。”民间经营的客栈多被称为“店”“客店”。如杜甫《将赴成都草堂途中有作先寄严郑公五首》其二:“野店山桥送马蹄。”岑参《汉川山行呈成少尹》:“山店云迎客，江村犬吠船。”杨万里《不寐》:“忽思春雨宿茅店，最苦仆夫催去程。”唐人传奇中，许多故事均发生于客店中。比如《虬髯客》中李靖就是在长安的客栈中见到的红拂女。客店主人被称为“店主”，客店伙计被称为“店小二”“店二哥”等。唐代私人旅舍发展迅猛。据杜佑《通典·食货·历代盛衰户口》记载，当时社会上“东至宋、汴，西至岐州，夹路列店肆待客，酒馔丰溢……南诣荆、襄，北至太原、范阳，西至蜀川、凉府，皆有店肆，以供商旅。远适数千里，不持寸刃”。可见，当时私人旅舍规模之盛。直到清代，“客栈”一词才正式出现，其始见于百一居士《壶天录》。客栈此时主要是指民间经营的旅馆，百姓也习惯将出门住宿的地方统称为“客栈”或者“客店”。

明清时期，私人经营的客店尤其兴盛，能够适应各个阶层的需求。居住条件较好的可以提供膳食，客房还有等级区别。清人刘鹗《老残游记》第十二回中描写了一家客店的“上房”:“看是三间屋子：一个里间，两个明间。堂屋门上挂了一个大呢夹板门帘，中间安放一张八仙桌子，桌子上铺了一张漆布。”清代有些客栈还会提供烟具，以供客人享用。客栈有明显的等级区分，普通人住不起条件好的客栈，只能住一些小店。有些小店条件很差，连被褥都不提供，被称为“鸡毛店”，居住的对象主要是下层劳动人民和流浪汉，收费很低。

随着社会经济的发展，出现了与商贸结合的新的旅馆经营方式。南北朝时出现邸店，它不仅供给客商饮食和住宿，而且还提供存货和交易的场所。宋代出现了货栈“榻房”，专供商人储存货物、车辆、行李等。清代还出现了一种替人存放货物并介绍买卖的商业机构，即“行栈”。

2. 古代客栈的管理制度

最初，官方旅馆大多设在陆路要道、水路要道、驿站旁边，后来慢慢地向

大中型城市集中，这是因为这些地方人员密集，客流量大。随着交通的不断发展和社会经济水平的提高，在一些交通要道沿线的村镇、水陆码头也出现了各种村店、山店、野店、茅店等。“鸡声茅店月，人迹板桥霜”想必就是山野乡村小店的写照。（见图 1–13）

图 1–13　明 · 盛茂烨《遣唐诗意山水 · 商山早行图》局部（美国大都会美术馆藏）

政府对客栈有严格的管理制度。早在先秦时期，政府就对旅店的开设地点提出了明确的要求。《周礼》规定，在政府修筑的官道上，每隔一定的距离都要建有供行人饮食和住宿的旅店。至隋唐时期，旅店行业非常发达。隋代旅店多临近道路而设，政府规定店主不可附市籍。唐代，几乎每隔二三十里就有一家旅店。唐代规定城市中的旅馆只能开在指定的区域，要受到城市管理制度的约束和“随行就市”的控制，不得随意开设。在北宋，许多旅馆设在四面环水的地方，由壮丁巡逻警戒。清代因疆域辽阔，驿站随驿道遍布全国，皆提供住宿和交通工具。

政府对旅店从业人员有相关规定，并非人人都能经营旅店。隋唐时期，私人旅店获利不菲。五代孙光宪《北梦琐言》记载，窦公在长安东市经营客店，每日获利一缗，不久即成巨富。唐代最初禁止官僚贵族经营旅馆，唐玄宗就曾明令禁止“九品以下清资官置客舍邸店车坊”。到后来屡禁不止，索性开放禁令。宋代许多官员凭借自己的权势也积极参与到旅馆业的经营中来，获取丰厚利润。比如北宋徽宗朝宰相何执中就因开办私人旅馆获利丰厚。

政府会向旅馆征税。唐代宗时期下令百姓经营旅馆者必须向政府纳税，唐宣宗时期又下令贵族经营旅馆者也要纳税，但实际效果不大。明代的时候，到

旅馆投宿的人也要向官府纳税，大约每人 1.8 钱。而清代驿站的税费由各地分别征收并自行开支。

古代客栈实行登记制度，入住官方旅馆要求出示“符节”或“符卷”，类似介绍信。楚国的官方旅行凭证是青铜制的“龙爷”“虎爷”等，这是我国最早的住宿证明。宋代旅馆业实行“符验”制度，前来住宿的人员必须有相应的身份凭证。北宋对旅馆行业实行统一化管理，还体现在统一印制“店历”上。“店历”用来登记过往驿使和邮差的名字、入住时刻、邮件数等，印好后盖印发给各个递铺使用。官方会定期或不定期派人查验,因此店主要妥善留存。要是违背规定，店主会受到严厉惩罚。

唐代对私营旅馆管理不严，在民间旅店投宿不需什么证件，还可以包单间。但是，北宋政府对驿馆或者民营旅馆实行定期或者不定期的巡查制度，还会将巡查结果报告上级。明代的时候，还禁止一些人投宿客栈。海瑞在浙江淳安任知县时就严禁戏子等住店，“违者拆毁其屋”，戏子等要递解官府。

3. 古代客栈的服务内容

古代信息传播方式不够发达，许多店家为了宣传自家生意，一般是将大灯笼和大幌子（见图 1–14）[1]高高挂起。灯笼两面一般都写有联语，最常见的是“未晚先投宿，鸡鸣早看天”，也有的写着“未晚先投二十八，鸡鸣早看三十三”。

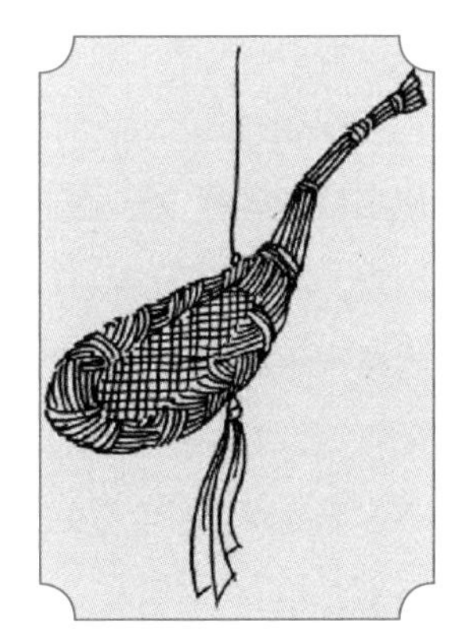

图 1–14　客店招幌

最初，官营旅馆的服务对象主要是官员、官差等，因而提供的服务样样周到，衣食住行样样齐全。私营旅馆最开始只负责提供住宿，不负责饮食。汉魏之时，旅客住宿须自备粮食，自己生火做饭。直到六朝时客

① 采自尚洁主编：《天津民俗》，甘肃人民出版社 2004 年版，第 71 页。

栈才卖饮食。晋朝潘岳《上客舍议》称，当时的旅馆要“冬有温庐，夏有凉荫”，还要给牛马准备好饲料，做饭器具等也要齐全。

唐代公、私旅馆都提供饮食。在官营旅店中，往来官员虽远赴万里，“不赍一钱”。而私营旅店收取一定的费用，并且有的旅店只提供住宿而不负责饮食。一些比较讲究的旅店会提供炉子等取暖工具。此外，有的店家会饲养驴、马等牲畜，给客人提供交通工具。有的会帮客人雇用人工，负责搬运行李、货物等。有的还会给客人提供赌具等，以供客人戏耍，打发时间。唐代大诗人杜甫有诗《今夕行》为证：“今夕何夕岁云徂，更长烛明不可孤。咸阳客舍一事无，相与博塞为欢娱。”

北宋许多私人旅馆会免费为客人提供酒食，还提供唱曲儿等表演。一些比较高级的旅店都会为客人提供纸笔，允许他们在墙壁上题诗。在一些条件简陋的旅店，则会有人在墙壁上涂鸦，写一些俚俗诗歌，但大多是粗俗之语。如有一首打油诗写道：“跳蚤公，跳蚤母，对床请你去过午（即赴宴）；人家宰的大肥猪，我家杀的抱鸡母。”可能是此人投宿的旅店卫生条件太差，只好借此抒发自己的郁闷之情。

明朝初期，因社会经济不发达，民间旅游不盛，故客栈发展并不兴盛。即使京城的客栈设施也不完善，而且收费比较高。这一状况在明代中期以后大为改观，除了在驿路上有大量的馆驿，就是在比较偏僻的地方客栈也很兴盛。从陕西入川的栈道上，也是“一路有店舍”，有的人还专门在路上售卖饮食招待往来行人。在一些商业要道上的市镇，大型的客栈都会提供饮食，也会为客商、香客等提供驴、马等交通工具。如果是晚上投宿，有的客栈还会为客人设席庆贺，分上、中、下三等，均提供糖、饼、果等，上等席和中等席还会提供演戏，下等席则有弹唱。清代的客栈晚上会专门设有值更更夫敲梆报时，并招呼住宿者“小心火烛”“收好财物”等。有的客栈会提前给客人准备热水、饮食等，有的还会提前叫醒客人，以免耽误行程。

古时也有朝代曾明文规定在一些特殊日子店家不能收取房费。《宋朝会要》就曾记载，宋真宗大中祥符五年（1012 年）遭遇寒冬，朝廷下令官办旅馆免除租赁房屋者 3 日房费。贫民居住馆舍的也要免除 3 日房费。同样是在宋真宗时期，因为京师大规模爆发疫病，官方下令不论公私旅馆都要免收房费 10 天，同时还要免费提供医药。

第二章 水路交通

水路交通是人们利用舟船在水上行走的道路。我国河流、湖泊众多，纵横交错的大小河流为水运提供了十分优越的航道条件。早在远古时期，人们就懂得利用水的特性来过河、逃生及捕鱼。随着人们活动范围的扩大，木筏、独木舟、帆船等相继出现，人们开始利用舟船沿着河道走向更远的地方。

有了水路，自然就形成了水路交通线。夏商时期曾利用水路进行军事战争，这一时期是水路交通的奠基时期。春秋战国是人工运河的大发展时期。如：吴王阖庐为了攻打楚国而开凿了连接太湖与长江的胥河；吴王夫差开凿了连接长江与淮河的邗沟以及沟通济水与泗水的荷水；魏国开凿了连通济水与黄河的大沟以及沟通黄河与淮河的鸿沟；等等。北方地区的内河航运网初步形成。秦汉时期的水路交通以黄河、长江、淮河以及珠江为主干，以各小支流以及人工河道为辅，形成了贯通全国的内河航运网络。这一时期的交流主要还是关东地区与关中地区的交流，南方地区还没有得到充分的开发。魏晋南北朝时期的水上交通有两个特点：一是在全国范围内的航运网络方面基本没有建树，但是区域性的水路交通有所发展；二是南方地区得到开发，为后世交通网络的布局奠定了基础。隋唐时期构建起了以京师长安为中心的辐射全国的水路交通线。两宋时期的内河交通线沿袭隋唐而稍有变化，航运中心由长安或洛阳变为汴京或临安，并以汴京或临安为中心新开凿了运河，修治了河道。元、明、清三朝以北京为中心，建立起了以京杭大运河为主干的交通网络。但是与前代相比，这一时期的航运以海运为主，内河航运稍显薄弱。

水路交通的日渐发达带动了沿线城市的发展，一些城市因其优越的地理位置而成为重要的码头。漕运是我国古代实行的一项重要的经济制度，当京师所存粮食等物资满足不了皇室、官员等的需求，或者因军事战争需要粮饷时，漕运必不可少。可以说，漕运是中国古代传统社会的一条生命线，历代政府也为了漕运的顺利进行而制定了一系列的组织与管理制度。

如前所述，中国的河流大多是东西走向，因此沟通南北的人工运河必不可

少。很多运河对经济的发展、历史的演进乃至人类文明的进程都产生了不可磨灭的影响。如灵渠的开凿促进了岭南地区与中原地区的交流；邗沟的开凿使江南地区沿水路可至北方地区；隋唐大运河以及在此基础上开凿的京杭大运河在促进南北经济与文化交流方面发挥了巨大的作用。作为世界上最长的人工运河，京杭大运河不仅对当时政治、经济的发展起到了重要的作用，还对后世水利工程的修建、沿途城市的发展等产生了深远的影响。

一、水上交通线

夏商时期是水路交通的奠基时期。这一时期，夏王朝的启通过与有扈氏的战争打通了伊洛流域与渭水流域的交通线，商王朝的北征南拓促进了黄河水系与淮河水系交通的发展。

早在春秋战国时期，人们就已经学会了开挖运河。这一时期诸侯争霸，各国为运输物资与兵力而开凿了很多运河。主要有：(1）太湖—胥河—长江。吴王阖庐为了攻打楚国而开凿了连接太湖与长江的胥河。胥河从吴国都城平门（今江苏苏州）通往太湖，穿固城湖，在芜湖注入长江，全长 100 多公里，缩短了从苏州到巢湖的距离。(2）邗沟—济水—荷水。吴王夫差时期开凿了连接长江与淮河的邗沟（详见后“邗沟”条）以及沟通济水与泗水的荷水。这样，吴国可以通过邗沟进入淮河，从淮河进入泗水，从泗水进入荷水，再由荷水进入济水。此后，吴国通过这条水路可以直达中原腹地。(3）鸿沟。魏国开凿了连通济水与黄河的大沟以及沟通黄河与淮河的鸿沟。鸿沟位于楚汉相争时的界线上，我们现在象棋盘上的“楚河汉界”就是指鸿沟。直到魏晋南北朝时，鸿沟仍然被用作连接黄河与淮河的主要通道。鸿沟“通宋、郑、陈、蔡、曹、卫，与济、汝、

淮、泗会”[①]，可以行舟，也可以灌溉，是大梁（今河南开封）成为繁荣都会的原因之一。

战国时期的楚国水运发达，以都城郢（今湖北荆州北）为中心有 6 条水路：（1）向北经南阳、裕州（今河南方城），沿丹水进入武关、咸阳，也可沿汉水进入汉中；（2）从郢向东，沿淮水入海，沿海北上进入齐国、燕国；（3）从郢沿江东去，向南下芜湖、太湖到吴越地区；（4）从郢的水道过洞庭沿沅水西去辰阳（今湖南辰阳境内），至夜郎地区（今贵州境内）；（5）从郢的水道过洞庭沿湘水到长沙，并远至岭南地区；（6）从郢的水道过鄱阳湖沿余水南下，至闽粤地区。[②]

春秋战国时期开凿的运河将长江、淮河、黄河几大水系连接了起来，各国可以通过水路沟通南北。运河的开凿虽然最初是为军事之便，但是它的灌溉功能也促进了农业的发展。

秦汉时期建成了四通八达的陆路交通网络，其水路交通也毫不逊色。这一时期的水路交通以黄河、长江、淮河以及珠江为主干，以各小支流以及人工河道为辅，形成了贯通全国的内河航运网络。秦汉时期的水运交通线主要有 5 条：（1）自长安或洛阳进入黄河，沿鸿沟进入淮河，沿淝水进入巢湖，顺长江东下，经丹徒运河进入吴越地区；（2）自长安或洛阳进入黄河，沿鸿沟进入泗水，过淮河至邗沟，再经丹徒运河进入江南地区；（3）自长安过武关（今陕西丹凤东）、南阳，循汉水进入江陵，自江陵入长江、湘江、灵渠、漓江、珠江至广州地区；（4）自成都经岷江，入长江、湘江、灵渠、漓江、珠江至广州；（5）关东地区进入关中地区主要是经泗水、荷水、济水进入黄河，从黄河进入渭水至京师地区。东汉王景治河后，关东地区通往关中地区主要是沿济水、黄河而行。[③]秦汉时期，北方地区的东西交流主要是运送粮食与商品，南北方的交流主要是贸易，四川

① 《史记·河渠书》。

② 参见陈鸿彝：《中华交通史话》，中华书局 2013 年版，第 101 页。

③ 参见房仲甫、李二和：《中国水运史》，新华出版社 2003 年版，第 80 ～ 82 页。

地区的蜀布、漆器等通过水路运往广州及海外地区。总之，秦汉时期形成了全国性的水路交通网络，大宗货物等实现了全国范围内的运输，促使商业、农业等空前繁荣起来。

魏晋南北朝时期，北方地区陷入战乱。而此时的南方地区因受战争的破坏较小而吸引了大量的北方人，出现了中国历史上第一次人口大迁徙的热潮。南迁的北方人带去了先进的技术，加上南方地区优越的自然环境，使这一地区得到迅速开发。农业、商业全面发展，经济重心出现南移趋势。政治中心与经济中心的分离使南北交流更加频繁，这一时期的内河航运较前代有了新的发展。

这一时期，在北方地区开通的水上交通线主要有：(1) 沟通南北的内河航运线。曹操时期开凿了白沟、平虏渠和泉州渠，这样就在华北地区形成了纵贯南北的内河航运路线。(2) 南北航运线。曹操开凿了连接白沟与漳水的利漕渠。有了利漕渠，来自邺城（今河北临漳境内）的舟船可进入白沟，通过白沟进入利漕渠，穿过白马渠，进入派水，到达幽州地区。

在南北方的沟通方面：(1) 曹操在泉州渠与鲍丘水交汇处开凿了连接滦河的新河运渠。该运河向北到辽西地区；向南从渠水入黄河，通过鸿沟连接洛阳；往东通过鸿沟沟通淮河与长江。这样，从燕山地区到江淮地区的运河网络形成。(2) 西晋时期开凿了沟通扬水与夏水的扬夏水道，经该运河可从洛阳进入汉水，到达江陵及以南地区。在江南地区，破冈渎的开凿沟通了丹阳与建业（今江苏南京）。

人们去岭南地区有 2 条路线：(1) 经湘江、灵渠到苍梧地区；(2) 经赣江，过梅关，进入北江水系，再转往珠江下游地区。[①] 魏晋南北朝内河航运的发达，带动了沿线经济的发展，江陵、建业等成为繁荣的都会，南、北方互通有无。秦汉时期，无论是经济上还是文化上，主要有东、西两大格局。到了魏晋南北朝时期，

---

① 参见房仲甫、李二和：《中国水运史》，第 115 页。

南方逐渐发展起来，南北格局逐渐形成，为隋唐的统一和繁荣奠定了基础。

隋唐时期是继秦汉之后的第二个大一统时期。这一时期，经济的迅速发展和对外贸易的繁荣促进了造船业与造船技术、航海技术的发展，内河航运迎来了新的发展高峰。隋朝开凿了举世闻名的大运河（详见后“隋唐大运河”条），南起余杭（今浙江杭州），北至涿郡（今北京），沟通了海河、黄河、淮河、长江、钱塘江五大水系，构建了沟通全国的水运网络。

唐朝时期政治中心在长安，经济中心南移趋势加强。南方粮食产量逐渐超过北方，成为重要的粮食产地。扬州、苏州等地的丝织品精致绝伦，商品贸易发达，江西等地的瓷器等大宗物品因为易碎，多需通过水路运往北方，南、北方的交流逐渐加强，内河航运网络也日渐成熟。这一时期的水上交通线主要有4条：(1）从长安入渭河，由渭河入黄河，过三门砥柱再入黄河，至汴口（今河南荥阳）入汴河，或者是出洛阳，经阳渠至汴口入汴河，经淮河、江南运河至杭州，沿钱塘江至常山、玉山、鄱阳湖，转赣江至大庾岭及广州地区；(2）由长安进入嘉陵江，至四川地区；(3）自长安出发，经兰田、商县入丹江，进汉水，经襄樊至沙洋，经运河至巴陵（今湖北沙市），入洞庭湖转湘江，经灵渠入漓江，至广州地区；(4）从长安入渭河，由渭河入黄河，过三门砥柱再入黄河，至开封，经许昌、襄城至方城，入唐河、汉水转湘江，经灵渠入漓江，至广州地区。[①] 隋唐时期内河航运的发达促进了南北方的交流，商品流通加强。西南地区的蜀锦、药材，南方地区的瓷器以及来自海外的翡翠、珍珠等通过水路运往京师，使京师长安成为世界闻名的大都会，也为宋朝经济重心的南移奠定了基础。

两宋时期的首都是汴京和临安，而不是长安或洛阳，其中除了政治方面的原因外，还有经济格局变动的原因。宋代，南方经济迅速发展，成为粮食及商

① 参见北京大学地质地理系经济地理专业1955级编著：《中国河运地理》，商务印书馆1962年版，第20页。

图 2–1 宋 · 张择端《清明上河图》（局部）

品的主要输出地，政府对南方的依赖性加强。汴京和临安处于河流交汇处，便利的水上交通使两宋政府可以更好地统治全国并进行物产的运输。北宋时期，汴河因首都汴京而成为河运的中心，是南北交流的咽喉之地，也是进行漕运的主要河流。当时有人甚至认为没有汴河漕运就没有北宋王朝。（见图 2–1）两宋时期，商品经济高度发展，长江流域成为全国手工业产品的集中生产区域，丝绸、瓷器、茶叶、盐等都集中在这里，这些大宗商品多通过内河航道运至全国各地。这一时期，在前朝内河航道的基础上，新开凿或修整了几条运河：有丁字河沟通汴河与蔡河，还导黄河入汴河、导洛水入汴河，修治五丈河。这几大工程都是在汴河流域修建的支渠，形成了汴河、蔡河、五丈河、金水四大漕运河流，使各州县能够通过河道与京师进行交流。总体来看，两宋时期的内河交通线沿袭隋唐而稍有变化，航运中心由长安或洛阳变为汴京或临安，并以汴京或临安为中心新开凿运河或修治河道。到了元朝，疆域辽阔，商业繁荣，在水运方面取得了新的成就。

元朝首都大都在今天的北京一带，远离南方。除了致力于修筑发达的驿道，元朝还注重水路交通。元朝在内河航运方面的重要贡献是整治了隋唐以来的大运河，修建了新的大运河。但是总体来说，元朝大运河盛况不如隋唐时期，这一时期的运输方式主要为海运。大运河的许多河段年久淤塞，加上黄河灾害频发，使得它的利用价值远远不如隋唐时期。

明清时期的内河航运主要是沿袭前朝，其主要贡献是整治了原有运河及天

然河道。明朝时商品经济愈加发达，其繁荣程度远非宋朝可比，在长江流域、京杭大运河以及珠江流域，商船随处可见。《李长卿集》卷十九有载：“燕赵秦晋齐梁江淮之货，日夜商贩而南；蛮海闽广豫章楚瓯越新安之货，日夜商贩而北。”[①]清朝时，商人群体发展起来，商镇增多，通过内河航线运输的货物有瓷器、丝绸、茶叶、食盐等等。统治者也致力于大运河的畅通，多次整治黄河，修筑河运堤口。但是，这一时期的水上运输以海运为主，内河航运为辅，内河交通逐渐衰落。总体而言，作为内陆交通的重要方式，内河航运在沟通南北、巩固统治、发展商业等方面发挥了巨大的作用。

二、码　头

同陆路交通一样，水路交通的日渐发达也带动了沿线城市的发展。一些城市因其优越的地理位置而成为重要的码头，它们承担着商品流通运输与中转的职能。当然，在不同的时期，一些重要的码头也会因为航道的改变、政治与经济中心的转移而日渐衰落。

定陶　定陶，又称“陶丘”或“陶”。周武王封其六弟为曹伯，都城为陶丘。春秋末年，范蠡助越灭吴后，弃政从商，辗转至陶丘。他认为陶丘是“天下之中”，遂在此经商，不久而“致千金”。范蠡死后葬于陶，“定陶”之名因此而起。从春秋直至西汉，定陶一直是中原地区的著名都会和水陆交通枢纽，西汉以后逐渐衰落。

古定陶城在今定陶县西北，处于古济水与荷水的交汇处。如前所述，济水与菏水是古代中原地区的两大河流，定陶的交通枢纽地位可想而知。从定陶向西北顺济水、菏水而行，可到达秦晋之地；向东北沿济水可至齐国临淄一带；

① 转引自房仲甫、李二和：《中国水运史》，第239页。

向东顺菏水进入泗水，从泗水进入淮水可至吴楚地区。因此，司马迁在《史记·货殖列传》中称定陶为“天下之中”。秦汉时期，关东地区经济发达，而南方还没有得到开发，因此，关东地区就成了粮食及其他物产的主要输出地。关东地区的粮食及其他物产除了陆路运输外，多通过济水、菏水、泗水入黄河走水路运输，定陶成为水路交通线上的集散地。另外，在关东地区，齐国临淄与定陶是屈指可数的经济大都会，也是著名的丝织业中心。汉代丝绸之路的开辟，使丝绸贸易大为发展，丝绸的需求量大增，刺激了定陶经济的发展，也带动了这一地区交通的发展。（见图 2–2）①

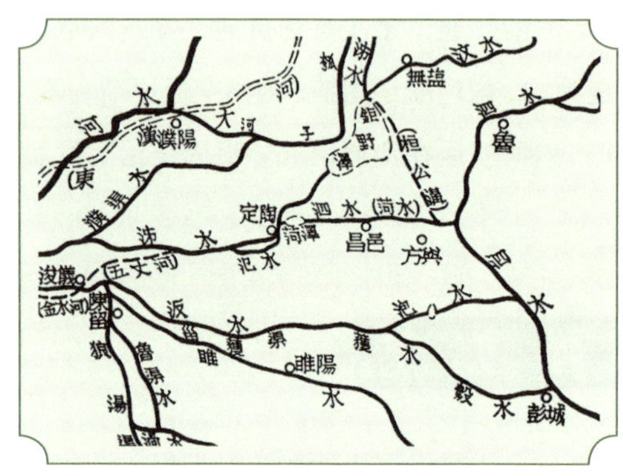

图 2–2　西汉定陶水系示意图

西汉以后，定陶因黄河决口而逐渐衰落。汉武帝时期，黄河决口，历经 20 余年才堵住。而定陶一带在经受了黄河泛滥之后，再也难以恢复往日的辉煌了。再加上汴水沟通了淮水、泗水，其作用渐渐取代了日渐淤塞的济水，以及南方地区的开发，定陶“天下之中”的区位优势不复存在。

荆州　荆州，又称“江陵”，位于长江中游，地处江汉平原。春秋时期的楚国都城郢即建于此处，是当时南方最大的都会，也形成了独具特色的荆楚文化。南北朝时期，晋安帝、齐和帝、梁孝元帝都曾建都于此，促进了荆州地区的发展，使其成为当时仅次于建康的政治与经济中心。五代十国时期，南平国建都于此。从春秋至明清时期，荆州始终是南方重镇，这与其优越的地理位置、发达的交

① 采自邹逸麟:《论定陶的兴衰与古代中原水运交通的变迁》,朱东润主编:《中华文史论丛》第 8 辑，上海古籍出版社 1978 年版，第 194 页。

通息息相关。

荆州南依长江，北靠汉江，西可控巴蜀，南可至湘粤地区，东可至吴越一带，古称“七省通衢”，交通十分便利。从荆州出发，向北入汉水，经南阳、武关可至秦地；向南过长江、湘江，经灵渠入漓江，可至珠江流域；顺江西去可至巴蜀，东去可至吴越，是秦汉时期从京师去往广州的重要的水陆联运线。魏晋南北朝时期，战争频发，荆州因其地理位置而成为军事重镇。对于荆州的重要性，我们可以从诸葛亮的《隆中对》中看出：“荆州北据汉、沔，利尽南海，东连吴会，西通巴、蜀，此用武之国，而其主不能守，此殆天所以资将军。”[①]孙吴的甘宁、鲁肃也有过同样的分析，而荆州也成了吴、蜀两国是否能够结成同盟共同对付曹魏的关键所在。隋唐时期，经济重心逐渐南移，南方经济发展越来越迅速，南北交流日益加强，处于交通枢纽位置的荆州的重要性愈加凸显。杜甫以一首《江陵望幸》将荆州的交通地位概述无遗：“地利西通蜀，天文北照秦。风烟含越鸟，舟楫控吴人。”

荆州作为重要的贸易集散地，商业、手工业极其繁荣，这主要体现在荆商的兴起、商业贸易的繁荣和集市的兴盛上。这一地区的人们通过商品的转卖与贩运而迅速成长起来，成为独占一域的荆商。荆州地区作为长江航道上的重要码头，来往商船大多经过此地，商业贸易自然繁荣。商业贸易的繁荣带动了集市的发展，如荆州特产橘子久负盛名，很多商人慕名而来，久而久之自成“橘市”，同时也带动了其他商品的买卖，集市贸易愈加发达。

繁华的荆州不仅商业发达，而且也是荆楚文化的发源地。辞藻华丽、拥有浓重地方特色的“楚辞”就诞生在这一地域。这里在三国时期也是著名的学术中心，荆州学派质朴清新的学风对后世学术的发展产生了重要影响。宋代以后，鄂州、沙市兴起，南北物资多通过鄂州沿汉江北上，荆州的交通地位逐渐被取代。

① 《三国志·蜀书·诸葛亮传》。

但是作为曾经的江南重镇，荆州直至明清时期仍然发挥着余热。

扬州　扬州，古称“邗”“广陵”“江都”，位于长江北岸、江淮平原南部，是中国历史上著名的文化古城。

自春秋时期开凿邗沟后，扬州即可通过长江、淮河与北方联系。隋唐大运河开凿以后，扬州的交通地位更加突显。扬州位于长江与大运河的交汇处，向北接淮河、汴河可至北方地区，向西溯长江可至巴蜀地区，向南过江南河可至吴越地区。这样，扬州既有邗沟、漕河、隋唐大运河、古运河等运河水系，又有内城河、瘦西湖等天然水系，迅速成长为商旅辐辏之地。扬州时有“富甲天下”“扬一益二”的美名。

从内河航运上来说，扬州是重要的转运码头。自唐中叶刘晏改革漕运以后，长江中下游的漕粮都是通过扬州北上运至京师地区。康熙时期的《扬州府志·建置》记载，唐朝时扬州“舟樯栉比，车毂鳞集，东南数百万艘漕船，浮江而上，此为扼吭”。同时，扬州也是重要的对外交通港。唐朝时，航海贸易日益发达，外国海商纷至沓来，其中尤以大食、波斯商人及日本、高丽的留学僧俗人士居多。因此，东海、黄海沿岸的港市相继兴起。扬州便是在这种历史背景下，由沿江城镇上升为海港的。唐代有许多外国海商侨居扬州。不少波斯商人在扬州经商，他们称扬州为“扬都”。波斯人在扬州建有波斯邸，设有波斯店，经营珍宝，其贸易额“动辄百万”。大食商人流寓在扬州的也很多。中国的纸和造纸术经由大食传往西方，被称为“中国雪”的芒硝随同炼丹术一起传往大食。大食的外科医术也传入中国。我国的切脉术更是影响了阿拉伯医学。景教、祆教、摩尼教、回教在这一时期先后传入中国。在中国同大食、波斯的经济、文化交流中，扬州居于非常重要的地位。今天在扬州遗留下来的盐商宅院、亭台楼阁、寺庙道观，无一不是历史的见证。

唐朝后期，长江下游泥沙淤塞严重，严重影响了扬州水路的通航。在对外交通中，很多商船改由明州、杭州等进行转运。但是作为内河航运的重要节点，

扬州在北宋时期仍然发挥着巨大的作用。南宋偏安，都城建于杭州，扬州沟通南北交流的作用大大减弱，地位一落千丈，不复往日辉煌。

三、漕　运

漕运，是指政府通过水路调运粮食以及由此而形成的一整套组织与管理制度。它的实施有两个条件：国家统一与便捷的水路。漕运最初形成于秦朝，汉朝时逐渐制度化。隋唐以降，随着经济重心的南移，由南而北的漕运制度产生，漕运逐渐兴盛起来。清朝中期以后，漕运逐渐衰败。

漕运建立在统一的中央集权的政治体制之下。“先秦时期，由于一直没有出现秦汉及其以后的那种强有力的中央集权的统治王朝，故而，也就不存在中央对各地区经济的严密、有效控制和统一调配，不可能出现中央对各地财赋经常性、大规模的征运活动。”[①] 但是，这一时期对天然河道的利用以及运河的开凿为秦汉时期漕运的形成奠定了基础。

秦汉时期是我国封建社会第一个大一统时代。这一时期，京师位于关中地区。关中地区自先秦时期就是农业发达之地，但是自秦汉统一之后，政治中心、军事中心位于此处，兵士、官员、皇室成员也都集中于此，导致人口激增。要保证他们的衣食，单靠关中地区的供给远远不够，这就需要从其他地区调运粮食。另外，这一时期军事战争频繁。伴随着大规模的军事征伐，粮草的运输势在必行。关东地区的临淄、济泗地区以及江淮地区农业发达，成为漕粮的征集地。

秦朝时期，为了攻打匈奴，曾诏“使天下飞刍挽粟”[②]，将粮食从黄腄、琅邪地区运送至北方地区。所谓“飞刍挽粟”，即漕运之义。可见，漕运最初是用

① 吴琦：《漕运与中国社会》，华中师范大学出版社 1999 年版，第 4 页。

② 《汉书・主父偃传》，中华书局 1962 年版。

于军事方面的。随后，秦始皇修建阿房宫、骊山墓等需要大量的物资，这些物资也都是从各个地方转运过来的。这一时期虽然没有漕运之名,却有了漕运之实。秦朝还在荥阳附近建立了敖仓，用来储藏从关东地区征收来的粮食。除了敖仓，陈留仓也是江淮运输的必经之地，而成都仓是秦朝南征时的军事用粮储藏地。

汉朝初年，政府的漕运任务不重，一年也就数十万石。到了汉武帝时期，出于军事征伐的需要，漕运粮食由数十万石增加到了几百万石。桑弘羊主持“均输”时，仅山东漕运一年就达到 600 万石。面对这样巨大的漕运量，河道的开凿、疏浚被政府提上议事日程。首先是漕渠的开凿。汉武帝时期，渭河河道弯曲，导致泥沙淤塞，水浅沙多，不利于漕运。大司农郑当时上书建议开凿漕渠。新开凿的漕渠由长安引渭水入渠，沿南山脚一直通往黄河，进至关东地区。这样，关东地区的漕粮能够通过黄河、漕渠直达长安，大大缩短了航程。其次是为避免砥柱之险而做的努力。黄河漕运中最危险的地方是三门峡，其河面窄，水流湍急，有著名的砥柱之险。汉成帝时凿石拓宽河道，但是由于碎石落入河中而导致河流更加湍急。以当时的科学技术水平，砥柱之险还无法克服。最后是汴渠的开凿。汴渠在秦以前称为“鸿沟”。如前所述，鸿沟是春秋战国时期开凿的连接黄河与淮河的重要运河，但是经过了秦末汉初的战乱以及汉武帝时期的黄河决口，其已被破坏。东汉建都洛阳，漕运中心也随之转移，运河的整治迫在眉睫。东汉明帝时，王景治理黄河，在黄河分水处做了一个水门，使黄河流入汴渠的水有节制，并在黄河两旁筑高台防止其泛滥。这样，黄河的一支汇入汴河，主干则向东从利津入海。这就是著名的“河汴分流”。此后，从南方来的漕船由淮河、泗水进入汴河，从北方来的漕船通过黄河、济水而西。直至东汉末年，历代统治者都非常重视对汴河的维护。隋朝大运河的其中一段——通济渠的前身就是汴河。秦汉时期是漕运的初创时期，为后世漕运的发展奠定了基础。

魏晋南北朝时期在漕运上有两个特点：区域性与军事性。这一时期，各国为了军事物资的转运也开凿了不少运河。建安九年（204 年），曹操为了北击袁

绍而截取淇河之水引入白沟，用来运输军粮；建安十一年（206 年），为了北伐乌桓，曹操开凿了沟通滹沱河与泒水的平虏渠以及沟通泒水与潞水的泉州渠。在汉献帝定都邺城后，曹操开凿了连接白沟与漳水的利漕渠，目的是满足京师地区的用粮需求。吴国与蜀国基本是利用天然河道来进行物资的转运，在运河的开凿方面，基本没有建树。总体而言，三国时期的漕运是为满足军事需求而进行的，开凿的运河也仓促而成，多不坚固。在战事结束后，运河也就失去了它的作用，遂被废弃。两晋时，政治黑暗，内乱不止，漕运也多停止。南朝时，政治中心在南方，南方江河宽广，统治者多利用自然河道进行漕运，没有开辟新的漕运道路，一切依前朝。因此，这一时期的漕运稍显薄弱。

隋唐大一统，社会经济繁荣，漕运也因此得到了空前的发展。一方面，河渠得到不断开凿，漕运运输网络发展起来;另一方面，漕运组织与管理机制不断完善。

隋朝国祚虽短，但它有两项重要的举措，对后世漕运的发展产生了深远的影响:一项是粮仓的设立，另一项是大运河的开凿。隋初，国家统一，社会安定，农业发展迅速，财富不断积累，全国范围内的交通运输又活跃起来。隋文帝在建国之初就把漕运放在了重要位置。为了解决粮食不足的问题，隋文帝在陕、伊、洛、汴、汝、许、卫、怀、邵、郑、虢、蒲、熊等沿河 13 州建立粮仓，募丁运米，从事转运。除了这 13 个粮仓，隋文帝还在陕州（今河南三门峡西）建立常平仓，在华州（今陕西华县）建立广通仓，在卫州（今河南浚县境内）建立黎阳仓，在洛州（今河南洛阳东北）建立河阳仓，将南方的粮食转输至京师。除了建立粮仓，隋文帝还开凿了从大兴城引渭水至潼关的广通渠以及连接江都（今江苏扬州）与山阳（今江苏淮安）的山阳渎，它们在社会经济的发展中发挥了重要的作用。而大运河的开凿把漕运推向了新的发展阶段。隋朝开凿的大运河将洛水、黄河、汴河、泗水、淮河、长江连为一体，成为此后历代北运漕粮的主干航道。

唐朝时期，在因袭隋代发达的漕运事业的基础上，政府加大了对漕运组织与管理的力度。比如，设置了专职漕运事务的水陆转运使，转运使下设各级官

员负责漕运的具体事务。唐太宗贞观六年(633年)又设舟楫令,掌舟楫漕运事务。唐肃宗上元二年(761年),置丞掌运漕隐失。针对漕运道路的不便,唐玄宗时,仿隋制而沿河设仓,诸仓"节级转运",使来自江南的漕船不入黄河,来自黄河的漕船不入洛河。安史之乱后,刘晏改革漕运:一是用盐铁之利补贴漕运雇佣费用。二是漕运多走水路,减少陆路。三是对漕船进行编纲。规定每船载米千斛,10船为一纲,每纲300人,篙工50人。四是采取接运之法。《新唐书·食货志三》载:"江船不入汴,汴船不入河,河船不入渭;江南之运积扬州,汴河之运积河阴,河船之运积渭口,渭船之运入太仓。"

隋唐时期的漕运促进了当时社会经济的发展,直接刺激了江南经济的发展,促进了南北交流,同时也带动了沿线城市的发展与繁荣,为宋代经济重心的南移奠定了基础。

两宋时期也较重视漕运的发展。北宋定都于开封,开封位于黄河下游,泥沙多淤积。为了保障漕运航道的正常运转,北宋统治者除了倾人力、物力、财力大规模地整治黄河外,还整治了汴渠、惠民、五丈、金水等水渠。汴渠是北宋王朝的生命线。北宋建国后,每年春季都会对汴河进行疏浚,以保证漕运的畅通。惠民河位于开封以南,北宋统治者对惠民河的疏浚主要是为了开通从开封经陈州、颍川入淮河的漕运。其对五丈河的疏浚则主要是为了开通从开封经曹州、济州、郓城至齐鲁地区的漕运。南宋与金朝并立,首都南移至临安。对南宋来说,最重要的运河是江南运河,它经镇江、苏州、嘉兴至临安,还沟通了钱塘江,是这一时期最为繁忙的运河。在漕运的组织管理方面,管理漕运的官员是发运史。宋真宗景德四年(1007年)开始规定每年的漕额为600万石,漕运趋于稳定。在运输方法上,宋朝的漕运原为直运法,各地的漕粮不论远近直接运往京师,后于大观年间改为转运法。与前朝相比,两宋时期的漕运表现出以下四个特点:(1)漕运制度基本形成一个完整的经济体系;(2)漕运渐趋稳定;(3)漕运重

心转移到了南方；（4）由于河道等因素的影响，漕运方法变更频繁。[①]

元、明两朝是我国封建社会的大一统时代，存在时间约为400年。在此期间漕运更加兴盛。

元、明两朝建都于北京，在这之前，北京属于边防地区，经济比较落后。作为文武百官、军队士民聚集之地，北京的所有用度无不仰仗富裕的江南。因此，两朝都非常重视漕运的发展。元代漕运的发展主要体现在海运方面。至元十九年（1282年），元朝政府开始了海运的尝试。经过几次尝试之后，开辟出了一条海上航线："从刘家港入海，至崇明州三沙放洋，向东行，入黑水大洋，取成山转西至刘家岛，又至登州沙门岛，于莱州大洋入界河。"[②]海运装载量大，航速快，成为元代主要的漕运方式。元朝后期，由于南方叛乱，官员贪污，海盗盛行等，海运逐渐衰败。

到了明朝，又转向了河运。明成祖时重整了从济宁至临清的会通河道。重整后的会通河"以汶、泗为源，汶水出宁阳县，泗水出兖州，至济宁而合。置天井闸以分其流，南流通于淮。而新开河则居其西，北流由新开河道东昌入临清，计三百八十五里"[③]。黄河的一段——茶城至清河段是京杭大运河的一部分，而黄河水量不定，对漕运极为不利。为此，历代统治者都非常重视对黄河的整治。明成祖、明景帝、明孝宗、明世宗等都曾集中大量的人力、物力、财力对黄河进行整治。治水专家潘季驯针对黄河浊、淮水清的特点，提出了"治河、通淮、济运"的策略，以确保漕运畅通无阻。万历年间在漕运上的最大成就是泇河的开凿。泇河开凿后，大运河自泇河经微山、赤山向西北行，至济宁，回避了自直河口顺黄河至徐州的危险河段，保障了漕运的畅通。

在明代，政府对漕运的组织与管理日渐完善。明代先后实行过三种漕法：第一种是明成祖时期实行的支运法，即粮户自备船只，将粮食运至指定粮仓，

---

① 参见吴琦：《漕运与中国社会》，第20页。

② 《元史·食货志·海运》，中华书局1976年版。

③ （清）谷应泰：《明史纪事本末·河漕转运》，中华书局1977年版。

然后由卫所官军将粮食分段接力运至京师。该法由于百姓往返耽误农桑而遭废止。第二种是明宣宗时期实行的兑运法，即军民联运，粮户只把粮食放到沿途河边，卫所官军负责将粮食运至京师。第三种是明宪宗时期实行的长运法，即运军直接赴各地的水次仓取粮，然后运往京师。漕运之法变革的总趋势是民运逐渐减少，军运逐渐增加并最终完全取代民运。这种变革体现了明朝人身依附关系的逐渐减弱，但是纯经济剥削却日益加强。[①] 在漕运管理方面，明朝在沿途广置粮仓，有天津仓，通州左卫仓，北京三十七仓以及德州、淮安、徐州、临清、天津五大水次仓。明朝还设置了总督，由其总理漕事，下有各级漕运官吏分管各地区的漕事。对漕运的漕船数额和运京期限，明朝都有严格的规定。

总体来说，元明漕运促进了北方经济的发展，巩固了统治，同时也促进了全国商品经济的繁荣。

到了清朝，漕运继续发展。从总体上来说，清朝漕运的组织与管理方法基本沿袭明制，仍设总督管理漕事，另设巡漕御史稽查漕运官员及漕务。这一时期漕运走向繁荣，促进了康乾盛世的出现与国家的统一。（见图 2–3）到了清朝后期，随着官员贪污腐化现象的与日俱增、漕运弊端的日益凸显以及中国社会的剧烈动荡，漕运在鸦片战争后迅速走向衰亡。

图 2–3　清·徐扬《姑苏繁华图》（局部）

漕运是中国古代封建王朝的一条生命线，漕运能否顺利发展，对王朝的兴衰至关重要。漕运既可

① 参见彭云鹤：《明清漕运史》，首都师范大学出版社 1995 年版，第 138 页。

以满足政治、军事等方面的需要，也促进了全国范围内的经济交流以及商业城市的兴起与繁荣。从这些层面来说，漕运关乎政治、经济、社会生活等各个方面，对封建社会的发展产生了深远的影响。

四、邗　沟

邗沟（见图 2–4），是沟通淮河与长江的古老运河，是最早有史书明确记载的运河，又称“山阳渎”“里运河”“淮扬运河”。春秋时期开凿，历经 10 余次变迁，至今仍发挥着航运作用。

图 2–4　古邗沟碑亭

邗沟的开凿最初源于军事需求。春秋时期，吴王夫差为了北进中原，与诸国争霸，急需一条水路顺流北上。吴国地处长江下游，河网纵横，交通全靠水路，舟师是吴军的主力，天然的地理优势为邗沟的开凿提供了基础。然而，长江与淮河之间没有直接通道，北上伐齐需要由长江出发入海，再绕道入淮，航程过长，危险性极高。公元前 486 年，吴王夫差在今扬州筑邗城（今江苏扬州境内），开挖邗沟。邗沟将东西流向的天然河流用南北流向的人工运河连接起来，使长江流域和淮河流域两大经济区连为一体。这项工程对当时的军事斗争、社会经济的发展以及南北文化的交融都产生了深远的影响。公元前 482 年，吴国又将邗沟向北延伸，连接淮河以北的水系，沟通了济水和泗水，使这条人工河流一直伸展到黄河流域的南部。公元前 361 年，邗沟同魏国在北边开凿的一条沟通黄河与淮河的人工航道——鸿沟连通，又一次得到延伸。这样，江、淮、河、济古代四大水系被这条运河

联系在一起，形成了沟通南北的航道交通网。

春秋时期的邗沟河道迂回，从邗城到达淮河，其水道由邗口入樊良湖（今高邮湖），向东北绕经博支湖、射阳湖，再折向西，入白马湖，由末口进入淮河，迂回不便。东汉时，广陵太守陈登截弯取直，开凿了邗沟西道，由樊良湖直接进入津湖，再由津湖（今江苏高邮界首湖）向北入白马湖，航程缩短了150多公里。除了截弯取直，陈登还修筑了世界上最早的人工堤坝——捍淮堰，用来节制淮水。这是邗沟的第二次大规模的整治。

邗沟的第三次大整治是在隋朝。隋文帝时期，开凿山阳渎，以通漕运。隋炀帝时期，征集10余万淮南人重修邗沟，将邗沟拓宽。其自山阳（今江苏淮安）引淮水经江都（今江苏扬州）至扬子（江苏仪征东南）入长江，水面阔40步，两岸皆筑御道，树以榆柳，形成了隋邗沟。它是隋朝大运河重要的一段。唐朝中期，由于长江水岸不断南移，与瓜洲并岸，扬州城南水位上涨。开元二十二年（773年），唐玄宗命人在今扬子桥到瓜洲镇之间，开凿了约13公里的伊娄河。从此，瓜洲运河口成为邗沟的新要道口。元朝时开凿了京杭大运河，邗沟成为京杭大运河中的淮扬段，又称“里运河”，是沟通南北的重要组成部分。

邗沟沟通了淮河与长江，而且通过鸿沟沟通了黄河与济水，是长江、淮河、黄河、济水的交通枢纽。无论是从经济方面还是从军事方面来说，其重要性都不言而喻。

五、灵　渠

灵渠（见图2–5）[①]是沟通长江与珠江两大水系的人工运渠，秦始皇时期为统一岭南地区而开凿，其在中国水利史上具有重要的地位。

① 采自《中国大百科全书·中国历史》，中国大百科全书出版社1992年版，第602页。

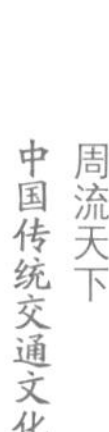

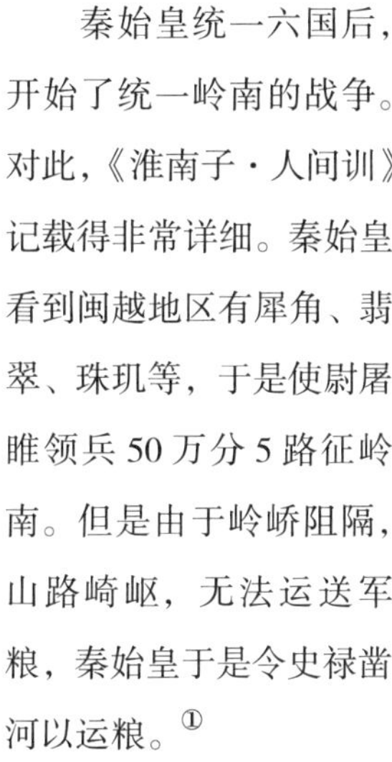

秦始皇统一六国后，开始了统一岭南的战争。对此，《淮南子·人间训》记载得非常详细。秦始皇看到闽越地区有犀角、翡翠、珠玑等，于是使尉屠睢领兵 50 万分 5 路征岭南。但是由于岭峤阻隔，山路崎岖，无法运送军粮，秦始皇于是令史禄凿河以运粮。[①]

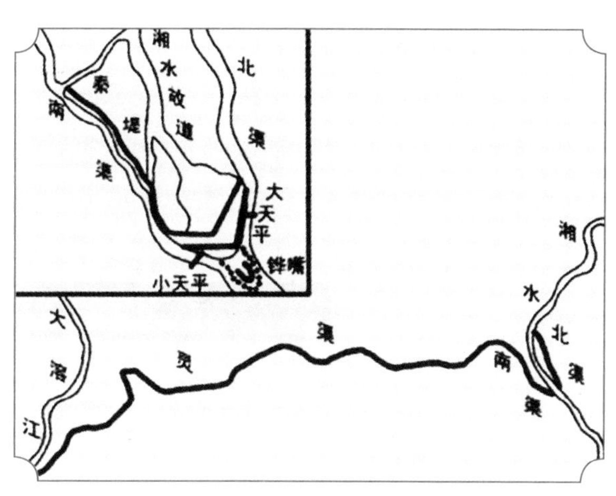

图 2-5　灵渠水系示意图

湘江与漓江皆发源于海阳山，向北流的是湘江，与湘江并流而往南的是漓江。两江在兴安处相隔最近，约 30 公里，灵渠就开凿于此，其连接了湘江与漓江。这项工程十分艰巨，兴安地势高，要将逆流的湘江水注入灵渠是相当困难的。于是史禄做了分水坝，称作“铧嘴”。它建于湘水支流海洋河中，状似犁铧，以石筑成，角端所指与河水流向相对，把海洋河水一分为二，一流入南渠，一流入北渠。在铧嘴尾端用石头垒成被称作“大小天平”的拦河坝，呈“人”字形，高度略低于河水堤岸。河水东岸为大天平，与北渠渠口相衔；河水西岸为小天平，与南渠渠口相衔。在枯水季节，大、小天平拦截所有河水入渠；在大水季节，河水漫过堤坝注入海洋，从而使渠内流水涨而不溢，枯而不干。[②] 灵渠科学的设计代表了当时的科技水平，其与都江堰、郑国渠并称为“秦代三个伟大的水利工程”。随后，东汉时期的马援、唐代的李渤都对灵渠进行了修整。直到现在，

① 参见郑连第：《灵渠工程史述略》，水利电力出版社 1986 年版，第 9 页。

② 参见叶持跃、黄伟：《中国交通文化概说》，机械工业出版社 2011 年版，第 66 页。

灵渠仍然发挥着它的作用。

灵渠的开凿沟通了湘江与漓江，连接了长江与珠江两大水系，自此，长江、黄河、淮河、珠江四大水系联系在了一起，贯通南北的水上交通线形成。它加快了秦朝统一岭南的步伐，促进了岭南地区与中原地区的交流。

六、大运河

大运河是中国古代人工修筑的河流，为世界上最长的运河，也是世界上开凿最早、规模最大的运河。其全长 2700 公里，流经北京、天津、河南、河北、山东、安徽、江苏、浙江等 8 个省、直辖市，纵贯中国最富饶的华北大平原与江汉平原，连接了海河、黄河、淮河、长江、钱塘江五大水系，是中国古代南北交通的大动脉，至今已有 2500 余年的历史。2014 年，中国大运河被列入《世界遗产名录》。

大运河包括浙东大运河、隋唐大运河和京杭大运河三部分。

浙东大运河　浙东大运河，又称“杭甬运河”，是一条连接钱塘江与姚江的东西向的人工运河。它起自钱塘江南岸，经绍兴，跨曹娥江，东至宁波甬江入海口，全长 239 公里。浙东大运河的开凿历史可追溯到春秋时期吴越开凿的山阴故水道。吴越时期，范蠡在会稽山北建成山阴大城（今浙江绍兴古城），以之作为越国的活动中心。为了便利交通，范蠡主持疏浚了自山阴城东郭门至今上虞练塘村的山阴故水道。山阴故水道贯通了山会平原的东、西部地区，与东、西两小江连接，又连通了南北诸河，成为越国的交通命脉。（见图 2-6）[①]

东汉时期，会稽郡太守马臻在山阴故水道的基础上筑堤建坝，兴建了鉴湖。鉴湖兴建之后，山阴故水道水位抬高，成为汉晋时期山会地区主要的水上交通线。晋惠帝时，为满足灌溉的需要，由会稽内史贺循主持修建了自钱塘江南岸

① 采自陈桥驿主编：《中国运河开发史》，中华书局 2008 年版，第 457 页。

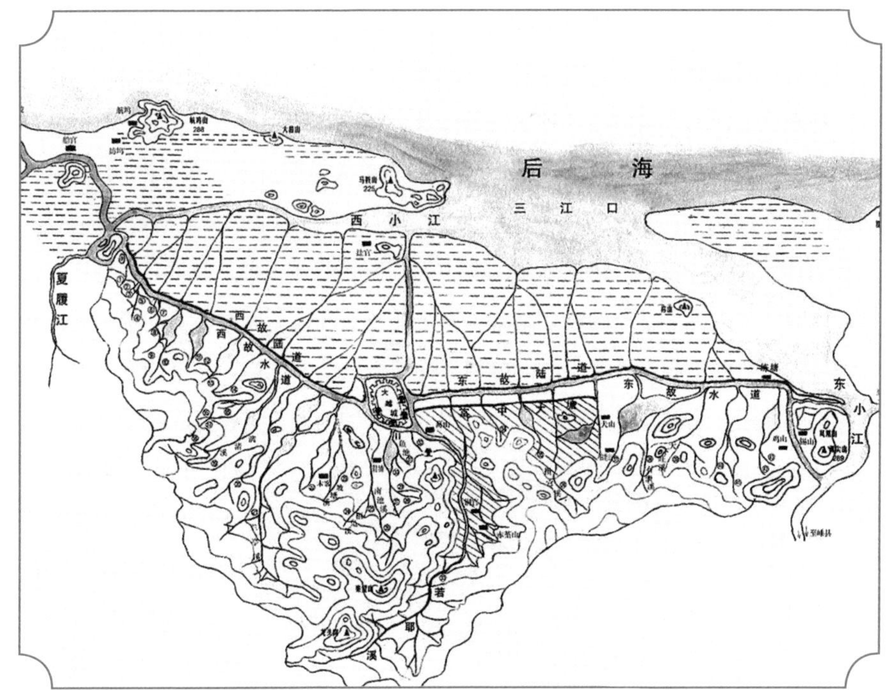

图 2–6 春秋越国山会平原水系航运图

的永兴西陵（今萧山西关）至会稽郡的西兴运河。此后，这段运河与鉴湖沟通了钱塘江、钱清江、曹娥江以及会稽郡的河流，提高了这一地区的灌溉效率与航运效率。西兴运河、鉴湖与上虞以东运河以及姚江、甬江的自然水道一起形成了横贯东西的浙东大运河。唐宋时期，随着江南地区的开发和经济重心的南移，浙东大运河的重要性日益凸显。尤其是南宋时期，京杭大运河被阻隔，浙东大运河与江南运河一起构成了南宋都城临安连接明州、绍兴等地的生命线，宋高宗在躲避金兵追击时走的就是这条运河。历代统治者都比较重视浙东大运河的疏浚，钱清北堰、钱清南堰、都泗堰、曹娥堰、梁湖堰、通明堰、西渡堰的修筑大大改善了运河的航运条件。明清时期，随着浙江各地海塘的建设和海涂的

开发，运河沿线形成了湖泊密布的水系，再加上浦阳江的改道、钱塘江江道的北移以及运河的淤积，浙东大运河日渐衰败。

浙东大运河的开凿对浙江地区的灌溉及全国性的南北航运、水驿、漕运等都起到了重要作用。在几千年的兴衰变迁中，浙东大运河留下了众多的历史遗迹，如萧山纤道、八字桥、西兴古镇等，它们的存在提醒着我们浙东大运河曾经的辉煌。

隋唐大运河　隋唐时期，国家复归一统，经济稳步发展，政治日渐稳定，为大运河的开凿提供了雄厚的物质基础与安定的政治环境。同时，王朝统治者也清楚地看到了政治中心与经济中心的分离。如何巩固南方统治，并且使南方的物资源源不断地输往京师，成了隋唐王朝统治者关心的问题。早在南北统一之前，隋文帝就命人对大运河的江北段进行了整治。隋炀帝即位后，有意迁都洛阳，如何打通南北成了亟待解决之事，遂开始了开凿大运河的伟大工程。

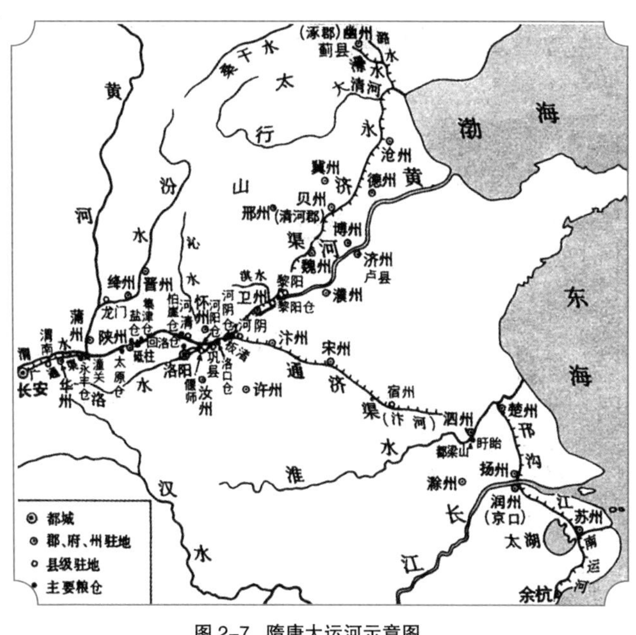

图 2-7　隋唐大运河示意图

隋唐大运河分为广通渠、永济渠、通济渠、邗沟、江南河。（见图 2-7）①广通渠开凿于隋文

① 采自许广州等：《台前大运河：大运河台前段历史沿革与运河文化研究》，东北师范大学出版社 2010 年版，第 15 页。

帝时期。开皇四年（584 年），隋文帝命宇文凯引渭水自长安至潼关，全长 150 余公里，称为“广通渠”。广通渠在渭水之南，把长安与潼关连接了起来，使沿黄河而来的漕船不必经过多沙的渭水而直接从潼关进入长安。唐朝天宝年间，广通渠淤塞，唐玄宗命韦坚进行修治。五代宋朝时期，因战乱与定都开封，广通渠渐渐淤塞而被废弃。

隋炀帝大业四年（608 年），为方便河北的军粮运输而开凿了永济渠。《隋书·炀帝纪》载：“诏发河北诸郡男女百余万开永济渠，引沁水南达于河，北通涿郡。”永济渠分为两段：一段是“引沁水南达于河”，漕船由黄河沁口沿沁河而上，连接淇河、卫河等天然河流；另一段是人工渠道，在今天津以北，利用白河的一段和永定河的一段到达涿郡。[①]

通济渠开凿于隋炀帝时期。通济渠是对汴渠的修整和扩建。大业元年（605 年），隋炀帝征集河南、淮北的人丁开凿通济渠。通济渠也分为两段：一段从隋炀帝的宫殿“西苑”开始，引谷水、洛水至黄河，从偃师至巩县的洛口注入黄河；另一段是从版渚（今河南荥阳境内）引黄河至淮河。

隋炀帝在开凿通济渠的同时，又下令开拓邗沟。对邗沟的整治前已论述，在此不作赘述。这样，北至洛阳、南达淮河的全长 1000 多公里的通济渠与邗沟建成。

江南河是隋炀帝在三国东吴所开凿运河的基础上修建的。这条运河从延陵（今江苏镇江）出发，经晋陵（今江苏常州）、无锡、吴郡（今江苏苏州）至余杭（今浙江杭州），将长江与珠江两大水系沟通了起来。（见图 2–8）至此，北至涿郡、南至余杭的大运河建立起来，它将海河、黄河、淮河、长江、钱塘江连接在一起，成了南北交通的大动脉。唐朝建都关中长安，京师给养基本依赖于南方。因此，大运河依旧发挥着它的作用。尤其是安史之乱以后，漕运完全依赖于大运河。

① 参见武汉水利电力学院《中国水利史稿》编写组编：《中国水利史稿》（中），水利电力出版社 1987 年版，第 6 页。

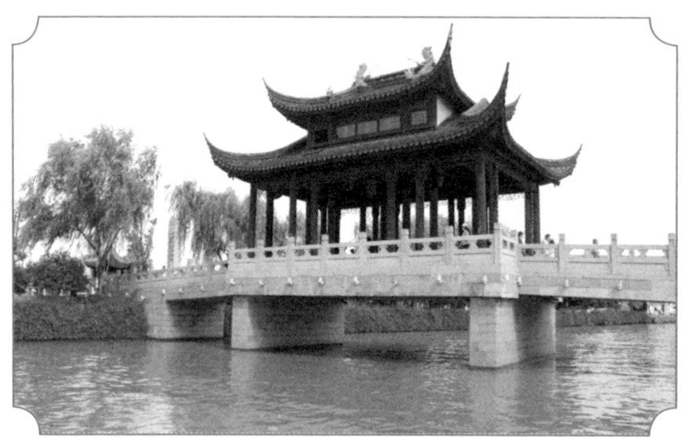

图 2-8 横跨运河的渔隐桥（今江苏苏州）

唐朝历代都比较注重大运河的整治。如唐高祖时期，开凿五节堰，引陇水通漕运；在浐水附近开凿广运潭以通渭河；拓宽永济渠；对通济渠、邗沟、江南运河也进行了部分整治，以保持大运河的南北畅通。

隋唐大运河以几条运河为主干，建立起了四通八达的内河航运网。从京师长安出发，可沿广通渠经潼关入黄河，沿沁水北上经永济渠至涿郡，沿通济渠经邗沟、长江、江南运河至杭州，又可通过各小支线到达各个地方，“自是天下利于转输”。大运河的开凿促进了南北的经济与文化交流，巩固了统治，增强了中华民族的凝聚力。在运河沿岸迅速兴起了一批商业城市，如京口、江都等，成为重要的码头。大运河的修建是当时政治与经济发展的需要，但是也应该看到古代劳动人民为此付出的代价。隋炀帝开凿运河时耗费了大量的人力、物力、财力，加速了隋王朝的灭亡。

京杭大运河　元、明、清三朝在隋唐大运河的基础上又重新开凿或者修治，建成了世界上最长的人工大运河——京杭大运河（见图 2-9）①，其对南北地区的经济与文化交流起到了巨大的促进作用。

元、明、清三朝均定都于今天的北京地区。如今的北京是中国的政治中心，同时也是世界性的大都市，其政治、经济、文化等各个方面都极其繁荣。然而，

① 采自蒋辉、张菊敏：《千年一叹：印象黄河 · 小浪底》，中原出版传媒集团、中原农民出版社 2009 年版，第 39 页。

在元朝将它定为首都之前，它只是北方的一个军事重镇。因此，在元朝初期，北京一带的经济与文化相对比较落后，要想保证京师的日常供给，就必须要从繁荣的江南输送物资。这是京杭大运河开凿的重要原因。

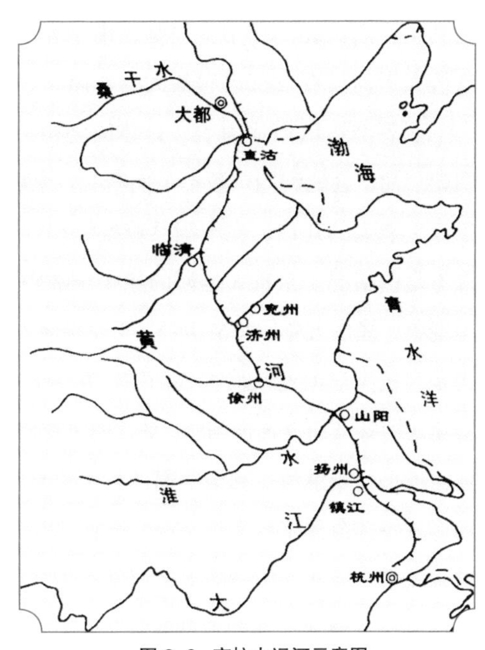

图 2–9　京杭大运河示意图

元朝对京杭大运河的整治主要分为两个方面：一是将旧运河的中段移到今山东境内；二是修治今京津地区的河道。[①] 对于旧运河的中段，元朝开挖了济州河与会通河。如前所述，至元十九年（1282 年），元朝政府开始挖掘济州河。元朝开济州河后，淮水进入泗水，经济州河到达安山。至元二十六年（1289 年），元政府征集民夫 3 万人，开凿了沟通临清与东平的会通河。对于京津地区，元政府于至元二十八年开凿了北京到通县的通惠河。通惠河的工程分为两段：一段是从昌平白浮村到翁山泊（今昆明湖）的引水段，这一段渠道的水引自神山泉水、榆河、玉河等水源；另一段是自翁山泊穿过大都至通州的通航段，在其上设置了 24 处复闸，平均每 5 公里即设一复闸，便于节制水量。[②] 这是元朝对京杭大运河主体河道的大规模整治。对江南运河等基本保持原貌的河道，元政府进行了清浚、设闸，并修建了堤坝。元朝修建的京杭大运河北起大都，南至余杭，

① 参见白寿彝：《中国通史》第 8 卷《中古时代：元时期》（上），上海人民出版社 1989 年版，第 711 页。

② 参见武汉水利电力学院《中国水利史稿》编写组编：《中国水利史稿》（中），第 274 页。

起到了沟通南北的作用。但是，由于元代以海运为主，加上政治紊乱等问题，京杭大运河没有发挥出它最大的作用。

明朝漕运以河运为主，自建国之初，统治者就注重对京杭大运河的整治。明朝初期，会通河因水源不足而断航。永乐九年（1411 年），工部尚书宋礼采纳了汶上老人的建议，在宁阳县修筑堤坝，使汶水流入会通河，解决了会通河水源不足的情况。京杭大运河的徐州至淮阴段利用的是黄河故道。针对黄河决口的现象，隆庆五年（1567 年），明穆宗命人开凿了从留城至南阳的南阳新河。邗沟是京杭大运河的一段重要河道，整治它的难处在于运河穿淮过江问题。为了避免运河穿淮出现逆流问题，平江伯主持修治了清江浦河道，从管家湖引水入河，使河道平行于淮河。邗沟的通江口水位高于长江，对此，明政府再次建闸开港，前后进行的疏浚工程多达 23 次。自“罢海运粮”之后，京杭大运河成为主要的漕运航道。因此，明朝的大运河又称为“漕河”。清朝在明朝的基础上对京杭大运河进行了整治。清朝前期筑高家堰，进行了用淮河清刷黄河的清口工程。清政府还在江、淮之间开挖了月河，进行了湖漕分离的工程。

京杭大运河将钱塘江、长江、淮河、黄河、海河五大水系紧密地联系在一起，它西通关中盆地，北抵河北大地，南达太湖流域，整个运河网络布局合理，线路绵长，腹地广阔，渠道深广，比绕道洛阳的隋唐大运河缩短了 900 多公里，且沿线是中国最富庶的农业区之一。可以说，京杭大运河是世界水利史、航道史上一项空前伟大的工程。

第三章 海上交通

自汉朝开辟海上丝绸之路以后，横渡西太平洋、印度洋成为中国远洋航船的专利，中国的航海技术与航海能力是其他国家所望尘莫及的。中国曾驰骋于海洋，主导着东方的海上贸易，是东方的文明中心。

在近海航线方面，夏商周时期的人们开辟了从东南沿海绕山东半岛到达辽东半岛的航线。至秦汉时期，这条航线已经非常成熟，并且向南延伸至广西地区。魏晋南北朝时期在近海航运方面的成就是孙吴横渡台湾海峡到达了台湾，这是第一次载于正史的有关大陆与台湾之间交流的资料。隋唐以降，北至辽东半岛、南至南海的近海航线已经非常成熟，统治者多利用近海航线来进行漕运。尤其是元朝时期，漕粮的运输多依靠海运，即“北洋漕运”，这是元朝的立命之本。明朝后期直至清朝，由于封建政府实行“海禁”政策，中国的海上航线渐趋衰微。

在远洋航线方面，早在春秋战国时期，中国就开辟了经朝鲜半岛至日本的航线。不过这一时期的航路并不稳定，航海技术也不成熟，远洋航行充满了不稳定性与危险性。秦朝时期，徐福为秦始皇求仙药而东渡日本，中国的耕作技术、纺织技术、医药等东传日本，对日本社会的发展有着划时代的意义。汉朝出现了历史上记载的第一条印度洋航线，即穿越马六甲海峡、贯通太平洋与印度洋的“徐闻—合浦南海道”。东汉时期，中国与罗马通过海上丝绸之路直接进行交往，完成了东西方文明的对接。魏晋南北朝时期，一些僧人通过海上丝绸之路求佛传教，他们往来于印度与中国，对所经国家的风土人情等都进行了详细的介绍，这对我们研究中外交流史有重要的意义。隋唐以降，海上丝绸之路全面繁荣。这一时期横渡印度洋的航线渐渐成熟，船队完全可以远离陆岸，直接横渡印度洋，航程远，航期长，这在中国航海史上具有开创性的意义。能够代表海上丝绸之路达到鼎盛时期的是明朝的郑和下西洋，其代表了 15 世纪世界史上的航海水平。郑和下西洋不论是在航海技术还是在对外交流上都达到了世界上最先进的水平。

古代的中国在世界航海史上占有重要的地位，它开拓了东方航线，航海技术曾居于世界一流行列。然而，明清时期，中国的海上交通日渐没落。这一方

面是由于中国封建统治者故步自封，另一方面是由于中国的朝贡体制使它在对外贸易中失去了经济性。这种“厚往薄来”的贸易追求的是政治影响力的扩大，而非经济利润的获得。因此，这种本身就没有建立在经济原则基础上的贸易具有极强的脆弱性。在中国封建政治处于不稳定的时期时，中外交流就会立即中断。当封建社会走向没落，政治权威渐渐失去，故步自封的封建统治者又没有进行革新时，中国只能慢慢地衰落下去。

一、近海航线

早在远古时期，先辈们就已经通过海洋与其他地区进行交流了。经考证，早在6000多年前，位于黄河中下游地带的龙山人就漂洋过海到达了今天的辽东地区。但这一时期的航海活动没有精密的规划与组织，也没有确定航线，基本上都是没有目的性的漂航行为。

夏商周时期是海上交通的初创时期。这一时期，生产力水平提高，船舶制造技术初步发展，木板船以及帆的出现为人们的航海活动提供了基础；频繁的军事战争以及经济联系的加强是人们进行航海活动的动因。《诗经·商颂·长发》中有“相土烈烈，海外有截”的诗句，用以赞美夏朝时期的相土的航海功绩。相土的邑都在商丘，“有截”是“九夷”之一，在辽东半岛。由此推断，在夏朝时已经有一条从山东半岛出发，经渤海海峡至辽东半岛的航线了。居住在南方沿海地区的人被称为“百越”，他们的出行主要依靠水路，是典型的水上民族。经考古发现，夏商时期，在南方地区存在着从河姆渡到舟山群岛和台湾岛的海上航线。它与北方地区的航线一起构成了我国最古老的海上交通线。[①]

春秋战国时期，北方的齐国与南方的吴国都是濒海大国，两国手工业的发

① 参见中国航海学会：《中国航海史：古代航海史》，人民交通出版社1988年版，第23页。

达促进了造船业的发展。《孟子 · 梁惠王下》中记载了一段齐景公与晏子的对话。其中齐景公说道："吾欲观于转附、朝舞，遵海而南，放于琅邪。吾何修而可以比于先王观也？""转附"即今天的山东烟台，"朝舞"即山东荣成的成山头。也就是说，在春秋时期，就有一条从渤海湾向南至琅邪的航线。吴越之战中，越国的范蠡曾率水军从浙江沿海北上，在淮北进入淮河，断绝了吴军的道路。从这一时期的记载来看，以琅邪为转口，北至辽东半岛、南至浙江的南北航线已经形成。

秦朝时期的海上航线可以通过秦始皇的巡游显示出来（见图 3–1）[①]。秦始皇二十八年（前 219 年），秦始皇开始向东巡行，"于是乃并渤海以东，过黄、腄，穷成山，登之罘，立石颂秦德焉而去。南登琅邪，大乐之，留三月"[②]。这次巡行是沿山东半岛，经黄（今山东龙口）、腄（今山东福山）、之罘（今山东烟台）、琅邪几个海港。秦始皇三十二年（前 215 年），秦始皇到达碣石（今河北昌黎北），为了长生，令卢生入海求羡门、高誓等仙人。卢生求仙而不得，以鬼神事奏录图书，秦始皇乃令蒙恬发兵北击匈奴。为了运送粮饷，秦始皇"使天下飞刍挽粟"，其路线南起琅邪，经成山入渤海，而后沿山东半岛北岸西驶，进入黄河，至北河。秦始皇三十七年（前 210 年）进行了最后一次巡游。史载，秦始皇"行至云梦，望祀虞舜於九疑山。浮江下，观籍柯，渡海渚。过丹阳，至钱唐。临浙江，水波恶，乃西百二十里从狭中渡。上会稽，祭大禹，望于南海……还过吴，从江乘渡。并海上，北至琅邪。……自琅邪北至荣成山，弗见。至之罘，见巨鱼，射杀一鱼。遂并海西"。[③] 这一次是向南巡行，其路线是江海并行。通过秦始皇的这几次巡行可以理出这一时期的海上航线：从黄、腄向北过渤海可至辽东半岛并远至朝鲜、日本，向南绕成山可至琅邪、浙江等地。

---

① 采自田天：《秦代山川祭祀格局研究》，《中国历史地理论丛》2011 年第 2 期。

② 《史记 · 秦始皇本纪》。

③ 《史记 · 秦始皇本纪》。

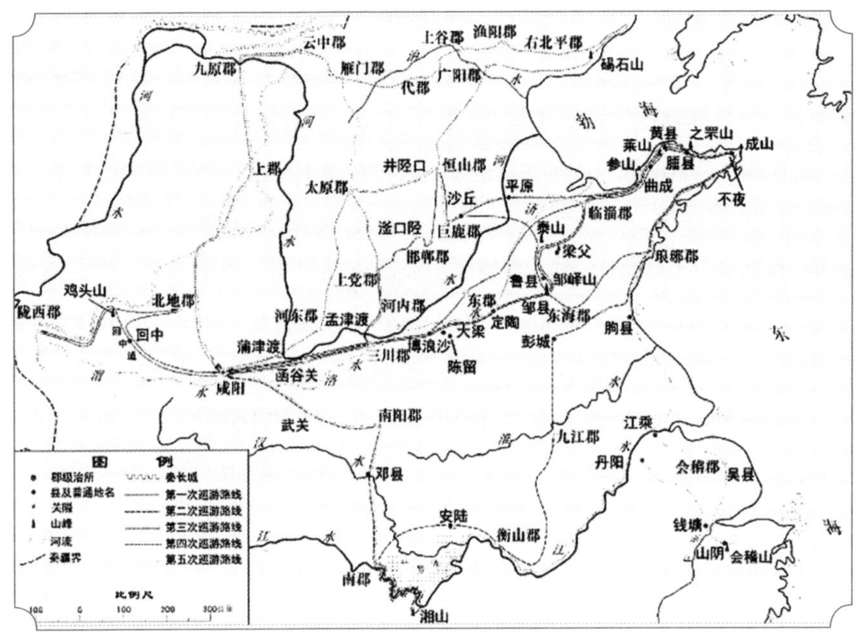

图 3–1　秦始皇巡行路线示意图

西汉时期，汉武帝先后平定了位于东南及南方沿海的东瓯、闽越、南越等地方小国，为海上航线的延伸提供了基础。汉武帝统一百越后，京师与南方沿海的交通主要是通过海路。据《后汉书·郑弘传》记载："交趾七郡贡献转运，皆从东冶泛海而至。"东冶即今福州。这说明东冶在当时是交趾通往北方的一个交通枢纽。对于北方地区的海上交通，汉武帝通过七次巡海使山东半岛地区的沿海航行更加频繁。一些官员、民间人士的航行活动也促进了北方地区海上交通的发展。如生活在西汉末东汉初的逢萌曾渡海到辽东，又返回了山东半岛；东汉末年，一些太学生为了避难而渡海到了辽东半岛。这说明从渤海到辽东半岛的海上路线已经相当成熟了。自此，北至辽东半岛，南至广西地区的近海航线全线贯通。

魏晋南北朝时期，政权割据，海上交通多与军事活动有关。孙吴利用优越的地理条件进行了多次航海活动。这一时期，通过山东半岛、辽东半岛去日本的航线被曹魏控制，为了打通去日本的航线，孙吴决定从夷洲（今台湾）绕行去日本。吴黄龙二年（230 年），孙权派遣卫温、诸葛直等率万人横渡台湾海峡到达夷洲，但最终没能到达日本。不过，其对台湾海峡两岸人民的交流有巨大的促进作用。两晋时期与割据东北的慕容氏进行海上交往。如东晋咸和九年（334 年），晋成帝遣王齐、徐孟等祭拜辽东公慕容廆，封拜平州刺史等，其船队自建康出长江入海，向北沿山东半岛绕成山入渤海莱州湾，由蓬莱角入渤海海峡，经庙岛群岛至马石津（今辽宁旅顺西南）。这一时期爆发的孙恩、卢循领导的海上大起义，其路线北至辽东、南至广州，充分说明这一时期近海航运的发达。

唐朝时期的近海航运主要运用于漕运方面。这一时期的漕运有两条路线：一条是通过大运河进行的内河航运；另一条是海路，漕船出长江口向北航行至山东半岛，绕成山、渤海至辽东半岛，从辽东半岛向西行至今天津，再通过内河运至京师。唐朝时期在东北地区出现了一个新兴的政权——靺鞨国。唐高祖时期，靺鞨族纷纷归顺，两地之间的交流慢慢加强。两地之间交流的路线为：从长安出发，至山东半岛的登州，渡渤海海峡至辽东半岛，再经鸭绿江至靺鞨国。

宋元时期是中国古代航海史上的全盛时期。这一时期在航海技术上有很大的突破：一是指南针在航船上的广泛应用，使航向更加稳定；二是海道图的出现，为人们的航海提供了更多的信息；三是在造船技术上，抗沉性能更高的水密隔舱广泛应用于航海，为远洋航行提供了便利。在中外贸易政策方面，宋朝政府实行了针对民间的“饶税”政策[①]，元朝政府实行了面向官方的“官本船”政策[②]，优化了贸易环境，同时增加了财政收入。元代疆土空前辽阔，它的漕运以

---

① “饶税”政策是宋朝针对民间商船而实行的政策。南宋时期规定：自发给民间商船出海证书之日算起，如果该船在 5 个月之内返航，则政府可以减免部分税额；如果在 5 个月至 1 年之内返航，则全额纳税；如果超过 1 年才返航，则要增加税额。政府用这种“优饶抽税”的政策增加了财政收入。

② “官本船”政策是指元朝实行的由官方出本、委托商人经营的政策，其实质是元朝以制度形式确认了官方直接从事海上贸易的合法性。

海运为主。因此，元朝的近海航运比较发达。其海运航线在经过多次实践之后确定下来，即由刘家港出海，至崇明三沙放洋，向东驶入清水洋，绕成山至刘家岛，再到登州沙门岛，从莱州大洋入河，转内河航运至京师，这就是著名的“北洋漕运”。它是元朝漕运的主要航路，是元朝安身立命之本。

明清时期的海上交通分为两个阶段。第一个阶段是明朝初年的繁盛期。以郑和下西洋为标志，它代表了中国航海史上的最高水平，其规模之大、水平之高、影响之深远，是其他任何一个时代所无法比拟的，在世界航海史上占据着一席之地。第二个阶段是海上交通的衰微时期。从郑和下西洋后，明清政府逐渐实行“海禁”政策，封建社会渐渐地走到了尽头，它的落后性也渐渐地体现出来。统治者在社会变革中选择了保守一隅，使中国逐渐落后于西方国家，在对外贸易中失去了优势，海上交通渐趋衰落。

由于明清统治者实行“海禁”政策，因此大规模的近海航运基本上是政府组织的漕运。明朝初年，为了巩固辽东地区，朱元璋下令每年向辽东地区海运饷米 70 万石，其路线沿袭了元朝时期的北洋漕运航线。明成祖时海运一时兴盛，其势头大有赶超元朝之时。不过，京杭大运河全线贯通后，大规模的漕运逐渐转为内河漕运，海运成为备运。这一时期的海运路线有 8 条：（1）承袭元朝时期的北洋航线；（2）刘家港至辽东航线：由刘家港出海，至崇明三沙放洋，向东驶入清水洋，绕成山角折向西北，直达辽宁半岛南端的旅顺，然后可以沿西岸北上至盖县，也可以沿辽河到达辽阳重镇；（3）广州至交趾航线：由广州入海，向西南穿越琼州海峡，绕北部湾到达交趾；（4）淮南至天津航线：自淮河入海，沿胶州、刘公岛等海面至福山芝罘岛，经莱州大洋到达天津卫；（5）登州、莱州至旅顺、金州航线：从登州、莱州跨渤海海峡直达旅顺口、金州；（6）天津至蓟州航线：从天津直沽入海，向东北入蓟运河到达蓟州；（7）天津至辽东航线：从天津入海口沿渤海向西北航行，直达辽东地区；（8）永平（府治在今河北卢龙）

至天津航线：自永平西入海，经纪各庄至天津。[①] 清朝初期，漕运以内河航运为主。从乾隆后期开始，内河航运呈现出衰落趋势。到了清宣宗时期，户部尚书谏言重开海运，用商船代替官船，这在漕运史上是一个新的开端，也意味着"海禁"政策大开。近海航运重新兴盛起来，其航行路线基本承袭了明朝时期的路线，没有太大的变化。

二、港　口

在先秦秦汉时期，政治与经济中心都在北方，因此，重要的港口多集中于北方的东部沿海地区。魏晋以后，随着经济重心的南移，南方及东南沿海的港口城市兴起，成为中外交通的重要贸易港口，在中外交流中发挥着重要的作用。

黄港、腄港　黄和腄位于山东半岛东北部沿海，是渤海南岸的两个古港。黄，即今山东龙口；腄，即今山东福山。黄、腄在先秦时期属于古莱国的势力范围。春秋战国时期，黄是东莱的都城。

黄、腄与渤海北岸的碣石港、辽宁南端的旅顺港一水相隔，船舶横渡往来极为便捷。尤其是黄港，乃渤海名城登州港的前址。在秦汉时期的近海航运中，黄与腄是沿山东半岛进入北方地区的必经之地。如前所述，秦朝时期令天下"飞刍挽粟"，实行漕运，其路线南起琅邪，经黄、腄绕成山而至北河一带。在与朝鲜、日本的交流中，经黄、腄，沿庙岛、长岛、大钦岛、小钦岛、砣矶岛及南、北隍城岛逐岛航行，便抵辽东半岛南端。这是古代逐岛航行横渡渤海最安全的航线。黄、腄两港是通向辽东、朝鲜，远至日本的起点港。

无论是近海航运还是对外交通中，黄、腄两港都是秦汉时期的必经之地。在漕运过程中，这两个港口都建有粮仓，即黄仓和腄仓。这两个粮仓的设置主

① 参见孙光圻：《中国古代航海史》，第 565 ～ 567 页。

要是为了保障北方军粮供应，在蒙恬攻打匈奴的过程中发挥了重要的作用。另外，这两个粮仓也是徐福等人东渡求仙的供给之处，漕运所用的船队正好可供徐福东渡所用，这样也就不必损耗更多的时间和人力来建造船只了。

黄、腄两港在秦汉时期的海上交通以及军事战争中发挥了重大的作用。但后世随着时代的发展和船舶等条件的演变，腄港为烟台港所代替，黄港则转移到了龙口。

明州港　明州港（见图 3–2）[1] 即今之浙江宁波。其地势平坦，外对舟山群岛，内则河网密布，溯余姚江而上，经曹娥江，过钱塘江与运河相连。明州港是古代东南沿海的大港，处于大运河的南端，北连长江、淮河、汴河，东通海外，是海外交通与内河航运的衔接枢纽。它背倚浙西、浙北及江淮流域广阔的经济腹地，有发展航海贸易的有利条件。

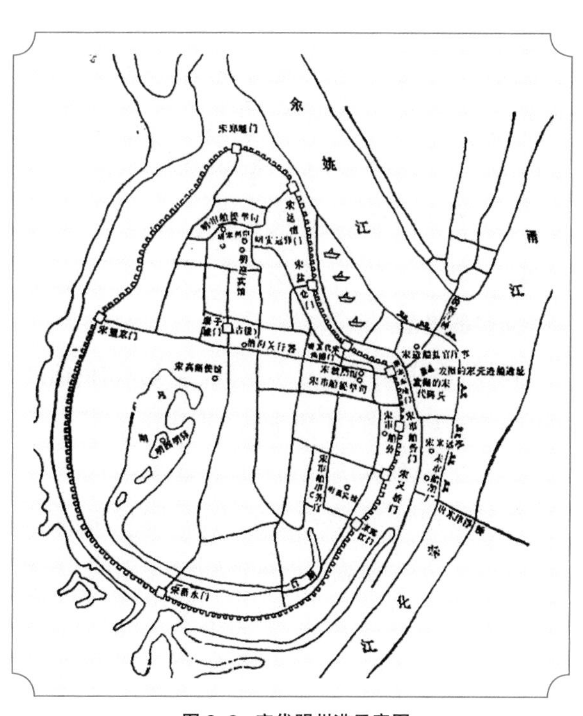

图 3–2　宋代明州港示意图

在春秋至秦汉时期，明州港一带主要是作为舟船和水师的活动基地。到了唐朝时期，设明州府治三江口，明州港成为南方地区与海外进行贸易的主要港口，“海外杂国贾舶

① 采自安京：《海疆开发史话》，中国大百科全书出版社 2000 年版，第 64 页。

交至”。明州港的兴起除有其经济原因以外，还与当时航海技术的发展有很大的关系。航海技术水平的提高和新航线的开辟，推动着对日本和高丽的航海贸易日益向明州转移，也使之逐渐代替了北方各港，一跃成为我国航渡日本和高丽的主要港口。

唐末五代时，中原动乱，南方地区割据自立。有一些港口如扬州遭受战乱，逐渐萧条。但两浙地区在吴越王钱镠的统治下，一直保持着安定局面。他比较重视航海贸易，广招中外海商，继续与日本、高丽和阿拉伯地区维持着海上往来关系。因此，明州港还保持着一定的活动能力，为其后的中国航海事业大发展提供了条件。

宋代对外航线分作南海和东海两条航路：南海航路的主港是广州，东海航路的主港便是明州港。熙宁七年（1074 年），根据高丽使臣金良鉴的建议，为了避免辽东金人的骚扰，凡往来于高丽的海船，不再走登州渤海航路，改由明州港进出。从此，明州港便成了东海航路上日本和高丽的唯一进出港，并逐渐发展起来。到元丰年间，商旅客户占到明州总人口的一半，由此亦可见当时明州商业贸易的繁荣。

为了加强明州港的航海贸易，唐朝政府在这里设立了市舶使；五代十国时期的萧梁在这里设立了博易务；宋代在这里设立了市舶司。直至元朝，明州港仍然是两浙地区的市舶司所在地，是当时的三大对外贸易港口之一。

唐宋时期的明州盛产瓷器，开辟了从明州通向海外的“陶瓷之路”，北达高丽，东至日本，东南可通向菲律宾、马来西亚诸国，西南可至越南、泰国、缅甸、印度、巴基斯坦，远至波斯湾和地中海沿岸。

泉州港　泉州港，又称“刺桐城”，位于福建南部、晋江下游，水陆交通便利，是古代著名的天然港口，海上丝绸之路的起点之一。它兴起于唐代，与广州、明州、扬州并称为“中国古代四大港口”，在宋末元初成为全国最大的对外贸易港口。元朝中期，泉州港与埃及的亚历山大港并称，是当时世界上最大的两个对外贸易港口。

在隋唐之前，泉州港因濒临东海，地势低洼，常常遭受洪水灾害，自然条件远不及与它毗邻的丰州。但是，到了唐朝时期，由于人口迁移带来了大量的劳动力，他们在此修建了多处水利工程，泉州港慢慢地变成了沃土。另外，随着唐朝对外交流的加强，拥有优越地理位置的泉州港成为中国东南沿海对外交流的港口，泉州慢慢地发展起来。

宋朝初年，泉州港与广州、交趾、两浙地区成为诸蕃国进贡香药、宝货的官方贸易场所，从此泉州港的地位日益重要。宋朝中期，广州的海外贸易一度消沉，泉州港作为东海与南海的交汇处，成为南海诸商船停留的地方。同时，泉州港与明州港一样，是宋朝通往朝鲜、日本的沿岸港口，往来船只云帆遮天。宋朝元祐年间，泉州港已发展成为一个“有善舶之饶，杂货山积”的繁华港口，政府在此设立了市舶司，往来贸易更加繁荣。在宋朝面临民族危难时，泉州也一度成为皇室的避难所。绍兴四年（1734 年），金兀术率军大举南下，兵逼临安，宋高宗命六宫泛海去泉州避难。宋政府还在泉州设置了南外宗正司，作为宋朝皇家设在泉州的留守机关。在当时宋王朝为广开财源积极开展航海贸易的前提下，这种体现皇权机构的设置给泉州港的发展提供了更加有利的政治条件。

元朝时期，泉州港超过广州成为中国第一大港，“七闽之都会”。意大利著名旅行家马可·波罗在其《马可·波罗游记》中是这样记载泉州港的：“刺桐是世界最大的港口之一，大批商人云集于此，货物堆积如山，买卖的盛况令人难以想象。”[①] 明朝时期，郑和七下西洋就是从泉州出发，到达西亚、东非地区，开创了人类航海史上空前的壮举。

宋元时期的对外交通贸易空前繁荣，到泉州港来经商、传教、创业乃至长期定居的外国人，数以万计。在这里到处可以看到外国人盖的宅第，开的店铺，建的教堂、庙宇，就连城外一带，也随处可见他们的墓葬群。因此，把当时的

① ［意］马可·波罗著，梁生智译：《马可·波罗游记》，中国文史出版社 1998 年版，第 209 页。

泉州港看作蕃汉杂处的国际城市是毋庸置疑的。这些居住在泉州的外国人，与泉州人民和睦相处，互相扶持。有的外国人与泉州人通婚，成了民族融合的先驱。泉州民间素有“半南番”一语，就是专指中外混血儿的。外国人还在泉州东门和南门一带建立公墓，用来安葬商贾的遗骸，这也成了后世研究泉州历史的重要实物资料。

图 3–3　福建泉州清净寺遗址

宋元时期，伊斯兰教（见图 3–3）、印度教、古基督教、摩尼教、犹太教、佛教等世界多种宗教在泉州广泛传播，使泉州成为多元文化和谐共处、互促共荣之地。世界上几大宗教并存于此，如此众多的宗教文化汇聚在一个城市，甚至是同一条街道上，这不能不说是一个奇观。深厚悠久的历史渊源、濒海开放的地理优势，以及泉州历代先民兼容开阔的胸襟等诸多因素，构建了泉州独具特色的地域文化——博采众长，兼容并蓄。

广州港　广州港，又称“羊城”“楚庭”“穗城”，位于珠江与南海的交汇之处，内河航运与海外交通条件十分优越，自古以来就是对外交通的门户，也是海上丝绸之路的起点之一。由广州港入珠江，过灵渠、湘江、长江，可以与北方地区进行联系；同时，从广州港入南海又可以与南海诸国进行交流。广州港在秦汉时期就是著名的对外贸易港口。商周时称为“南越”“楚庭”。秦始皇统一岭南后，设置了南海、象郡、桂林三郡，再进广州之地设立了番禺县，隶属于南海郡。三国时期，孙吴将交州分为交州与广州，“广州”一名由此而来。

善于航海的越人很早就与南海诸国进行交流。在秦汉时期，广州是珠玑、

翡翠、象牙、犀角、玳瑁果、布等“奇异珍果”的聚集之处，是中国与南海诸国交流的必经之地。三国时期，随着南方地区的开发以及航海技术的提高，从广州港出发，可经海南岛东岸以及西沙群岛流域，直达东南亚地区，不必再绕远经过琼州海峡了，广州港也渐渐成为南方第一大港口。

唐朝与南海诸国的海上贸易是中国对外贸易史上一个新时代的开端。唐朝以前，横越印度洋的海上交通还有一定的困难，因此海上贸易趋于传统型。唐朝以后，航海技术提高，广州通海夷道开辟，海上贸易发展成为大宗性的贩运活动，也有了专门管理对外贸易的市舶使。[①] 来自阿拉伯、波斯、印度、南海诸国的商船多由波斯湾、印度绕马来西亚到达广州，再由广州输往中国各地。唐朝政府还专门设立了“蕃坊”，作为外国商人的居住区。这一时期的广州成为名副其实的第一大港。唐朝中期以后，朝内政局不稳，影响了广州地区的航海贸易。朝中官员贪污腐化，很多官员认为去广州做官是难得的肥差，于是就有了“广州刺史但经城门一过，便可得三千万”的官场密语。广州也因此而渐呈衰落之象。唐代宗大历四年（769 年），李勉赴任广州刺史时，广州已经衰落下去，一年仅有几艘来自西方的货船停留。其后广州虽有复苏，但是中国第一大港口的地位已经为泉州所取代了。

北宋时期在广州重建市舶司。在两浙与福建还未统一之前，广州是北宋与西方进行航海贸易的唯一港口。广州港的进口货物要经北江走韶关、江口到南雄，再陆行通过大庾岭运至南安军，复由水路运到汴京（今河南开封）。可见北宋对开展航海贸易所望甚切，而对广州港的建设也十分重视。经过北宋朝廷对市舶官吏的一番整顿以后，广州又恢复了各方货物源源而来的盛况。南宋时，因战火蔓延，广州再度消沉下去。元朝时期，国家统一，作为对外贸易的大港口，广州的实力依然存在。欧洲人抵达广州时，曾感叹广州比威尼斯还要大 3 倍！

---

① 参见漆侠、田昌五：《中国封建社会经济史·隋唐五代史》，齐鲁书社 1996 年版，第 451 页。

海面上停驻着数量庞大的船只，广州又恢复了往日的辉煌。但是此时的广州与以前相比，对外交往的范围基本限于邻近国家，成为专与南洋交流的贸易港口。

明清时期实行“海禁”政策。广州作为“闭关锁国”政策下少有的甚至是唯一的通商港口，重要性可想而知。清朝时期专门设立了广州十三行（见图 3–4）管理对外贸易。广州十三行是专做对外贸易的牙行，它代海关征收进出口洋船的各项税饷，并代官府管理外商和执行外事任务。葛剑雄先生在 2005 年的广州讲坛上曾发表过这样的看法：“在鸦片战争前，广州作为唯一的通商口岸，既向外传播中国文化，又向内引进西方文化，前者如‘广彩’、广州通草画等，大量通过广州流传到世界各地。”①

图 3–4 广州十三商行玻璃画（广州市博物馆收藏）

广州作为海上丝绸之路的起点之一，在长期的中外交流中成为多种文化并存的城市。佛教、道教、伊斯兰教、基督教、天主教都曾活跃于这一地区。如禅宗六祖慧能在广州法性寺（今光孝寺）弘扬佛法，奠定了他在佛教史上的地位；阿拉伯商人在广州建造了第一座清真寺——怀圣寺。这里也曾建立御书阁、番山书院、粤秀书院、羊城书院等多个书院，将岭南文化传向全国。得益于融汇中外文化的历史机缘，广州形成了融中原文化、域外文化、本土文化为一体的岭南文化，其自由、开放、富有进取精神的文化特质在偏保守的中国文化中别具一格。

① 参见葛剑雄：《历史人文资源与旅游》，《广州日报》2005 年 3 月 30 日。

三、海上丝绸之路

海上丝绸之路是指古代中国与南亚、东南亚、西亚、中亚、欧洲等地区进行经济与文化交流的海上通道。因所运输的主要商品除了丝绸，还有瓷器、香料，因此也被称为“海上陶瓷之路”“海上香料之路”。它有两条航线：东海航线与南海航线。

1. 东海航线的开辟与拓展

春秋战国时期，人们开始对朝鲜、日本、南海进行探索。西周时期，箕子被分封到朝鲜，这说明人们已经对朝鲜地区有了一定的了解，并且有了特定的航线。通过朝鲜去日本的路有两条：一条是从朝鲜南岸辰韩到日本本州岛西岸的山阴、北陆地区的日本海左旋海流航线。这条航线是根据寒流与暖流交汇形成的单向航线。另一条是从朝鲜南岸辰韩和弁韩出发，经对马、远瀛（今冲之鸟礁）、中瀛（今大岛），到筑前胸形（今日本北九州宗像）的横渡朝鲜海峡航线。[①]箕子教朝鲜地区的人们礼仪与耕织，促进了这一地区的进步。

秦汉时期对日本、朝鲜的远洋航线已经成熟。大规模的东渡日本以徐福为代表。他从山东半岛出发，经渤海、辽东半岛、鸭绿江、朝鲜半岛、对马岛、冲之鸟礁、北九州、关门海峡至和歌山新宫町熊野滩。两汉时期，王朝政府在朝鲜半岛设置了乐浪、临屯、真番、玄菟4郡，中日之间通过朝鲜半岛的航行更加频繁。这一时期的航线依旧沿袭秦朝，没有太大的变化。两汉时期，朝鲜半岛的北部一直处于汉朝的统治之下，与日本的交流是通过朝鲜半岛进行的。《汉书·地理志》及《后汉书》之《光武帝纪》《安帝纪》都有关于“倭人”遣使来献的记载，汉朝在这种朝贡体制中获取了众多域外文明与珍贵的文物。

三国时期，割据辽东地区的公孙渊与孙吴交好，孙吴曾令将军周贺等沿东

---

① 参见孙光圻：《中国古代航海史》，第103页。

海、黄海而至辽东半岛的沓津（今辽宁大连）。这样的政治格局对曹魏来说无疑构成了威胁，于是其趁周贺返回时斩杀了他。公孙渊借此又向曹魏示好。曹魏并没有停止兼并的步伐，几年之后，辽东、带方、乐浪、玄菟等尽数归魏。孙吴在与曹魏的辽东之争中失败，但是却意外地得到了高句丽[①]王的示好，开辟了从长江口到达辽东半岛和朝鲜半岛的航路。曹魏在击破公孙渊之后，声威大振，日本遣使来献，遂开辟了新的海上交通线。据《三国志·魏书·倭人传》记载，这条交通线从山东半岛出发，渡渤海至朝鲜半岛的带方郡，再经对马岛、壹岐岛到达松浦。西晋时期，因国内政局的混乱，鲜卑族的崛起以及朝鲜半岛上新罗、百济、高句丽间的相互战争，中国通过山东渡渤海入朝鲜，经对马岛进入日本的航线被隔塞。南北朝时期，位于朝鲜半岛南部的百济与日本进行了友好往来，而中国南方在刘宋的统治之下慢慢地发展起来，中日新航线形成。这条海上交通线以建康为出发点，顺江至长江口后向北行，至成山，再横渡黄海到达朝鲜半岛南部，再沿对马岛、壹岐岛到达福冈，经关门海峡、濑户内海到达大阪。这一路线与前述几条路线的不同之处在于，它不必经过辽东半岛而通过黄海直达朝鲜半岛，辽东半岛的地位下降。

2. 徐闻—合浦南海道与海上丝绸之路的形成

两汉时期，为开展对外交流开拓了远洋航线，出现了历史上记载的第一条印度洋航线——穿越马六甲海峡、贯通太平洋与印度洋的“徐闻—合浦南海道”（见图 3–5）[②]，海上丝绸之路正式形成。

汉武帝在平定南方及东南沿海的割据势力后，利用雄厚的物质基础为后盾，

---

① 高句丽（gāo gōu lí），又作“高句骊”，公元前 1 ～ 7 世纪存在于中国东北地区和朝鲜半岛的一个民族政权。汉元帝建昭二年（前 37 年），夫余人朱蒙在西汉玄菟郡高句丽县（今辽宁新宾境内）建立政权，故称“高句丽”。其强盛时期西部达辽河流域，今辽阳—铁岭一线；北部到辉发河和西流松花江流域；东部濒临日本海；南部已跨过大同江，直抵汉江北岸。统治中心在今天中国吉林省的集安与辽宁省的桓仁一带。后为唐王朝军队所灭。

② 采自张铁牛、高晓星：《中国古代海军史》，八一出版社 1993 年版，第 23 页。

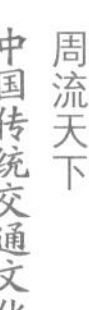

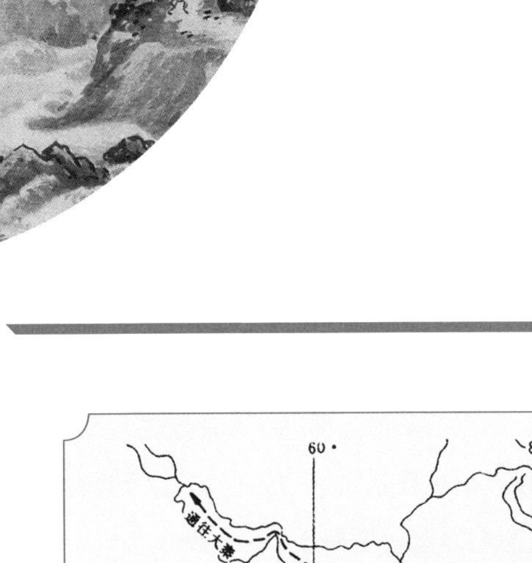

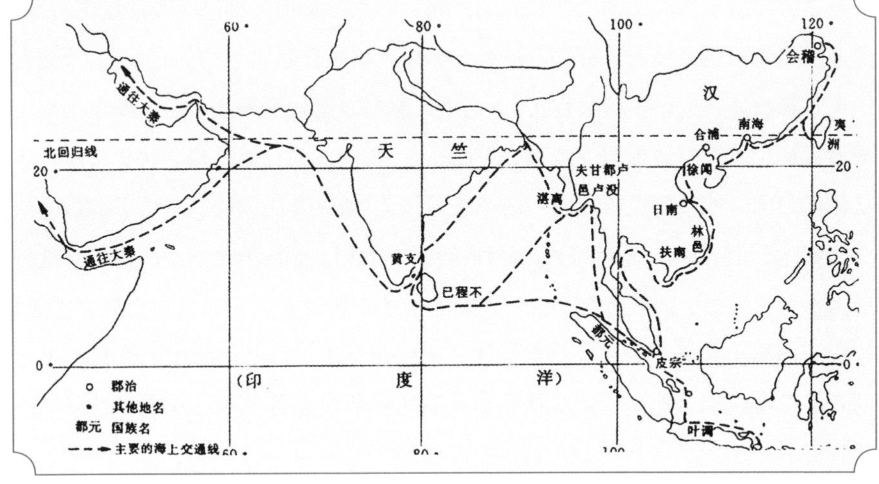

图 3-5 徐闻—合浦南海道示意图

积极开拓对外贸易，开辟了一条通往东南亚、印度洋的海上丝绸之路。这条航线以徐闻、合浦为出发点，沿海岸线行至马来半岛，再向北航行至泰国西海岸、缅甸东海岸，再登陆到达缅甸西海岸，再经印度洋到达黄支国（今印度康契普腊姆）、已程不国（今斯里兰卡），用中国带去的丝绸等换取这里的明珠、奇石异物。东汉时期，海上丝绸之路得到开拓，在徐闻—合浦南海道的基础上向西延伸，越过了印度半岛和斯里兰卡，“并以其为中介港，把东西两段航路接通，使中国与罗马有了直接往来的海上航路”[①]。西方航海者也开拓了从大秦至东汉的远洋航线，在中外交流史以及航海史上都具有重要的意义。随着汉朝政治影响力的扩大以及国外对精美绝伦的丝织品的需求的增加，汉朝与南亚、东南亚、中亚、西亚、欧洲等互遣使者，进行政治交流与贸易往来，促进了东西方文明的对接与交流。

魏晋南北朝时期，海上交通依然频繁，最著名的莫过于法显的航海归国之路。

① 张炜、方堃主编：《中国海疆通史》，中州古籍出版社 2003 年版，第 75 页。

法显在去印度求佛时走的是西域丝绸之路，归来时从巴连弗邑（今印度巴特那）出发，顺恒河至瞻波国（首都故址在今印度巴格尔普尔西），再向东至多摩梨帝国（首都故址在今印度塔姆卢），从这里入海向西南行至狮子国（今斯里兰卡），横渡孟加拉湾至耶婆提国（今苏门答腊东），再向东北行至广州。法显历经 3 年从印度归国，他将其经历写成一部《法显传》。通过《法显传》可以了解到，从广州到达苏门答腊、斯里兰卡、孟加拉湾的航线已经非常成熟，这在当时已经成为常见之事。[①] 这部著作不仅对佛教的传播有积极意义，而且对南亚、中亚、东南亚的风土人情、贸易等悉数详述，在中西交流史以及航海史上都具有重要的意义。在这部著作里，法显谈到商人们用丝绢包裹着玉像，这说明丝绸早已传到斯里兰卡一带。

3. 海上丝绸之路的繁荣与衰微

隋唐与国外各种性质的交往更加频繁，这一时期的海上航线遍及朝鲜、日本以及南亚、东南亚的各个岛屿，与西亚、欧洲的交往也是方兴未艾。

曾经历三国鼎立时期的朝鲜半岛在隋唐时期依旧烽火不止。隋炀帝对高丽进行了三次大规模的征伐，所行路线是黄海、渤海线以及横渡黄海线。黄海、渤海线即从山东半岛的登州出发，经渤海海峡至辽东半岛南岸，沿鸭绿江进入朝鲜半岛；横渡黄海线即从山东半岛的莱州出发，横渡黄海到达朝鲜半岛。唐朝对高丽和百济进行了征伐，至唐高宗时期，收复了被高丽占据的辽东故土。随后，一直与唐朝交好的新罗统一了朝鲜半岛。这一时期，唐与新罗交往频繁，在山东半岛沿海和东南沿海都建有新罗坊，唐朝文化也渐渐地传播到了朝鲜半岛，新罗首都平壤就是依据长安的布局而建的。新罗人还可以参加唐朝的科举考试，并能留在唐朝做官，这充分地说明了唐朝与新罗交往的频繁以及唐朝容纳百川的气度。

① 参见孙光圻：《中国古代航海史》，第 206 ～ 211 页。

远落后于中国的日本为隋唐高度发展的封建文化所吸引，开启了大规模遣使来华的时代。这一时期出现了很多为了求法而渡海的优秀人物，如日本的圆仁和唐朝的鉴真，他们在求佛之路上展现出了一幕幕震撼心灵的画面。（见图3–6）这一时期除了前朝的路线，又新开辟了2条路线：东海南线与东海北线。这两条海上航线开辟于唐朝中期，这一时期，新罗与日本的关系紧张起来，日本为了和唐朝交流而另辟蹊径。东海南线的走向是：从明州（今浙江宁波）、越州（今浙江绍兴）的沿海港出发，横渡东海，直达日本南方的奄美大岛一带，再沿岛北航，至九州、大津浦，越关门海峡、濑户内海到难波。东海北线的走向是：从楚州（今江苏淮安）、扬州、明州等沿海港出发，向东北横越东海直达日本肥前松浦郡的值嘉岛，再驶往筑紫的大津浦和难波。[①] 日本在与唐朝的交流中获益匪浅，从奴隶社会顺利地进入了封建社会，其经济制度、政治制度等基本承袭了唐朝，促进了自身的快速发展。在以朝贡方式与日本进行的交往中，日本用琥珀、玛瑙、沙金、银换取中国的丝绸、香料，这其实是以政治方式进行的丝绸贸易。

图3–6　唐招提寺（鉴真于日本奈良仿唐建筑筑造）

在与西方的交流中，海上丝绸之路全面繁荣，唐朝可以越过印度半岛直达阿拉伯海和波斯湾，而且首次到达了红海和非洲。这一时期，西域丝绸之路因政治与军事原因屡屡受阻，而航海技术的发达以及贸易往来的需求促进了海上

① 参见孙光圻：《中国古代航海史》，第300～301页。

丝绸之路的全面繁荣。唐朝的贾耽著有《广州通海夷道》一文，详细地记述了唐朝通往南亚、西亚、非洲等地的航线：从广州出发，沿印支半岛东岸而行，越暹罗湾至苏门答腊岛、爪哇岛，穿马六甲海峡、孟加拉湾至印度半岛，再沿印度半岛的西岸向东北入霍尔木兹海峡至波斯湾，顺底格里斯河至阿拉伯首都巴格达，而后复出霍尔木兹海峡沿阿拉伯半岛南岸向西经红海，越曼德海峡至东非海岸。[①] 这一条航线在当时还没有指南针的情况下越过洲际，实属难得，它充分地显示出了中国古代的航海水平，为后世更大规模的航海奠定了基础。

宋元时期与朝鲜半岛及日本的航线基本延续了隋唐时期，没有发生太大的变化。海上航线主要有南、北 2 条：北路航线从登州出发，或从密州板桥镇（今山东胶州）出胶州湾，横渡黄海到达朝鲜半岛西岸的翁津，再由陆路到达高丽首都开诚府；南路航线从明州、泉州等沿海港出发，过黄水洋、黑水洋向东渡黄海到达五屿，沿朝鲜半岛西岸岛屿向北航行至开城府。

在远洋航线方面，宋元时期达到了“虽天地穷发不毛之地，无不可通之理”[②] 的鼎盛局面。这一时期在远洋航线上的成就是开辟了横渡印度洋的航线：从广州出发，入南海至阇婆，向南至渤泥国、三佛齐国，从三佛齐再往西至兰里，入印度洋至印度半岛，绕印度半岛入阿拉伯海到大食，再向西到达红海、东非等地。这一时期横渡印度洋的航线渐渐成熟，出现了很多成熟的贸易港口，如三佛齐（今苏门答腊）、兰里（今缅甸境内）、故临（今印度西南沿岸奎隆一带）等，船队随时可以得到供给。另外，与隋唐时期相比，这一时期的船队完全可以远离陆岸，直接横渡印度洋，航程远，航期长。这是在宋元时期物质力量雄厚以及航海技术、造船技术发达的基础上实现的，在中国航海史上具有开创性的意义。

宋元时期的贸易交往除了官方交往，民间交往也日益繁荣起来。当时有关

① 参见孙光圻：《中国古代航海史》，第 310 页。
② （元）汪大渊：《岛夷志·序》，中国文史出版社 1999 年版。

于日本僧人乘坐商人货船来华以及沿海人民自行置船去往日本进行贸易的记载。中国的农耕技术、兵制等传到朝鲜半岛，纺织技术传到日本。当时日本有一种“博多织”的纺织手法，就是在“唐绫”的基础上改进而成的。除了丝绸，宋元时期的瓷器（见图 3–7）也开始远销海外，欧洲商人经常以瓷器的英文名称“China”来称呼中国。随着陆路丝绸之路的衰微和海上丝绸之路的繁荣，东南亚作为中西海上交通的要冲，在中西交往中起到了桥梁的作用，它为中国的海外贸易提供了商品，同时也是中国在海外的销售市场。

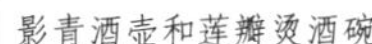
影青酒壶和莲瓣烫酒碗

哥窑鱼耳炉

定窑孩儿枕

图 3–7 宋代瓷器

明朝致力于建立一种以大明帝国为中心，符合中华传统礼法的朝贡体系。这种朝贡体系把贸易系统与进贡体制结合起来，在“厚往薄来”的原则上规定了严格的朝贡贡期、贡制等制度。传统的对外贸易的政治外交功能被发挥到极致，并且完全为官方所垄断。[①] 严格的朝贡体制与“海禁”政策并行不悖，这两大政策是明清时期经营海上丝绸之路的主要方式。

明清时期，海上丝绸之路的发展达到顶峰，标志性事件是郑和下西洋。郑和下西洋的船队是同一时期世界航海史中规模最大的远洋船队，其动因虽多是宣扬国威，但是它所取得的成就已经远远超出了政治目的，它在经济与文化交流上、

① 参见李庆新：《海上丝绸之路》，五洲传播出版社 2006 年版，第 97 页。

航海技术上、航路规划上、气象知识上都具有开创性的意义。（详见“郑和下西洋”条）明清时期与日本、琉球（今台湾）、菲律宾等地区进行了短暂的交流。明朝时期对琉球国新王进行册封时，基本是从福建沿海出发，经厂石、梅花、小琉球、钓鱼屿至那霸港。去日本的航线除了前朝航线外，还开辟了从琉球至日本的航线。它从福建太武山出发，至琉球那霸港，向西南至椅山，再转向东北经叶壁山、流横山等岛屿到达日本。

对于海上丝绸之路的历史贡献，陈炎先生作了精辟而详尽的总结：（1）中国丝绸的外传有助于改善当地人民的衣着，丰富和美化人们的生活；有利于中国和海外一些国家丝织业的发展。（2）中国四大发明、医学、瓷器、中草药的西传以及国外香料、珍珠、犀角以及动植物的引进，推动了人类历史的前进以及社会生产力的发展。（3）从唐宋时期开始，特别是明朝时期，很多中国海商和破产农民通过海上丝绸之路移居国外，是造成今天中国华侨众多的原因之一，他们对当地社会生产的发展起到了重要的作用。（4）海上丝绸之路虽然以丝绸贸易为开端，但是它的意义远远超过了丝绸贸易的范围。它把印度、埃及、罗马、波斯、中国等几大世界文明发源地都连接了起来，形成了一条连接欧、亚、非的海上大动脉，对世界各族人民的文化产生了重要的影响。①

四、越王勾践的海上远征

越国是于越族以会稽（今浙江绍兴）为中心建立的国家。于越族人西临大江，东依大海，素来习于水性，善于航海。越王勾践是春秋末期最后一位霸主，他在位时期，越国疆土得到收复与拓展，通过海上远征而称霸一时。

公元前496年，越王允常卒，子勾践即位，吴国趁机发动了槜李之战。最终，

① 参见陈炎:《海上丝绸之路与中外文化交流》,北京大学出版社1996年版,第260～261页。

吴国战败。3 年后，吴王夫差在夫椒之战中打败越国，迫使越王勾践投降。勾践卧薪尝胆，在范蠡、文种的辅助下，休养生息，开垦荒地，发展水利事业。此外，他还重用人才，发展工商，改革军制。在这一系列举措之下，越国逐渐强大起来。公元前 473 年，越王勾践打败吴国，一雪前耻。

灭吴之后，越国开始了海上远征。越国远征基本上走的是水路。这是因为：（1）越人擅长舟楫。《越绝书·外传记地传》记载："夫越性脆而愚，水行而山处；以船为车，以楫为马；往若飘风，去则难从。"（2）越国有发达的造船业。于越民族的造船业历史悠久，他们制造的舲舟速度奇快无比，一般人难以驾驭。此外，还有楼船、戈船、方舟、大船等。无论是对外战争还是对外交流，越人的舟船都可以驶至各地。

为了北上争霸，公元前468年，勾践迁都琅邪。琅邪作为古代的一个重要港口，是南北水路交通的必经之地，勾践迁都至此，为其霸业的建立选择了一个良好的根据地。据《吴越春秋》《越绝书》等史书记载，越王勾践迁都琅邪后，在琅邪山上筑观台，又在台东顶建望越楼（见图 3-8），以登楼南望家乡会稽。至此，春秋时期的 5 个重要港口（碣石、转附、琅邪、句章、会稽）有 3 个隶属越国，为勾践的海上远征提供了充足的条件。

越王勾践进行海上征伐的航路有 3 条：（1）在与吴国的姑苏之战中，勾践走的是会稽至琅邪的航路，范蠡率军从后海登船，向东北航行至杭州湾，再向北沿海路至淮水出海口，沿淮水、泗水而堵截吴军。

图 3-8　望越楼（今山东胶南琅琊台风景区）

在迁都琅邪时，越王勾践走的也是这一条海路，从后海出杭州湾，过东海、南海至琅邪。在与大国争霸的过程中，越王勾践还注意安抚卫国、莒国、鲁国等弱小国家，解决邻国纠纷。越军所走的路线，基本上都是沿着会稽至琅邪的航路，进入内河，再从内河通往各个地方。（2）在越国与齐国之战中，越国从会稽出发，沿海路直航到达胶州半岛。（3）由后海出发，沿海岸向东到达舟山群岛。舟山群岛在春秋时隶属越国。吴王夫差战败后，越王勾践将夫差送至海口外的舟山群岛。

越王勾践的海上远征，开辟了以会稽、琅邪为出发点的海上航线，促进了越人稻耕技术、丝织技术、冶金技术、造船技术的北传，增进了越人与中原地区人民的感情，也为越国疆域的开拓奠定了基础。

五、徐福东渡

徐福，字君房，齐地琅邪人，是著名的方士。秦始皇统一六国后，开始巡游。除了巩固统治外，他巡游的另一个重要目的就是求仙药。秦始皇相信有长生不老之药，可以使自己生生世世统治天下。恰在此时，方士徐福对秦始皇进言东方有三神山，山上居住着神仙。于是，在秦始皇二十八年（前219年），徐福带着童男童女数千人，入海东渡求仙。（见图3–9）

图3–9　秦始皇遣徐福入海求仙群雕（今山东胶南琅琊台风景区）

秦朝时期用的船是木船，动力是风帆和人力，且没有指南针等导航技术，因此，这一时期只具备沿岸航海的能力。根据史书记载，徐福第一次东渡的航线是从琅邪出发，过胶州湾、成山、芝罘、庙岛群岛到辽东半岛的老铁山，然后再过鸭绿江到朝鲜半岛的西海岸，绕至朝鲜半岛的东海岸，经对马岛、冲之鸟礁、北九州，过关门海峡、濑户内海到和歌山新宫町熊野滩。这一次出行徐福没有得到仙药。在徐福归来之前，爆发了残忍的坑杀方士、儒生的“坑儒”事件，徐福也在受谴责之列，但由于他还没有归来而幸免于难。秦始皇三十七年（前 210 年），徐福返回琅邪，他以“蓬莱药可得，然常为鲛鱼所苦”为由为自己开脱罪责。热衷于求仙的秦始皇亲自以连弩射杀一条巨鱼为徐福开路，徐福开始了他的第二次东渡，其东渡路线与第一次相同。这一次东渡是一次政治避难行为。[①] 鉴于之前的“坑儒”事件，他效仿了卢生求仙不归的行为，东渡日本之后，再也没有回来。

徐福东渡至日本的记载见于很多史料，《史记·秦始皇本纪》《史记·淮南衡山列传》《后汉书·东夷·倭传》等都有关于徐福东渡的记载。在日本典籍中也有很多关于徐福东渡的记载。成书于日本江户时代的《甲斐国志》记载，徐福到日本之后改名为羽田，从事师职一职。五代时期的义楚和尚与日本的弘顺大师交往甚笃，他曾将他与弘顺大师的对话写入《义楚六帖·城廓·日本》一章中。弘顺大师曾说：“徐福他们住在日本的富士山麓，现在的子孙自称秦姓。”在此书中，日本的富士山又叫“蓬莱山”。除了史书记载，日本现在还有很多与徐福相关的遗迹。台湾学者彭双松先生曾作过统计，日本各地与徐福姓名联系在一起的墓、祠、碑、庙等有 50 多处，登陆点有 20 多处，传说故事有 30 多个。富士山、和歌县、广岛县、秋田县等都有徐福活动的痕迹。[②] 日本和歌县新宫徐福公园内立有徐福墓；日本佐山县金立山有金立山神灶，主祭神为徐福，他被奉为医药、农耕之神。每年的 12 月 15 号，人们在这里举行“收获祭”，祭祀徐福。

① 参见韩玉德：《徐福其人及其东渡的几个问题》，《陕西师范大学学报》（哲社版）2000 年第 2 期。

② 参见中国国际徐福文化交流协会编：《徐福志》，中国海洋大学出版社 2007 年版，第 52 页。

徐福东渡对日本的弥生文化产生了深远的影响。徐福带去了水稻，教授日本人民水稻耕作、医药知识、金属冶炼、纺织技术，使日本人民摆脱了原有的采集、渔猎时代，步入了农耕文明时代；学会了冶炼铁器，摆脱了笨拙、低效的石器时代，促进了农业的发展。此外，汉字的传入，对日本本民族文字的产生具有借鉴意义；阴阳五行学说及儒家思想的传入对日本人民起到了教化作用。这些对日本社会的发展具有划时代意义。直到今天，日本人民仍然把徐福奉为“农耕之神”“医药之神”“纺织之神”。

六、《马可·波罗游记》

马可·波罗是意大利著名旅行家。1271 年，他跟随父亲从意大利威尼斯启程，途经地中海沿岸的阿迦城、亚美尼亚，穿越两河流域，横跨波斯全境，翻越帕米尔高原，进入疏勒、沙州，沿着这条古老的陆上丝绸之路来到中国。1291 年，马可·波罗奉命护送元朝公主阔阔真远嫁海外，他们沿着海上丝绸之路横渡印度洋到达波斯。思乡心切的马可·波罗从波斯经两河流域、君士坦丁堡，于 1295 年回到威尼斯。回国后，马可·波罗因海上战争战败而被俘入狱。在狱中，他口述了在东方包括中国的所见所闻，同狱的文学家鲁斯蒂谦诺据此写成了颇具影响力的《马可·波罗游记》（见图 3–10）。

图 3–10 《马可·波罗游记》封面（1477 年德译本）

马可·波罗在中国居留长达 17 年，足迹遍及中国各地，从外国人的视角记述了中国的风土人情、贸易等方方面面。在《游记》

中，他对元朝统治者忽必烈的丰功伟绩和朝廷仪制、大都概貌、邮驿制度以及各地风情物产等都一一作了介绍。比如，他讲道：元朝大都非常繁华，四周城墙共有12座大门；从大都出发有通往各省的驿道，每条路上都有驿站，给往来人员提供方便。从大都出来向西走有一条永定河，河面上有很多载着货物的船只。从永定河往西走50公里左右即可到达涿州城，这里的商业、手工业极其发达，有精美的丝绸，还有供旅客食宿的旅馆。他还介绍道：大同府以制造武器和其他军需用品为主，也种植葡萄；京兆府以制造业闻名；蛮子省有著名的成都府，成都府外有很多河流，最后都汇于一条叫“长江”的大江；缅城和交趾盛产黄金和药材，居民多吃米、肉、乳；阿木（今云南元江）盛产牛、马，商人将牛、马贩运至印度；扬州以手工业和商业为主，也制造武器和其他军需用品，驻扎着很多军队；杭州商业发达，商人云集，市场上的商品琳琅满目；福州物产丰富，这里的人们主要从事商业和手工业；刺桐城是世界上最大的港口，云帆遮天，货物堆积如山；等等。

马可·波罗还根据所见所闻记载了中外交流中海外诸国的概貌以及风土人情、特产等。如书中讲道：从刺桐城和杭州出发，横渡大海，可直达日本。日本盛产黄金、珍珠、宝石。从刺桐城向南经过海南湾等可到达占婆（今越南）。占婆物产丰富，每年都会向大汗进贡大象。离开占婆，向南行驶可以到达爪哇。爪哇生产香料和黄金，商品贸易十分发达。从爪哇出发，经刚杜和桑杜可到达罗斛国（今泰国南部），这里盛产苏木、黄金、香料、大象。离开罗斛国，向南行驶可至朋丹、苏门答腊、马六甲，再向西南可至锡兰。锡兰岛很大，盛产大米、芝麻以及各类宝石等。

《马可·波罗游记》以一个非官方的外国人的角度记述了元朝及日本等海外诸国的概貌。作者出生于商人世家，因此，他的关注点不是各国的政治情况，而是其特产、贸易，尤其是东方盛产的黄金。所以，这部著作的问世极大地刺激了西方人探索东方、寻找黄金的欲望。这也是15世纪西方开辟新航路的动因

之一。西方的地理学家根据马可·波罗的描述绘成了早期的世界地图，使西方人第一次对东方有了真实的了解，促进了东西方早期文明的对接。

七、郑和下西洋

郑和，本姓马，初名三保，明成祖赐姓郑之后，改名郑和。关于郑和的家世，郑一钧先生根据其墓志铭和一些文献记载，推断出郑和祖先出自西域，世代王侯，信仰伊斯兰教，对西方文化有所涉猎。这种渊源对郑和产生了深远的影响。郑和的先辈都曾是掌管一方的领袖，他们的才识为郑和所继承。[①] 明朝初年，朱元璋兴师云南梁王时，郑和被明军俘虏，做了燕王朱棣的近侍。在靖难之役中，郑和因屡建奇功而成为明成祖朱棣的重要亲信。靖难之役后，朱棣为郑和赐姓，并将他提升为内官监太监。郑和因自己的家庭熏陶、明成祖的赏识以及自己的才干而成为下西洋最合适的组织者与领导者。

郑和之所以能够七下西洋，除了他本身有过人的才识，也与明朝初年的政治形势、经济形势、航海技术以及统治者的个人目的息息相关。在政治方面，明王朝专制主义中央集权发展到了一个新的阶段，政局稳定。在经济方面，实行了一系列致力于恢复和发展经济的措施，农业、手工业、商业得到了迅速恢复与发展。在对外政策方面，明成祖重视发展与海外各国的友好关系，在朝贡体制中为了凸显自己的政治权威而采取了“厚往薄来”的政策，出现了中外交流空前繁荣的局面。在航海技术方面，明朝继承了宋元以来的丰厚遗产，掌握了全天候的磁罗盘导航技术，人们能够通过观测天体的方位与高度来判定船舶所在的纬度，这种天文定位技术与地文定位技术在郑和下西洋的过程中被运用到了极致。关于郑和下西洋的目的，据《明史·郑和传》载：一是寻找靖难之

① 参见郑一钧：《论郑和下西洋》，海洋出版社 1985 年版，第 25 页。

役中下落不明的建文帝；二是宣扬大明王朝的政治权威，确立以明朝为中心的朝贡体制。

明成祖永乐三年（1405年），郑和率领27800多人，乘坐长约138米、宽约56米的宝船，开始了首次远航西洋。① 他们从苏州刘家河（今江苏太仓浏河）入海至福建，从福建五虎门（今福建长乐）南下至占城、爪哇、苏门答腊、南巫里（今苏门答腊班达亚齐）、锡兰山（今斯里兰卡）、古里（今印度卡利卡特）。在古里，郑和立有石碑，是中印友好往来的象征。永乐五年，郑和回到南京，随行的有古里、苏门答腊等国的使臣。

同年，郑和开始了第二次下西洋。他率领舟师到达占城、爪哇、南巫里、锡兰山、柯枝（今印度柯钦）、古里等国。郑和在锡兰山用汉文、阿拉伯文、泰米尔文三种文字立碑勒文，用金银织锦、香炉花瓶、表里灯烛等布施锡兰山寺。通过此次访问，渤泥国遣使来华，明成祖赐以银缸、银盆、白罗伞、白罗扇以及绮罗、绫绢衣等。

永乐七年（1409年），郑和率领船队前往占城、爪哇、苏门答腊、锡兰山、古里等国开读赏赐，赐其国王锦绮纱罗。占城国王“下象、膝行、匍匐，感沐天恩，奏贡方物”②。在锡兰山，俘获了不听劝告的锡兰山国王阿列苦奈儿，另立耶巴乃为国王，为郑和继续西行创造了良好的条件。在满剌加，郑和代表明成祖为拜里迷苏剌举行了封王仪式。满剌加在明朝的庇护之下独立达117年之久。

永乐十年（1412年），郑和开始了第四次远洋航行，他统领宝船前往西洋诸国开读赏赐。这次航行经过的国家，除了前三次访问的国家，增加了彭亨、孙剌、

① 南京市博物馆在南京祖堂山社会福利院发掘了郑和下西洋船队的副使、明代太监洪保墓。其墓志铭介绍到了郑和下西洋。铭文写到，洪保乘坐的宝船叫“大福号”，能容下“五千料”，相当于现在排水量2500多吨的船。（参见《郑和宝船究竟有多大？》，《北方新报》2010年12月2日）

② （明）费信著，冯承钧校注：《星搓胜览校注·占城国》，中华书局1954年版。

比剌、麻林等国家。永乐十三年(1415 年)，郑和回国。

永乐十四年，郑和五下西洋。他先到占城、爪哇，经旧港、满剌加、彭亨、南巫里、苏门答腊，向西至锡兰、柯枝、古里，再向西北行至忽鲁谟斯（今霍尔木兹），然后横渡阿拉伯海至剌撒（今也门亚丁附近）、阿丹，经曼德海峡至麻林等东非国家，再由麻林东航，横渡印度洋，经苏门答腊等国回国。[①] 在柯枝国，赐可亦里印诰，并封山勒铭，碑文由明成祖亲自题写。忽鲁谟斯、阿丹等国进献了狮子、骆驼等珍贵禽兽。苏禄国王来华访问，在归途中去世，明成祖命祭葬如王礼，赐谥“恭定”，并亲自写了祭文。墓碑在今德州陵县，象征着明朝与苏禄的珍贵友谊。

永乐十六年（1418 年），郑和六下西洋，护送十六国使者回国，并对沿途国家进行了访问，与祖法儿等国进行了贸易往来，用丝绸等换取香料、医药、珍贵玩物等等。永乐二十二年(1424 年),明成祖去世,明仁宗即位。洪熙元年(1425 年)，郑和归国，由于明仁宗的反对，郑和船队被封。

明宣宗即位后，郑和于宣德五年（1430 年）率船队从南京龙江开船，经刘家港、长乐港南下西洋，访问了忽鲁谟斯、古里、锡兰、苏门答腊等 24 个国家，于宣德八年（1433 年）归国。

郑和历时 28 年七下西洋,开辟了中国历史上最远的航路,他从东海之滨出发，横跨印度洋直通波斯湾、阿拉伯海和红海，沿东非海岸到达了南半球的麻林等地。郑和率领的船队可以通过多条航线到达古里、锡兰、苏门答腊等地，这说明在明朝时期，我国已经充分掌握了西太平洋和北印度洋的航路，为世界地理大发现开辟了东方航路。郑和下西洋扩大了明朝的影响力，中国与亚非国家得以友好往来，传播了先进的中华文化，促进了当地发展。明朝皇帝一直追求的“德泽洋溢乎天下，施至蛮夷，舟车所至，人力所通，莫不尊视，执圭捧帛来朝，

① 参见郑一钧：《论郑和下西洋》，第 299 页。

梯山航海而进贡，即使前代所不宾者，亦皆奉表献琛，接踵中国”[①]的万邦来朝的理想终成现实。郑和下西洋是封建统治者为了宣扬政治权威以使万国来朝而进行的官方外交活动，其所进行的贸易都带有藩属的特色。这种基于政治活动的经济贸易是脆弱的，在郑和船队停航以后，这种贸易关系也就结束了。

① （明）马欢：《瀛涯胜览·序》，商务印书馆 1937 年版。

第四章 桥梁关津

桥梁为桥的泛称。桥在我国起源很早，具有悠久的历史，人们发明桥可能是受到大自然的启示。外出打猎的时候，人们发现可以踩着因风雨雷电而倒在地上的树木渡水，慢慢地就开始有意识地造桥。受制于物力条件，最开始的桥梁类型比较单一，可能就是独木桥或者石堤。后来，随着社会经济的发展和生产力的提高，桥梁类型日益增加，有关桥的记载也多了起来。浮桥和木梁桥在我国出现较早，可能是因为这两种桥不太复杂，很容易建造。尤其是浮桥，将几艘船连接起来加固后就可以渡水了。拱桥和索桥对造桥技术要求较高，所以在社会经济比较发达、对桥的需求较大时才会大规模建造。

关津为关隘和津渡的合称。早期的关多建于险要之处和交通要道，检查来往行人，或者收取关税，用以增加国家的财政收入。西周时期就建有关，并专门派人看守。而如果是在战乱时期，在国家边境设置的关则具有明显的政治和军事色彩，主要是用于侦查敌情和传递情报，是国家维护政权安稳的重要手段。这可以用于解释春秋战国时期和秦汉时期都城附近关隘林立的现象。比如，汉代都城长安就是四面设关，东有函谷关，南有武关，西有散关，北有萧关，可谓固若金汤。

津渡，顾名思义，多是指临近江河的地方。津原指江河湖泊的要塞，渡则是指渡口。津渡常常建于水路交通要道，往来行人众多。与关隘类似，国家也常常在津渡附近设立机构征收关税。一般来说，津与关不同，但是又有类似“关”的作用，所以常常“关”“津”连称。有些津渡也往往关、津并置，如汉唐时期兰州附近的金城关、明代靖虏卫的索桥关等。

关津最初带有比较明显的政治和军事色彩，但随着经济的发展和社会条件的变化，人们对旅行和地域交往的渴望日益增强，关津的经济功能慢慢占据主导地位。当然，设于边疆地区的桥梁关津，尤其是关隘，其军事功能一直占据主导地位。

如果说道路是中国古代交通的基础，车船是中国古代交通工具，那么桥梁

则是中国古代交通的衔接，关津则是中国古代交通的重要组成部分。它们不仅大大方便了人们的出行，也为地区之间互通有无、促进经济的发展做出了重要的贡献，同时也在客观上促进了我国文化的发展。

一、桥　梁

桥一般是指架在水中或空中的建筑，而古人认为用木跨水即为梁，因而将桥与梁统称为“桥梁”。依据考古资料推断，原始社会时期，人们可能已经开始使用独木桥和简单的木梁桥，但是没有具体的考古实物。据文献记载，中国的桥梁产生于尧舜禹时代。当时的桥非常简单，即垒石为梁，就是在水中用石头垒起一条长堤，供人们渡水。这种桥梁类型现在被称为“堤梁式石桥”，开后代石桥之先河。

综观我国古代的桥梁，大体可以分为以下四种类型。

梁桥　从整体上看，中国古代的梁桥有四种类型：一是木柱木梁桥。《史记·苏秦列传》中尾生抱柱而死的蓝桥就是一座多跨木梁木柱桥，此桥坐落在今陕西蓝田东南25公里的蓝峪水上。在咸阳附近的渭水三桥——中渭桥、东渭桥和西渭桥，也是木梁木柱桥。二是石柱墩木梁桥。所谓的石柱墩是指由石柱组成的桥墩，这种桥墩耐流水冲击，桥基稳固。桥面仍然是木制的。唐代长安灞桥就是一座石柱木梁桥。三是石梁石墩桥。顾名思义，这种桥的桥面是石质的，桥墩也是石质的。这样的桥使用寿命较长，但是在古代没有重机械的情况下，兴建难度很大。北宋时期，福建泉州地区对外贸易兴盛。为适应经济发展的需要，宋仁宗皇祐年间，泉州人民在洛阳江上修建了著名的洛阳桥（又称“万安桥”）。这是我国第一座濒临海湾的大石桥。洛阳桥创造了筏形基础和浮运架梁的纪录，解决了建造石梁石墩桥的相关技术问题。洛阳桥建成后，在福建地区出现了兴建石梁石墩桥的热潮。四是伸臂木梁桥。伸臂木梁桥以圆木或者方木纵横相隔

叠起，由岸边或桥墩上层层向河谷中心挑出，类似于古建筑中的层层斗拱。[①] 伸臂木梁桥产生于魏晋时期，最早出现于甘肃与新疆交界处的段国。这种类型的桥梁多出现于西南、西北地区以及南方地区等木材比较丰富的地区。代表性的桥梁是广西三江程阳桥和湖南醴陵渌江桥。伸臂木梁桥挑出的层次一般不超过五层，跨度一般不超过 20 米。湖南醴陵的渌江桥建于宋宝祐年间，共四层挑梁，在第四层挑梁处增加了斜木撑，跨度近 20 米，是伸臂木梁与撑架相结合的桥型。

浮桥　浮桥又称“舟梁”。它用舟船等来代替桥墩，上铺梁板作桥面，供人们行走或运输货物。舟船之间或者用缆索维系，或者用铁锚、石锚等固定于江底及两岸。故有“浮航”“浮标”“舟桥”之称，属于临时性桥梁。

浮桥在我国历史十分悠久。《诗经・大雅・大明》记载，周文王为了迎娶妻子，曾经在渭河上“造舟为梁”。这是我国有关浮桥的最早记载。按照礼制规定，浮桥只许天子一人使用，用毕就要撤除。

春秋战国以后，浮桥的使用日益普遍。由于架设简便，成桥迅速，浮桥大多被运用于军事战争。据粗略统计，仅在黄河和长江就曾架设过近 20 座浮桥。浮桥的军事用途不言而喻。历代王朝对重要的浮桥，除了雇工维护外，还会派兵管理。要是防护不力，朝廷甚至会对相关人员进行降职或者判刑的处罚。

浮桥作为我国桥梁中的一种类型，历代不乏巨作。较具代表性的有晋代河南孟县河阳桥、隋代河南洛阳天津桥、唐代长安蒲津桥（见图 4–1）[②]、宋代浙江临海中津浮桥和澶州浮桥、明代甘肃兰州镇远桥等。河阳桥跨度大，横跨南北，一改之前桥的直线形状，建成弧形，这种设计可以延长浮桥的使用寿命。天津桥，建于隋大业元年（605 年），是我国历史上第一座用铁链连接船只架成的浮桥。蒲津桥，修建于唐玄宗开元九年（721 年），该桥连舰千艘，两岸各铸铁牛，用

① 参见潘洪萱：《古代桥梁史话》，中华书局 1982 年版，第 9 页。

② 采自《中国国家地理》2002 年第 3 期。

图 4–1 唐开元年间蒲津桥复原图

铁索为缆绳维舟。此桥加大了船与船之间的距离，使流水能顺利通过，减少了水流对船的冲击。澶州浮桥建于宋仁宗天圣六年（1028 年），解决了长期以来浮桥与航运的矛盾。中津浮桥于宋孝宗淳熙七年（1180 年）动工，解决了浮桥架设中海潮涨落的问题。镇远桥，建于明洪武年间，采用“石鳖”来固定浮船。“石鳖”即石碇，其作用相当于铁锚。镇远桥建于兰州城东黄河上，船下急流奔走，桥上车马不息，气势雄壮，被誉为“天下第一桥”。

拱桥　拱桥始建于东汉中后期，是在伸臂木石梁桥、撑架桥的基础上发展而来。拱桥又被称为“曲桥”。按照拱的弯曲程度，拱桥可以分为陡拱、坦拱。按照拱肩是否空心，可分为敞肩拱（空腹拱）和实肩拱（实腹拱）。按照拱的形状，可以分为半圆拱、多边形拱、圆弧拱、椭圆拱、抛物线拱、蛋形拱、马蹄形拱和尖拱形拱。按照孔数的多少，可分为单孔拱和多孔拱，多孔拱以奇数为多，偶数较少。按照建拱材料的不同，又可分为石拱、木拱、砖拱、竹拱和砖石混合拱。

我国的拱桥以石拱桥为主。石拱桥产生于南北朝时期，在中国古代桥梁中占有重要地位。西晋时期河南洛阳城东的旅人桥是最早有文字记录的石拱桥。石拱桥可分为单拱石桥、联拱石桥和薄墩薄拱桥。单拱石桥以隋代赵州桥为代表。赵州桥建于隋代大业元年（605 年），是世界上第一座敞肩式单孔圆弧弓形石拱桥，有近 1400 年的历史，是中国最为出色的单拱石桥（详见“赵州桥”条）。联拱石桥是单拱石桥发展的结果，多者可达几十拱。唐代的联拱桥以苏州宝带桥为冠。

苏州宝带桥始建于唐元和年间，是一座著名的多孔石拱桥。薄墩薄拱桥大约产生于唐代。受地质水文条件的影响，这种桥多见于南方。

叠拱桥　叠拱桥介于梁桥与拱桥之间，其结构在古代桥梁建筑中不多见。[①] 具有代表性的是宋代都城开封汴河上的虹桥（见图 4–2）。汴河属于南北运河，往来漕船很多，不能建造浮桥和石桥。汴河虹桥是一座结构新颖的木拱桥，仿照当时已建成并使用的青州虹桥而建，是不用桥墩的“无脚桥”。

图 4–2　汴河虹桥（宋・张择端《清明上河图》局部）

索桥　索桥又称“绳桥”“吊桥”，主要流行于西南、西北地区等少数民族居住的地方。这些地方多深沟高垒，流水湍急，只能用绳索架桥，绳悬于两岸，中间没有支撑的墩或柱。

索桥起源于中国。我国建索桥的历史可以追溯到秦朝。秦蜀郡太守李冰在成都建桥 7 座，其中之一便是竹索桥，又称“夷星桥”。依据《汉书・西域传》中“以绳索相引而渡”的记载，可见西南地区的藏、彝等少数民族对中国索桥的发展做出了重要贡献。

索桥根据建造材料的不同可分为竹索桥、藤索桥、铁索桥等，其形制大多是以多条绳索横跨河两岸，两端固定于石柱或木桩上，上放木板使之牢固，桥

① 参见赵云旗：《中国古代交通》，中国国际广播出版社 2011 年版，第 65 页。

两侧再以巨索为栏，过桥者手扶栏杆。[1]

安澜桥（见图 4–3）是竹索桥的杰出代表。安澜桥，古名“珠浦桥”，位于今四川灌县都江堰，始建年代不详。据推测，修建年代应该不晚于李冰修建都江堰的年代。宋代重修后改名“评事桥”，明末毁于战争。清嘉庆八年（1803 年）重建，取名“安澜桥”，又名“夫妻桥”。桥长 340 余米，最大跨度为 61 米，桥梁中间有一个用花岗岩砌成的石墩。中华人民共和国成立以后，于 1965 年对安澜桥进行了改建，使之成为一座铁、竹兼用的别具一格的新颖桥梁。

图 4–3　安澜索桥（四川灌县）

明代出色的铁索桥当属盘江桥和霁虹桥。盘江铁索桥是由贵州进入云南古通道上的一座重要的桥梁，明崇祯年间由参政朱家民修建。徐霞客的《铁索桥记》对此有详细记载。霁虹桥位于云南永平，横跨澜沧江。霁虹桥原来是兰津古渡，后改建成吊桥。诸葛亮时建成木桥。元朝时称为“霁虹”。明朝成化年间（1465 ～ 1487 年）改建成铁索桥。徐霞客曾见过此桥，并作过详细的描述。该桥是中外现存最古老的铁索桥。

清代四川泸定县大渡河上的泸定桥（见图 4–4），也是一座驰名中外的铁索桥。此桥为康熙四十四年（1705 年）修建，属于单孔大跨度桥。桥长约 100 米，宽约 2.8 米，由

图 4–4　泸定桥（四川泸定）

① 参见黄红军：《中国传统交通习俗》，四川人民出版社 2009 年版，第 37 页。

13 根铁索组成。桥面共有 9 根铁索,每边各有 2 根扶手栏索。桥面横竖铺两层木板。泸定桥于 1961 年被确定为全国重点文物保护单位，其后又增建了展览馆。

图 4–5　广济桥（广东潮州）

除了上述四种桥梁外，我国还有两种比较特殊的桥梁：（1）广济桥（见图 4–5）。该桥位于广东潮州韩江上，又名“湘子桥”，初建于南宋乾道年间，明宣德年间重修，是一座开合式的桥梁。广济桥与河北赵州桥、泉州洛阳桥、北京卢沟桥并称“中国四大古桥”。广济桥中心以浮船相连，两边建梁式桥梁，即浮桥和梁桥相结合。此桥的特点是能开能合，在中国古代桥梁史上具有独一无二的地位。（2）飞梁。以鱼沼飞梁（见图 4–6）为典型代表。该桥是一座十字形结构的桥梁，在山西太原晋祠，因建在鱼沼上，故称“鱼沼飞梁”。此桥始建于北魏，宋代重建，全桥呈“十”字形，十字交叉处是一个平台，东西平直，南北从平台上逐渐下降，造型犹如大鹏展翅高飞。

图 4–6　鱼沼飞梁（山西太原晋祠）

二、关隘

“关”字，东汉许慎《说文解字·门部》云：“关，以木横持门户也。”其本义为“木横”，也就是“门闩”，后引申为关口。“隘”原是指狭窄的地方，后来指代险要的地方。

依据记载，我国的关隘最早出现于西周时期。当时已经建成“十二关”，主要是出于经济的考虑，用以征收赋税，故有“关津所以通商旅”之说。春秋战国以来，统治者越来越意识到奇关险道的重要性，纷纷设关建隘，赋予关新的功能——军事上的控制和防御，使之成为抵御来犯之敌的重要屏障，成为名副其实的“境上门”。

秦汉时期，国家一统，全国性的关隘建立起来。从空间分布上来看，这一时期的关隘旨在保卫国家安全，因此一般设置在京师四周以及边疆地区。秦朝著名的关有函谷关、陇关、武关、散关、萧关、零关等。西汉京师周围有萧关、散关、函谷关、武关，号称“四塞之国”。东汉迁都洛阳，在洛阳周围有函谷关、太谷关、伊阙关、孟津关、广城关、旋门关、小平津关、轘辕关，并置八关都尉职掌八关。

隋唐时期的关津主要分布在北方地区，即今天的陕西、河南、河北、山西境内，而南方较少，特别是岭南道、淮南道等地区，见于记载的关隘很少，这与隋唐时期以北方为政治和军事中心有关。

明代是修筑关隘的兴盛期，这与明朝以守和为主的外交政策有关。明朝对外以防御为主，在北方尤其是沿长城一线修筑了不少关隘，最具代表性的是山海关和居庸关（见图 4-7）。清代前期很少修筑关隘，在康熙执政时还曾大量拆毁关隘。清中叶以后，为了防御捻军和少数民族的起义，统治者又开始重修关隘，如同治年间曾重修雁门关。明、清两朝在西南地区修筑了不少关隘，并且

派兵把守。这与当时推行的“改土归流”政策有很大的关系。此时修筑的关隘主要用于控制少数民族地区，维护西南地区的政权安稳。

图4–7 居庸关（北京）

关隘征收赋税的功能一直保留下来。据《三国志·魏志·文帝纪》载，曹魏时将关税征收标准定为什一之税。随着设立的关隘越来越多，关税成为政府解决财政困难的重要途径。《晋书·姚兴传下》中记载，姚兴因为国家财用不足，遂“增关津之税”。宋代连年征战，财用匮乏，关津征税成为国家财政收入来源之一。明清时期，关税仍然是政府收入的重要来源。

我国关隘按照设置地点的不同可分为内关、边关、津关和海关四大类。

内关是指处于古代中国境内内地的关隘，代表性的关隘有陕西境内的子午关、蓝田关、萧关、潼关、伊阙关、函谷关、河阳关、井陉关等。

图4–8 阳关（甘肃敦煌）

边关是与内地关隘相对而言的，即处于边疆地带的关隘。但是历代疆域变化较大，边疆的界限也随之变动。现在比较认可的说法是以古长城为界，把沿长城的关隘称为“边关”。著名的边关有阳关（见图4–8）、玉门关、山海关、嘉峪关、居庸关等。

津关是与陆地关隘相对而言的，指设在江河上的关隘。中国南方多江河，因此津关以南方居多，如扬子津、石头津和方山津、南津关等。北方一些河流上也设有津关，比如在黄河上设有孟津、风陵津、小平津、成皋津、盐津、白马津等重要的津关。

海关是国家管理出入境事务的重要机构。中国的海关设置历史悠久。早在汉代曾在合浦（今广西北海，是汉代海上丝绸之路的始发港之一）等地设关。宋元明时期在广州、泉州、杭州、福州、明州、宁波等地均曾设置市舶司，其发挥着海关的功能，可视为类海关。“海关”一词始于清代，康熙年间正式以“海关”命名边境管理机构，设立江、浙、闽、粤四大海关。到清代中后期，伴随着西方势力的不断深入，设立的海关数目明显增加，仅道光二十二年（1842 年）就在广州、福州、厦门、宁波、上海设立 5 处海关。古代海关侧重于交通，用以管理过往的行人、商旅、货物，查验出入境凭证，办理出入境手续，稽查违禁商品，征收关税等，是中外海上交通的一个重要组成部分。

我国古代关隘有如下几个特点：

第一，凭险而立。关隘无险不立。从现存的关隘及其遗址来看，不论是大型关隘，还是小型关隘，都是依靠险要的地形而设。

第二，多分布在北方和沿边地区。考察历代关隘，首先是多分布在北方地区，即今陕西、山西、河北等地，而在江苏、浙江、江西、广东等地相对较少，特别是江浙一带更少。这主要是因为我国古代政治重心一直在北方，而且北方地区与少数民族政权相接，关隘的设置很大程度上是为了防止他们的入侵。其次是多分布在沿边地区。以明、清两朝为例，沿长城一线设有大量关隘，如山海关、嘉峪关、居庸关等。另外，在西南、西北地区，尤其是云南、四川、贵州等地，设置的关隘也比较多，著名的如下关、剑门关、七盘关、飞仙关、绵竹关、葭萌关、瞿塘关、娄关等。

第三，与政治密切相关。关隘设置的主要目的就是拱卫京师，保障国家政

权的安全。以秦都咸阳、汉都长安为例，它们四周东置函谷关，西置散关，南置武关，北设萧关，号称“秦汉四塞”，防御功能十分明显。北京作为元、明、清三朝都城，周围有山海关、居庸关、紫荆关、倒马关、井陉关等作为屏障。由此可见，关隘的设置有浓厚的政治色彩。

第四，是交通与军事相结合的产物。设置关隘的最初目的是征收关税，稽查行人，查验违禁物品等。所以出入关隘者都需要登记并出示相关凭证，禁止随意出入，关隘成为交通要冲。后来，出于军事的需要，关隘不仅安排人员驻守，而且还驻扎军队，军事上的重要性超过了交通上的重要性。

第五，具有一定规模的基础设施。关隘的设置多凭借天险，不过历代政府仍十分注重关隘周围的基础设施建设。一般的关隘都有城楼设施，大型的关隘还建有关城，规模都比较大，有主楼、偏楼、中城、外城等。有的关隘在附近设立城堡，城堡会逐渐发展成为城镇。在关隘基础设施兴建的过程中也产生了丰富多彩的关隘文化。

第六，兴废不定。关津是根据各个时代的不同情况而设立的，不是固定不变的。有的名字虽相同，但实际上地点已经发生了变化，比如函谷关和玉门关，在历史上地点就发生过好几次变化。一般来说，战争频繁、社会动荡时期关隘较多；相反，社会安定、战争稀少时期关隘较少。[①]

总之，我国的关隘最重要的作用就是防御外族入侵，维护国家边疆稳定。内地关隘不仅担负着防范地方叛乱和镇压农民起义的重要职能，而且还担负着控制人口流动、缉拿罪犯和控制违禁品的职能，对维护政权稳定有重要意义。同时，关隘还担负着征收关税、调控区域间物资流动、开设关市促进各民族间交往等职能，成为国家财政收入的重要来源之一。[②]

① 参见赵云旗：《中国古代交通》，第 226 页。

② 参见张玲：《秦汉关隘制度研究》，河南大学博士学位论文，2012 年。

三、津　渡

图 4–9　明·仇英《人物故事图册·浔阳琵琶》（局部）

津渡是指设在江河要冲供行人、货物、车马通行的场所及相关设施。津渡一般设置在江河湖泊地势比较平坦、交通比较方便，同时聚落分布比较密集、人口规模比较大的地区。（见图 4–9）

津渡可分为自然形成和人为开发两大类。自然形成的津渡是指某些为适应河流两岸居民的经济和文化交流的需要而自发形成的渡口。这类津渡大多不会因政权的更替而消失，具有比较强的适应性。人为开发的津渡是指人们为适应经济或者军事方面的需求，临时在河流附近设置的渡口。一般来说，津渡的兴盛与津渡本身的重要性以及人们的维护管理有很大的关系。有的渡口受各种因素的影响，不断发展扩大，最终成为远近闻名的重要渡口，如扬州的瓜洲渡。

渡口可分为官渡、私渡。官渡是指渡船和渡夫（渡子）都由政府招募和管理的渡口。渡船由官方负责修造和维护，渡夫（渡子）的费用由政府支付。官渡多数设在交通要道或交通便利的地方。政府根据官渡客流量的多少和险恶程度，配置相应的人和船。一般的渡口设渡船一两只，有的渡口则多达 8 只甚或 10 只。在宋代，不管是官渡还是私渡，都是收费的；到明代时，官渡不再允许收费，但是各地都存在着不同程度的乱收费现象，京师附近也不例外。渡口的

过渡费也成为军饷的来源之一。

私渡是指非官方设置的渡口，主要在没有官渡的地方或比较偏僻的山野乡村设置。出于营利之目的，一些人自备渡船载人过河，并向人收取费用。政府禁止私设渡口，但是屡禁不止。后来，政府在一些重要的地方保留私渡，允许私人经营，但由政府进行监管。据记载，清代过私渡须交纳的渡费一般是每次 2 文左右，有时全凭渡人自觉支付，多少不限。私渡有时会出现过度收取渡费或超载的现象。有些地方还会对私渡征收赋税。渡口税的征收给过往商旅尤其是贫苦百姓带来了极大的负担。[①]

宋代还出现了一种新型渡口——买扑型渡口。民众以竞争的方式，买下官府经营的渡口，出价最高者，即可取得渡口的经营权。渡口的所有权归国家所有，船和渡夫由买扑者自己配置，政府只收取年额钱，起监管作用，不直接经营。这类津渡一般都远离路、府、州、县的治所，对于摆渡技术和船的要求不高。其特点是规模小，客流量小，利润不高。这也是政府不愿经营的原因。

明代渡口中还存在着大量的义渡。义渡是指由官府或民众捐助船只或提供维持渡口正常运作所需经费，以便民为目的的非营利渡口。这些渡口对方便民众生活起到很大的作用，但是容易引起权益纠纷。

黄河流域是我国津渡设置较为集中的地区。自先秦至明清时期，历代政府都曾在黄河设置或者修复津渡，这对黄河流域的政治、经济和军事产生了重要的影响。黄河津渡集中分布于几个河段，即晋西南、洛阳附近和下游延津—滑县段。先秦时期著名的黄河津渡主要有孟津（盟津）、茅津和棘津。秦汉时期著名的津渡依次又有采桑津、汾阴津、蒲津、风陵津、郖津、大阳津、小平津、平阴津、孟津、五社津、成皋津、卷津、杜氏津、延津、围津、白马津、平原津、扇津、仓亭津、

① 参见张艳芳：《明代渡口述略》，《中国地方志》2008 年第 3 期。

厌次津等。[①] 白马津，又名“黎阳津”，是古今驰名的津要，其以险为特色。汉高祖刘邦曾渡白马津入楚地。汉初大臣郦食其对汉高祖说：“距蜚狐之口，守白马之津，以示诸侯效实形制之势，则天下知所归矣。”[②] 孟津，在河南偃师西北 15 公里处，历史悠久。《尚书 · 禹贡》中记载，大禹治水时曾“东至于孟津”。周武王伐纣时曾和各路诸侯在孟津会盟渡河。东汉时，孟津为洛阳周围八关之一。曹操的名作《蒿里行》中有“关东有义士，兴兵讨群凶。初期会盟津，乃心在咸阳”的句子，其中的“盟津”即指孟津。西晋以后，孟津成为历代兵家必争之地。

津渡的设置与中央王朝实力的大小有密切关系。当中央王朝的实力能够控制地方、防御外敌时，政府设置的关津很少，甚至在“圣朝无事不需关”的影响下，还会废弃一些关津。如唐代武德年间废弃了虢州的大谷关、朱阳关，齐州的四口关等；贞观年间废弃了陕州的洹津关等。相反，当中央王朝的实力不足以控制全国局势，又难以抵御入侵之敌时，政府会在交通要地增设关津，作为加强防御和控制的一种手段。如东汉中平元年（184 年）三月，为镇压黄巾起义，确保洛阳安全，专置函谷关、广城关、大谷关、伊阙关、轩辕关、旋门关、孟津关、小平津关等 8 处关都尉。

四、天津桥

天津桥，在今河南洛阳，始建于隋代杨广大业元年（605 年），历经隋唐五代直到金朝，一直是沟通洛阳南北的重要通衢。天津桥自唐至后晋先后 8 次被洪水冲毁，历经多次维护重建，到了金代逐渐废弃。

天津桥是我国古代历史上第一座由铁链连接船只架成的桥梁。该桥是一座

① 参见王子今：《秦汉黄河津渡考》，《中国历史地理论丛》1989 年第 3 期。

② 《史记 · 郦生陆贾列传》。

由大船连接起来的浮桥，铁链两端分别固定于洛河南、北两岸，长 500 米左右，两岸建有 4 所重楼，类似城阙，可以开合。浮桥由隋代著名的建筑专家宇文恺主持修建。桥与皇城端门相接，直接通“天”，同时横跨穿城而过的洛水之上，有天汉津梁的气势，故被称为“天津桥”。隋末农民大起义时，这座桥被李密烧毁。

唐代，天津桥又被称为“洛阳桥”。当时，洛阳城市人口达到 100 多万，经济进一步发展，对交通的需求更加迫切。重修后的浮桥已经不能满足人们的需要，再加上洛河地势东高西低，夏秋多雨，容易导致洪水泛滥，建设石桥的重要性日益凸显。贞观十四年（640 年），“更令石工累石为脚”，以方石为墩，将天津桥改建成石桥。高宗永徽六年（655 年）六月、永淳元年（682 年）五月，洛河洪水爆发，天津桥被毁，导致行人交通不便长达数月。武则天执政期间，命内使李昭德修桥，将桥墩改为龟背形，并用石砌筑河岸，用以减少流水对桥体的冲击，使桥基稳固。天津桥成为我国古代最早以龟背形桥墩为支撑的桥梁。这是一个伟大的创举，把我国的造桥技术向前推进了一大步。

天津桥重修后，又多次被洪水冲坏。唐玄宗开元二十年（732 年）下令重修天津桥，并将附近的皇津桥拆毁，合二桥为一桥。时隔 9 年，天津桥又被洪水冲坏。天津桥屡毁屡修屡建，重建后的桥有栏杆、表柱和四角亭，桥两端有集市和酒楼。桥上从早到晚行人、车马络绎不绝，热闹非凡，“天津晓月”成为洛阳古代八大景之一。无数文人墨客曾在此逗留吟咏。白居易曾有诗赞曰：“津桥东北斗亭西，到此令人诗思迷。”

宋代定都汴梁（今河南开封），但洛阳仍有其重要性。宋太祖建隆二年（961 年），西京留守向拱奉命重修天津桥，甃石为脚，桥高数丈。桥基是三角形，石缝用腰铁连接，形成巨大板块，使桥基更加牢固。桥墩呈龟背形，分散水流的冲击力。重修后，宋太祖专门“降诏褒美”。宋仁宗天圣七年（1024 年），钱惟演做河南通判时，重建了天津桥南、北两岸的 4 个桥亭，并分别将北岸和南岸的亭子题名为“就日”“朝宗”。宋徽宗政和四年（1114 年），京西路计度转运使

宋升上奏河南府，计划重修天津桥，并专门向宋徽宗呈送“彩画天津桥三等样制修砌图二本一册”，徽宗看后下令依照第二个桥样修建。这是我国有文字记载的可考的最早的桥梁设计方案。[①] 据记载，此时的天津桥是仿照隋时的赵州桥重修的，这也从侧面反映出赵州桥对后世建桥技术的影响。宋亡后，金人南侵，天津桥被毁弃。

天津桥自建桥以来，饱经磨难，除了受到洪水、狂风等自然界因素的破坏外，更多的是受到人为的破坏，尤其是战争的破坏。近现代时期，洛阳桥上更是发生了多次枪战，见证了那段硝烟弥漫的历史。天津桥时坏时修，最终消失于历史的长河中，仅有遗迹残存。

五、洛阳桥

洛阳桥（见图 4–10），又称“万安桥”，位于今福建泉州鲤城区东北郊 10 公里处。北宋皇祐年间由泉州太守蔡襄主持修建，嘉祐四年（1059 年）竣工，历时近 4 年，是我国著名的巨型海港梁式多孔大石桥，开创了在海港建设大石桥的先例。

图 4–10　洛阳桥（今福建泉州）

① 参见周得京：《洛阳名桥记》，河南人民出版社 1991 年版，第 18 页。

洛阳桥初建时全桥长 834 米，宽 7 米，有 500 个石雕护栏、28 只石狮子、9 座石塔、46 个桥墩、47 个桥孔。桥体全部由花岗岩筑成。铺设桥面的石板长 10 米，宽 1 米，重达 10 吨。茅以升称赞洛阳桥为“福建桥梁中的状元”。其与赵州桥、卢沟桥、潮州广济桥并称“中国古代四大名桥”。

从名字上来看，洛阳桥应该在河南洛阳，而此桥不在洛阳，为何取名“洛阳桥”呢？据相关资料记载，很早之前，泉州一带居住着越族人。唐朝初年，社会动荡不安，战争时常发生，不少中原人南迁。河洛一带的人多迁到泉州及闽南一带，这些南迁的人民带来了中原先进的技术和经验，引导当地人民发展生产。他们来到泉州时，看到这里的山川地势很像古都洛阳，就把这个地方也取名为“洛阳”。而洛阳桥正是由此得名。

洛阳桥地处泉州城东北洛阳江口，是福建与广东北上的交通要道，也是厦门、福州人往来的必经之地，是东南沿海的通衢之地。现在仍是厦门、泉州、莆田、福州等地人民往来的必经之地。在修桥之前，人们一直靠渡船往来于江上。但是春夏季节，雨水增多，加上海水涨潮，搭渡翻船而葬身江中之人难以计数。

图 4–11　蔡襄像（今福建泉州洛阳桥畔）

在宋代的时候，泉州成为重要的海港，也是海上丝绸之路的起点。泉州港商贾云集，店铺林立，是重要的货物集散地。经济的发展对当地的交通条件也提出了更高的要求。为了方便人们的生活，适应经济发展的需求，顺应海外贸易迅速发展的趋势，在泉州知府蔡襄（见图 4–11）的号召下，当地商民集资 1400 万两白银，兴建了这座跨海大桥，实现了“长虹卧波人争越，闽海四洲变通途”的愿望。

洛阳桥的建造过程异常艰苦，主要是因为其建于连江接海之处，桥基必须特别坚固，才能防止海潮侵蚀。洛阳桥的兴建对世界桥梁科学技术的发展主要做出了以下三大贡献。

第一，造桥工匠们创造了一种新型桥基——筏形桥基。

筏形桥基是指人们先沿着桥的中轴线往江中抛入大量石块，然后延伸出一定宽度，形成一条连结江底的矮石堤，再在上面建造船形墩。这种桥墩被认为是桥梁建筑史上的重大突破。洛阳桥的桥基宽约 25 米，长 500 余米。

第二，当地人民发明了种牡蛎加固桥基的办法。

开始，抛到江中的巨石非常散乱，连接度差，石块间空隙不一，在这样的桥基上建桥必然不稳固。牡蛎是当地比较常见的海产软体贝壳，具有固着性，它的壳可以附生在岩礁或者其他牡蛎壳上，且繁殖能力很强。以牡蛎固基就是利用牡蛎迅速繁殖的特性，把原来松散的石堤胶结成牢固的整体，防止基石被潮水冲走。这种以牡蛎加固桥基的办法，是世界上将生物学运用于桥梁建筑的先例。此外，为了有效保护桥基和桥墩，当地禁止人们采食桥下牡蛎。

第三，洛阳桥创造了我国建桥史上浮运架桥法的纪录。

浮运架桥法就是利用潮汐的涨落，把一条条重达数吨的大石板架在桥面上。这种方法既减轻了人力负担，又方便了石料的运输，大大加快了工程的进度。

洛阳桥建成后，蔡襄下令沿桥栽松植树。这既可以防止水土流失，又可以遮掩道路，使过往商旅在酷暑之时免受骄阳暴晒之苦。蔡襄在千年前已经注意保持生态平衡，协调人与自然的关系，为民造福，其远见卓识令人赞叹不已。①

洛阳桥在没有现代化动力装备的基础上，利用人力、借助自然力而建成，是我国最早的海港大石桥，是我国古代劳动人民的智慧结晶，在我国桥梁发展史上写下了精彩的篇章。洛阳桥修建至今，历时 900 余年。为了纪念蔡襄的功绩，当

① 参见吴声石：《蔡襄与洛阳桥》，《莆田高等专科学校学报》2001 年第 2 期。

地人民特意修建了蔡襄祠。“他的功绩，主要不在于史书、传说中所称道的施工技术难题的解决，而是他顺应了当时海外贸易迅速发展的趋势，顺应了泉州港迅速发展的趋势，利用了作为泉州地方长官的权威，支持、推动了洛阳桥的建造。”①

洛阳桥的建成，使洛阳江天堑变通途，对泉州的南北交流和海外交通事业的发展起到了巨大的作用，大大加快了泉州经济，尤其是对外贸易的发展。同时，还为南宋时期泉州出现的大规模建桥工程提供了丰富的经验。

六、赵州桥

赵州桥（见图 4–12），又称“安济桥”（宋哲宗赐名，取安渡济民之义）。由于此桥全部由石块筑成，因而又被称为“大石桥”。赵州桥位于河北赵县赵州镇南面的洨河上，是我国现存最早、保存最完整的古代单孔敞肩石拱桥，有“天下第一桥”“华北四宝之一”的美誉。

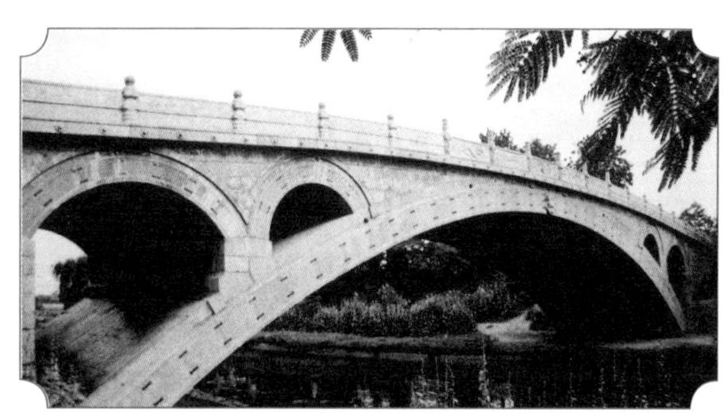

图 4–12 赵州桥（河北赵县）

赵州桥兴建于隋大业年间，由著名工匠李春主持设计与建造。赵州桥南北走向，中间行马车，两边行人。所用石料每块重约 1 吨，桥自身重约 2800 吨，全长 50.82 米，净跨 37.02 米，宽 9.6 米，券高 7.23 米，是当今世界上修建年代最早、跨度最大的石拱桥。

赵州桥的建筑特色主要表现在以下三个方面：

① 《桥梁史话》编写组编：《桥梁史话》，上海科学技术出版社 1979 年版，第 125 页。

一是圆弧拱形。赵州桥采用圆弧拱式结构，改变了我国早期拱桥半圆形拱的传统。赵州桥拱高和跨度之比为1∶5左右，大拱上面的道路没有陡坡，这样就实现了低桥面和大跨度的双重目的。这种结构不仅使桥面平坦,易于车马通行，桥身受力更加合理，而且可以节省用料，提高施工安全度。

二是敞肩拱形。我国桥梁建筑中，桥两端肩部没有小拱的称为“满肩拱”或“实肩拱”。李春把以往桥梁建筑中惯常采用的实肩拱改为“敞肩拱”，即在大拱两端各设2个小拱，桥梁不是实的，开敞肩之先河。赵州桥共5个敞肩拱，这种设计不仅节省材料，还能增加排泄面积，提高泄洪的能力。敞肩拱设计不仅造型优美，而且符合结构力学理论，减少了桥身自重，提高了桥梁的承载力和稳定性。欧洲直到1883年才出现了大跨度的敞肩石拱桥，比我国晚了近1300年。

三是单孔结构。我国古代建造比较长的桥梁一般采用多孔形式。孔数增多分散了长桥的跨度，使每孔跨度缩小、坡度平缓，便于施工和保障工匠安全。但多孔桥不利于舟船航行，也减缓了洪水排泄速度，使桥墩长期经受水流冲击，容易毁坏。李春设计的赵州桥在河心不立桥墩，采用单孔大跨度的结构，不仅避免了上述问题，而且使桥形外观显得“线条柔和，构造灵空，既稳重又轻盈，寓雄伟于秀丽”，在世界桥梁史上开了先河。

赵州桥千年不坠，与其精巧的设计密切相关。为了施工方便，李春采用28道拱券单独砌筑合拢的方法。在横向上采用铁拉杆，把28道拱券连为一体；在纵向拱石之间采用腰铁相连，以加强联系；此外，在桥身宽度上采用拱脚宽、拱顶窄的“收分”方法，使全桥更加坚固。这种设计，即使某个券发生损坏，也不致牵扯全局，既可以降低修补难度，也不会影响桥上的交通。①

赵州桥的桥基址选择十分合理。李春选择的位置，地层表面是粗砂层，下

① 参见杨玉荣:《隋代桥梁工匠李春与其赵州桥的历史意义》,《兰台世界》2014年第24期。

面是粗石、细砂和黏土层，这样的土质非常好，十分耐压，筑成的桥基比较牢固。赵州桥的特点是低拱脚、短桥台、浅桥基。拱脚在河床下仅 0.5 米。桥台只有 5 层排石，大约长 5 米，高 1.5 米。桥基底面在拱脚下不到 2 米。为了保护桥台和桥基，李春在桥台边打入木桩，减缓大桥的下沉速度，并将桥台后座延伸，缩小大桥的桥台后移距离。除了上述措施，李春还沿河设置了一道金刚墙，以减轻水流的冲击腐蚀作用，增加桥台的稳定性。

赵州桥的石雕独具一格，秀逸雄伟，巧夺天工，深得隋唐石雕之精华。赵州桥主拱顶刻有吸水兽，矫若飞龙。桥面共有 24 块石栏板，上刻灵动的蛟龙浮雕，有 44 根望柱，上刻蛟龙、兽面、竹节等，中间有 12 根雕狮首像。（见图 4–13）这些石雕刀法苍劲有力，风格豪放雄伟，虽由人造，宛若天成，既是我国古代桥梁建筑的珍品，也是我国古代艺术宝库的璀璨明珠，具有不朽的价值。

图 4–13　赵州桥石栏板

赵州桥构思精巧，造型独特，自建成以来受到无数文人墨客的赞誉。唐代中书令张嘉贞在《赵州大石桥铭》中感叹道：“赵郡洨河石桥，隋匠李春之迹也，制造奇特，人不知其所为。”唐代张鷟在《朝野佥载》中称其若“初月出云，长虹饮涧”。宋人杜德源赞其“架石飞梁尽一虹，苍龙惊蛰背磨空”，绝非过誉之词。

赵州桥于 1961 年被国务院列为第一批全国重点文物保护单位，1991 年被美国土木工程师学会评选为第 12 个“国际历史土木工程的里程碑”，2015 年入选“石家庄十大城市名片”。其自建桥至今已有 1400 多年，期间共修缮 9 次，经历了 10 次水灾、8 次战乱和多次地震，但桥身基本完好。即使是 1966 年河北邢台发生 7.6 级大地震，赵州桥距离震源仅 40 多公里，依然没有被破坏。正如著名

桥梁专家茅以升所说，先不管桥的内部结构，仅就它能够存在1400多年就说明了一切。

七、玉门关

提到玉门关，人们一般会立即联想到“黄河远上白云间，一片孤城万仞山。羌笛何须怨杨柳，春风不度玉门关”。唐人王之涣的《凉州词》将征夫的思乡之情表现得淋漓尽致，也使玉门关成为难以抹去的时代记忆。

玉门关是古代丝绸之路必经关隘，也是重要的军事关卡。玉门关始设于汉武帝时期，因从西域输入玉石取道于此而得名。西汉最早设置的玉门关位于今甘肃嘉峪关西北约10公里的石关峡，设置时间大约在武帝元鼎六年(前111年)。

元鼎二年（前115年），张骞第二次出使西域归来，汉朝从令居（今甘肃永登西北）开始向西修筑长城，长城由酒泉西延至敦煌。西汉太初二年(前103年)，贰师将军李广利首次征伐大宛失利后败退至敦煌。武帝闻后大怒，派使者挡在玉门关，下令“军有敢入者辄斩之”。当时的玉门关在敦煌以东。李广利害怕汉武帝的敕令，不敢进入玉门关内，只好留军在关西的敦煌。

东汉初期，光武帝刘秀忙于内政，无暇顾及边郡问题。建武二十七年(51年)，其下令关闭玉门关，即西汉设立的酒泉嘉峪玉门关。随着国力的增强，东汉复通西域。明帝永平年间，西域三道开通后，由于东汉政府对西域政策发生变化，在郑众的主持下，玉门关于永平十八年（75年）西迁至敦煌，称为“敦煌玉门关”。东汉玉门关位于甘肃敦煌西北90公里的小方盘城，现存遗址城垣完整，呈方形，东西长24米，南北长26.4米，残垣高9.7米，全为黄胶土夯筑而成，面积为633平方米，西、北墙各开一门。城北坡下有东、西大车道。(见图4–14)

隋唐时期，玉门关东迁至瓜州晋昌县境内、疏勒河南岸的双塔堡。关址动迁的原因，除了敦煌生态环境恶化，导致土地沙漠化严重、人口外逃之外，也包括

伊吾大道的开通。伊吾大道的开通使瓜州与伊州（今新疆哈密）直接连通起来，无须绕道敦煌，缩短了里程。[①] 唐代玄奘西行求经时就曾经过此关。隋唐玉门关又称“瓜州玉门关”，关址南北长约 160 米，东西长约 155 米，东、西开门，关周围有护城河。1958 年修建水库时，关址被淹没，只有冬季水库干涸时才会露出。

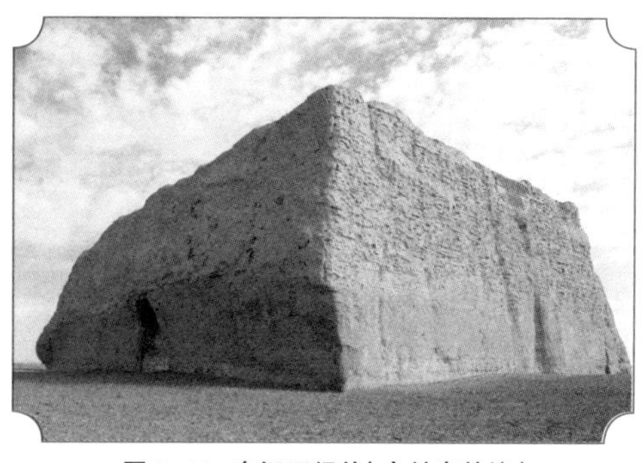

图 4–14　东汉玉门关（今甘肃敦煌）

五代宋初，玉门关从隋唐时的瓜州双塔堡东迁 200 公里，回到最早的关址石关峡，即西汉时期的玉门关关址。这一时期的玉门关大约存在了 130 年。北宋仁宗景祐三年（1036 年），西夏占领河西走廊，玉门关被废弃。

五代宋初的玉门关为何要东移至今石关峡呢？主要有两方面原因：一方面，从当时河西沙州界（即当时沙州归义军政权所控制域界）一带的政治军事形势来看，石关峡的位置正当东面的甘州回鹘与西面的瓜沙归义军政权的天然分疆之地，处在由一个政权辖地进入另一个政权辖地的关口，因而势必成为沟通东西交通的必经要冲；另一方面，还与第五道的废弃、沙州社会的长期稳定、沙州及其以西道路的畅通密切相关。

玉门关在宋代中后期以后几乎不见于文献及文学作品中，明代的嘉峪关与故玉门关地域相近，在某种意义上可以说是故玉门关的延续。在长城的拱卫下，玉门关挺拔耸立，成为汉代敦煌西北一个中原和西域交往的必经关口，在丝绸之路的发展史上写下了辉煌的一页，为东西方经济和文化的交流做出了重要的贡献。

---

① 参见李并成：《玉门关历史变迁考》，《石河子大学学报》（哲学社会科学版）2015 年第 3 期。

八、函谷关

函谷关是古代重要的军事通道之一，因处于险要之地，西据高原，东临绝涧，南接秦岭，北塞黄河，又设在峡谷中，深险如函，故而得名。据记载，历史上共有三个函谷关：秦函谷关、汉函谷关、魏函谷关。

秦函谷关又称“古函谷关”，位于河南灵宝北15公里处的王垛村，距三门峡约75公里，地处“长安古道”，紧靠黄河，始建于西周时期，是我国建置较早的雄关要塞之一。秦函谷关是洛阳到长安的必经之地。这条谷道东西长7.5公里，沿途绝岸壁立，道路狭窄，来往车辆仅得通过，“车不分轨，马不并鞍”，易守难攻，可谓“一夫当关，万夫莫开”，还有人用“一泥丸而东封函谷”来形容它的战略地位。它在军事上具有重要的地位，战国秦汉之际，为国内少有的雄关。[①]

图4–15 汉函谷关

汉函谷关（见图4–15）[②]又名“新函谷关”，距秦函谷关150公里，在今河南新安东，汉武帝元鼎三年（114年）由楼船将军杨仆出资兴建。据说，汉武帝时曾迁山东一带的豪强富贾至天子脚下的关中地区。许多诸侯王则被封于关外。楼船将军杨仆也被封于关外，但是他耻于做关外侯，因而向武帝请求捐尽家资建函谷关一座，以雪此耻。新建的函谷关就被称为“汉函谷关”。现在早已废弃，仅存遗址。

① 参见史念海：《史念海全集》第4卷，北京人民出版社2013年版，第442页。

② 采自周明霞：《试论汉函谷关的保护与开发》，《华中建筑》2009年第9期。

魏函谷关位于河南灵宝东北20公里处的函谷关镇孟村境内，又被称为“大峪关”“金陡关”。本为曹操运输粮草的官道。魏正始初年，弘农太守孟康在运粮道的入口修建关楼。关楼毁于抗日战争期间，现早已废弃，仅存古道和烽火台遗址。

现今所说的函谷关主要是指“古函谷关”。函谷关地势险峻，自古就是兵家必争之地。函谷关迄今已有2000多年的历史，其间曾有16次大战役在这里发生，不少战役可以说影响了中国历史的进程。[①] 周慎靓王三年（前318年），楚怀王协同六国伐秦，秦国依傍函谷天险，使六国军队“伏尸百万，流血漂橹”。秦始皇六年（前211年），楚、赵、卫等五国军队犯秦，在函谷关大败而归。楚汉相争时，刘邦也曾据守函谷关抵御项羽。“安史之乱”时，唐军与叛军在此进行过“桃林大战”。此外还有“出谷会师”“修鱼之战”“周文入关”等战役。现在的关楼是1992年参照四川青羊山汉墓出土的画像砖重新修建的，整个建筑庄严美观，有汉代宫阙的风范。现在此处留有尹喜望气台、孟尝君鸡鸣台等景点。

函谷关是古代中原与西北地区之间的重要关口。司马迁、唐太宗、唐玄宗、李白、杜甫、白居易、司马光等都曾在此吟诗作赋，流传至今的诗作有100多篇。围绕这座重关名城，流传着“紫气东来”“老子过关”“公孙白马”“鸡鸣狗盗”“关东出相，关西出将”“唐玄宗改元”等历史典故和传说。相传战国时期，孟尝君因得罪秦王而逃离秦国，到函谷关时已半夜。当时秦法规定，函谷关“日入则闭，鸡鸣始开”。由于秦兵追赶得急，孟尝君非常惶恐。幸好随行的一个门客模仿鸡鸣，骗得关吏开启关门，孟尝君一行才得以脱离险境。函谷关还是道家的圣地。相传老子骑青牛入关时，守关官员尹喜登台看到紫气东来。在见到老子后，他虚心向其请教学问，老子写下5000余字的《道德经》后飘然离去。函谷关因此而名垂千古，成为道家文化的发源地。“公孙白马”的典故则与战国时的哲学家、

---

① 参见徐潜：《中国古代著名关卡》，吉林文史出版社2014年版，第136页。

名家代表公孙龙有关。据记载，公孙龙骑马过函谷关时，关吏阻止他说，只允许本人过关，而马不可以过关。公孙龙质问道："白马并不是'马'，怎能不让过关呢？"守关者一时答不上来，只好让其过关。此即有名的"白马非马论"。

函谷关所处的位置原是秦国的"边疆"，对于秦国有重要的战略意义，许多重要的战争发生于此。而秦朝统一六国后，函谷关失去了军事防御要塞的战略意义。相较而言，潼关的位置显得比函谷关更重要，其在军事上的地位就逐渐取代了函谷关。到了汉代，函谷关东迁。丝绸之路开辟后，自洛阳西去，汉函谷关成为丝绸之路第一关，是往来丝路必经之道。函谷古道上的军事关口，蜕变成丝绸之路上的财富之门与交往之门。西汉以降，函谷关为丝绸之路的繁荣鼎盛发挥了巨大的作用。2014 年，新安函谷关作为"丝绸之路第一关"，成功入选第 38 届世界遗产大会丝绸之路文化遗产。

九、山海关

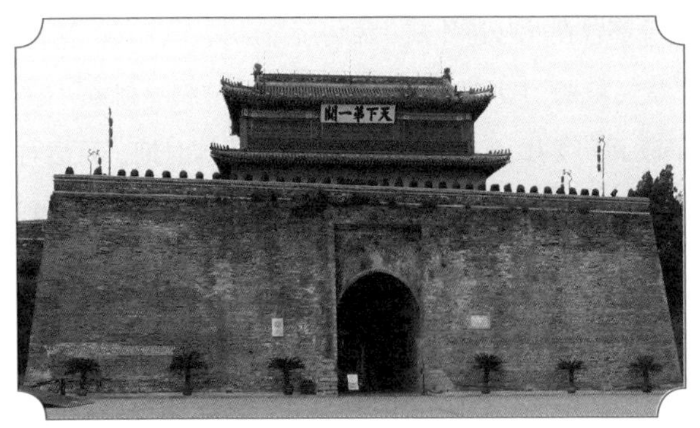

图 4–16 山海关（河北秦皇岛）

山海关（见图 4–16）距离河北秦皇岛市中心 15 公里，是万里长城东部的第一个关口，也是我国扼东北、华北咽喉的军事重镇，自古就是兵家必争之地。该关在 1961 年就被国务院公布为全国首批重点文物保护单位。

山海关是万里长城的东部起点，素有"京师屏障，辽左咽喉""天下第一关"的美誉。山海关原属幽州，隋唐时称为"临榆关"；宋代叫"临闾关"；元代改

名为“迁民镇”，曾在此大量移民，修沟壕，筑工事，派兵驻守。为抵御来自北方残元势力的军事威胁，洪武年间，大将徐达奉命前往榆关修筑军事体系。到达之后，他看中了这山海相连处的显要地势，就将其与历代屡修屡废的长城连在一起，建成一体化防线，筑关设防。因其北倚燕山，南连渤海，在山与海之间，故得名“山海关”。山海关成为中原通往东北的咽喉要冲，也是护卫京、津两城最重要的一道屏障。明中期嘉靖年间，戚继光出任蓟州总兵，他在此加固关隘，增修敌楼，建设长城复线，特别是把陆上长城牵引入海，修建入海长城（即现在的老龙头）（见图 4–17），将山海关一带建成水陆两栖的全封闭防线。

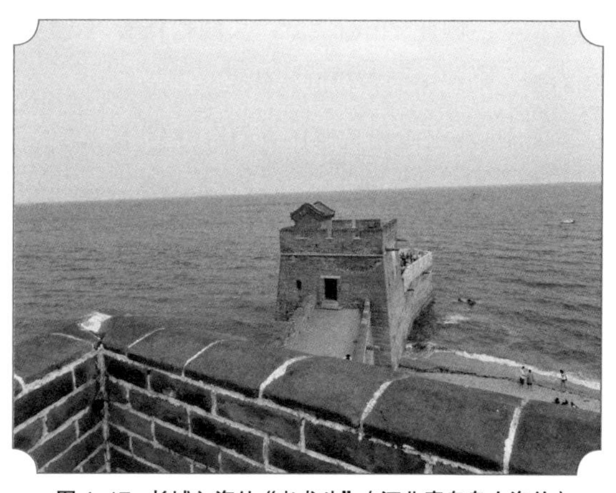

图 4–17　长城入海处“老龙头”（河北秦皇岛山海关）

山海关由于其要冲地位，有“两京锁钥无双地，万里长城第一关”之誉。康熙帝曾有诗赞曰：“重关称第一，扼险倚雄边。地势长城接，天空沧海连。”山海关不仅仅是一座关隘，更是一座城池，整个山海关以城为关，是我国万里长城的重要组成部分。它以长城为主线，以关城为中心，包括 7 座卫城，10 大关隘，几十座城台、敌台、烽火台等，是一个完整、严密、科学的古城防建筑群和军事防御体系。

关城是整个城防建筑群的中心，城墙高大坚固，护城河外绕全城。有 4 所关门：东边是镇东门，西边是迎恩门，南边是望洋门，北边是威远门。四门以镇东门最为著名。镇东门又名“天下第一关”，城台上筑楼，高 13 米，宽 20 米，进深 11 米。上层额枋前悬有“天下第一关”的巨幅匾额，楼下是山海关的东城门。“天下第一关”匾额长 5 米多，高 1.5 米，字为楷书，笔力苍劲浑厚。匾额

没有留下任何落款，过去讹传是严嵩所书，其实是由本地人萧显所书。相传，“下”的最后一笔，不是一起写上去的，而是作者将蘸满墨汁的抹布抛向空中点上去的。此匾额真匾在日本侵华时被抢运到日本，现今楼上收藏的匾是光绪八年（1882 年）摹刻的，楼外悬挂的匾则是 1929 年摹刻的。

关城的防御重点在东墙上，由南至北建有靖边楼、牧营楼、镇东楼、临闾楼和威远堂 5 座敌楼。关城东、西各有一座罗城，用以增强关城的防御能力。关城外还筑有南翼城和北翼城，用以御敌和屯粮。关城东部建有威远城，是关城的前哨，可以侦察敌情，同时还可驻兵。关城南部建有宁海城，濒临大海，用于海防。因此，山海关就以长城为骨干，以关城为中心，形成“主体两翼”“左辅右弼”的严密的古代城防体系。

此外，山海关段长城还有南海口关、南水关、北水关、旱门关、角山关、三道关、寺儿峪关、南水关敌楼、北水关敌楼等关隘。其中以三道关最为险峻，有“一夫当关，万夫莫开”之势，为诸关之首。这些关隘既是出入长城的要道，更是防守的重点。此外，山海关修筑了大大小小几十座敌台和烽火台，既可加固长城，又提高了防御能力。

在山海关有许多未解之谜，首先就是老龙头的墙基之谜。戚继光将陆上长城接连入海时，这一带海域全是沙滩，唯独入海处即老龙头的海底是岩岸。戚继光就在此选址兴建。他是如何施工的呢？相传他把无数大铁锅倒扣海底，堆叠起来。每个大铁锅中，还灌满了沙砾，这样铁锅一旦被海水吸住，便固若金汤。清代康熙皇帝来巡，登澄海楼，作《澄海楼序》，对此大加赞叹：“盖城临海中，涛水激射，非木石所能久固，昔人巧出此想，较之熔铁屑炭，更为奇矣。”[①]但是前几年重修老龙头，清理海底墙基时，施工人员却并未发现任何一口铁锅的残片。只见充当城基的，全是一米见方的花岗岩石头，其四角皆凿有大卯榫，卯

---

① （清）康熙：《康熙几暇格物编译注》上之上，上海古籍出版社 2007 年版。

与榫相互咬合，再灌上铁水，这样修筑的整个墙基牢不可破，任凭飓风海啸摧折，也纹丝不动。[①]这些历史传说和故事并不见实证，更加引人遐想。

还有就是距离山海关不远处的孟姜女庙怪联之谜。全联共 20 个字："海水朝朝朝朝朝朝朝落，浮云长长长长长长长消。"这幅看似简单的对联因为"朝"和"长"是多音字而变得十分有趣。此联的作者一说是南宋的状元王十朋，一说是南宋末年的民族英雄文天祥，一说是明代中叶诗文书画无不精通的大才子徐渭。众说纷纭，难有定论。

明末，东北地区后金政权崛起，对大明王朝虎视眈眈。山海关担负起"京师屏藩"和"边关重镇"的双重责任。近代史上许多著名的战役都发生在山海关。其铭刻了太多的战争记忆，时刻警醒着人们要珍爱和平。

十、嘉峪关

嘉峪关位于甘肃河西走廊西端最狭窄的山谷中部，东连酒泉，西接玉门，背靠黑山，南挽祁连，是古代丝绸之路的咽喉要塞，有"长城主宰""河西第一隘口"的美称。

嘉峪关初建于明代洪武年间，比山海关还要早 9 年。洪武五年（1372 年），征虏大将军冯胜大败元兵，班师途中经过此地，认为"此咽喉要地，令关踞其中，当固若金汤"，于是率先在此筑关城设防。嘉峪关距今已有 600 余年的历史。

嘉峪关"磨砖砌就鱼鳞瓦，五彩装成碧玉楼"，关城巍峨宏伟，气势壮观。此关由内城、瓮城、外城、城壕高台楼阁等建筑组成，西宽东窄，略成梯形。嘉峪关内城东、西分别开光华门（见图 4–18）和柔远门。前者"光华"意为面向东方，表示旭日东升，瑞气普照大地，其门楼上刻有"天下第一雄关"。

① 参见章武：《山海关之谜》，《炎黄纵横》2009 年第 3 期。

图 4–18 嘉峪关光华门

后者“柔远”意思是明王朝对边陲（关外）各游牧民族实行“怀柔”政策，安抚边远地区，以实现长治久安的治国方略。东、西城台上分别筑有光华楼和柔远楼，光华楼高 17 米，历经近 500 年风雨仍屹立不倒。

在嘉峪关内城西门外 100 余米处有一碑刻，上书“天下雄关”。相传，清嘉庆十四年（1809 年），肃镇总兵李廷臣前来嘉峪关视察防务，见此处地势雄伟，关城巍峨，便写下“天下雄关”四字，并勒石为碑。

嘉峪关是明代万里长城的西端起点，也是万里长城著名的关城之一，是我国现存长城遗址中规模最大、保存最完整的一座雄关，素有“边陲锁钥”“天下雄关”之称。最初的嘉峪关只是一座有关无楼的土城，中间历经明孝宗、明武宗两朝多次加固，直到明世宗嘉靖年间终于形成了完整的防御体系。当地流传着许多关于筑城的传说，其中最为著名的就是“一块砖的故事”。传说，修建关城时由李端澄负责，为了能够将关楼建造得结实稳固，他在全国招募了许多能工巧匠。其中有一人名叫易开占，他根据计算，认为修建关城总共需要 999999 块砖。李瑞澄将砖石如数拨下来。有一个监工不相信易开占能够计算得如此准确，故意将一块砖藏了起来。等到快要完工的时候，正好差一块砖，李瑞澄就找来一块砖补上了。后人为了纪念李瑞澄的宽容大度和易开占的聪明智慧，就将藏起来的那块砖放到城台上作为纪念。

“但使龙城飞将在，不教胡马度阴山。”嘉峪关一带原本就是一道天然的防守屏障，自建关筑城后，防御体系更加完善严密。巍巍高楼，胡马悲鸣，无数

文人墨客在此吟诗作赋，咏怀浩叹。清代著名的爱国诗人林则徐被贬新疆伊犁，途经嘉峪关时，曾赋诗《出嘉峪关感赋四首》，其一道："飞阁遥连秦树直，缭垣斜压陇云低。天山巉削摩肩立，瀚海苍茫入望迷。"其二云："除是卢龙山海险，东南谁比此关雄？"清朝末年，左宗棠率军出征新疆时，从嘉峪关经过，"沿途插柳"，后来成为绵延千里的塞外奇观，人称"左公柳"。嘉峪关不仅仅是一个硝烟弥漫的古战场——"羌笛流人泪，胡尊咽旅愁"，也是一个诗意的塞外江南——"多谢有情关上月，照人西去又西还"。

十一、茅津渡

茅津渡与风陵渡、大禹渡并称为"黄河三大古渡"。其位于山西平陆城南 20 公里处，南与河南三门峡隔河相望，是河南、山西通衢要口，也是黄河中游的著名渡口。茅津又被称作"茅城""茅亭""茅戎"，因古时有茅族聚居于此而得名。由于渡口南岸原为陕县境，亦称"陕津渡"。茅津渡水势平缓，利于行船摆渡，因而具有重要的经济和军事价值。

茅津渡历史悠久，商代就已设置渡口，距今有 3000 多年的历史。春秋至西汉期间一直沿用"矛槽沟口"的名称，隋时设为河头镇。由于经济繁荣，此地在唐宋两代一直是县治所在。明永乐年间设为茅津镇。清代，茅津设置游击衙门，由旗人"武状元"统领。[①]

茅津渡战略位置十分重要，渡口两岸地势险要，常年有部队戍守，为兵家必争之地。春秋时期，晋假道于虞（即今平陆）以伐虢（今河南陕县、灵宝一带），曾于茅津渡河。秦晋崤陵之战后，秦穆公为报仇雪耻，率大军经此渡口讨伐晋国。西汉初，大将韩信经此渡河，俘虏魏王豹。东汉末年，董卓挟持汉献帝迁都长安，

① 参见嵇明发、文三铭：《茅津渡》，《人民黄河》1986 年第 1 期。

也曾经此渡河。明崇祯十五年（1642 年），为了防止李自成的义军北上，明王朝在茅津渡设营扎寨，重兵驻防。

茅津渡在古代就是豫西、晋南物资交流的水上通道和军事要地，有“三晋屏藩”之美称。正如《平陆县志》所载：“茅津地当水陆要冲，晋豫两省通衢，冠盖之络绎，商旅之辐辏，三晋运盐尤为孔道。”黄河流至此地，河道开阔，水流缓慢，水路交通便利，使得此地商贸经济十分繁荣。山西运城的盐及粮、棉等农副产品，平陆的红枣、棉花等大多经此运往河南等地。茅津渡使黄河两岸、三晋及中原大地得以互通有无，是具有重要经济意义的货运码头，现在仍为晋、豫两省进行物资交流之重要枢纽。

十二、瓜洲渡

瓜洲渡位于长江北岸，南距扬州 15 公里，与镇江隔江相望，是古运河的入江口，长江下游的重要渡口和漕运要冲，又因形势险要，素有“江防要塞”之称，是兵家必争之地。

瓜洲原为长江中泥沙堆积的瓜状沙碛，最早形成于汉代。晋朝时露出水面，成为四面环水的沙洲，渐渐形成渔村、城镇。由于泥沙沉积日益严重，到唐代中期时，瓜洲已经与长江北岸的扬子津相连，成为一个渡口。开元二十五年（737 年），润州刺史齐浣为保证漕运，开伊娄河 12.5 公里，将原有运河与扬子津相连。瓜洲成为运河与长江十字形黄金水道的咽喉，漕运（南方的粮食北运京城）与盐运（沿海两淮盐场的海盐西运内陆）的水路要冲，迅速发展成为江边巨镇，是当时的政治、经济和军事要地。唐末时，长江航道逐渐南移，瓜洲与京口之间的距离也越来越近。

宋乾道四年（1168 年）开始修建瓜洲城池，史称“簸箕城”。经历代多次修建，瓜洲城日趋完善。元代于此设置行省，马可·波罗称之为“瓜洲市”。

明代瓜洲城周长约5100米，高约7米，城内设置同知署、工部分司署、管河通判署等衙门。瓜洲城内大型建筑众多，十分繁荣。清代又在瓜洲设巡检司署、操江都御史行台、都督府、提督府等官衙。乾隆二十三年（1758年）将巡视南漕御史移置瓜洲，又设巡检行署、漕运府、都督府等。清代中叶，由于漕运、盐运的发达，瓜洲更趋繁荣。据记载，瓜洲鼎盛时期，辖属人口曾达40多万，聚城居住者亦近10万。[①] 康熙末年，长江航道北移，镇江—扬州段长江开始出现南岸淤涨、北岸坍塌的情形，南岸的镇江附近涨出大片江滩、沙洲，北岸的瓜洲则成为顶冲点，江岸不断坍塌。光绪二十一年（1895年），瓜洲城最终全部坍入江中。

瓜洲始于晋朝，盛于唐、宋，至今已具有1800多年的历史，是我国著名的历史文化古镇。唐代鉴真和尚东渡，曾3次由瓜洲出发，为唐代文化的对外传播做出了重要贡献。清代康熙、乾隆二帝南巡10余次，6次驻跸瓜洲，并在锦春园设有行宫。瓜洲还流传着许多传说，“杜十娘怒沉百宝箱”的故事就发生于此。

唐代的李白、白居易、张若虚，宋代的王安石、陆游，明代的郑成功，清代的郑板桥等，都曾在瓜洲驻足，并留下千古相传的名篇，因而瓜洲渡自古以来就享有“诗渡”的美誉。白居易《长相思》云：“汴水流，泗水流，流到瓜洲古渡头，吴山点点愁。”王安石《泊船瓜洲》云：“京口瓜洲一水间，钟山只隔数重山。春风又绿江南岸，明月何时照我还？”陆游《书愤》中也提到“楼船夜雪瓜洲渡，铁马秋风大散关”。诗词中的瓜洲渡更有别样的文化风情。

瓜洲地处交通要道，战争也不可避免。南宋绍兴三十一年（1161年），完颜亮率兵南侵，抗金名将刘锜拒敌于皂角林。完颜亮于瓜洲被杀。瓜洲一带遭到的战争破坏十分严重。郑成功也曾进兵瓜洲，但是攻破瓜洲后误中清廷的计谋，

① 参见查晓宏：《江北第一雄镇——瓜洲》，《钟山风雨》2005年第5期。

只好率残部逃回厦门。道光年间，英军也曾侵犯瓜洲，遭到当地人民的激烈反抗。

原来的瓜洲镇于光绪年间塌陷，现在的瓜洲镇为清末重建。如今，真正的古渡码头早已不见，只能在诗歌中找寻。

第五章 交通技术

人类社会的发展和日常的生产与生活都离不开交通。远古时期，人们依靠采集、狩猎获取生活所需，活动范围有限。随着交往范围的扩大，人们需要寻找或者创造合适的交通工具，以便于远距离的迁移或者运输，而交通技术的发达与否就显得尤为重要。

车辆是陆地上的主要交通工具。相传在远古时期，先祖观飞蓬而制造了车辆。中国古代的车辆制造技术非常复杂，综合了许多门类的技艺。秦汉时期是车制改进的重要时期。在这一时期，骑兵兴起，车战逐步被淘汰。虽然用于战争中的车辆减少，但是在社会生活中，人们对车辆的需求日益增加。骑兵的发展以及人们在社会生活中对车辆的需求导致马匹供不应求，解决这一问题最有效的办法就是改进车辆。正因如此，独轮车、双轮车、多轮车等相继流行起来。总之，车辆总体的变化特点是：更加舒适，更加平稳，运输量更大。

船舶是重要的水上交通工具，其经历了由独木舟到木板船再到木帆船的发展阶段。在这个发展过程中，橹、船尾舵、平衡舵、风帆、水密隔舱等的出现与应用增加了船舶的安全性、稳固性，提高了航行的速度。中国古代在船舵、风帆以及水密隔舱的制作技术上都曾领先于世界，这是中国能够在远洋航行与对外交流中占有一席之地的重要因素。

此外，在中国传统社会，轿子也是主要交通工具之一。相比于车辆与船舶，其制作技术要简单得多。轿子主要经历了从轿杆捆在底座边框上到轿杆固定在轿身中部、从无轿厢到有轿厢、从盘膝而坐到垂足而坐的发展过程。轿子原为上层社会所用的高级的交通工具，后来逐渐普及到民间。在发展过程中，轿子的安全性、稳定性与舒适度逐渐提高。

中国古代劳动人民是极富创造性的，人们常常依现有的条件尝试制作出各种各样的交通工具，如飞行器、自行车、指南车、记里鼓车、指南针等等。这些伟大的创造在中国乃至世界科学技术史上熠熠生辉。

一、车辆制造技术

车辆作为陆地上最具代表性的交通工具，是中国古代先民劳动智慧的结晶。车辆的出现是交通水平发展到一定阶段的标志。对于车辆的起源，文献中有不同记载，如奚仲作车说、黄帝作车说、奚仲子吉光作车说、庖羲作车说等。从先秦时期的生产力水平、文献记载及考古发掘来看，车辆的制造并不是一时一人可以完成的，它应是夏商时期先民在不断的实践中完成的。

1. 制车技术

对于先秦时期车辆制造技术记载较早且较为详细的是《考工记》。在先秦制车技术基础上，历代不断进行改进和创新。

在中国古代，车的主要结构包括车舆、车轴、车辀、车轮、伞盖等几大部分。

车舆，即车厢，一般都是横向长方形的。它一般以 4 根方木为底架，这 4 根方木称为“轸”。轸木之下装有横向的轴与纵向的辀，轴与辀的交叉点是车舆的中心，这样做是为了保持平衡。在车舆的两侧装有桄与辀平行，在桄与轸木的上面铺设阴板，阴板起初为木制的硬板，后来为了减轻路途的颠簸，改用以皮革品、藤条等织成的富有弹性的网。在阴板上铺有毯子，供人乘坐。车舆的四周装有栏杆，称为“轸”。在车后有一个缺口，供人上下车。在轸的前部装有横木，称为“轼”。轼一般高于周围的轸，目的是保证驭车者的安全。车轸的左右两边称为“锜”，即供人倚靠之义。秦汉时期在车轸之外加上车围，形成了封闭型的车厢。另外，在车舆外围还增加了车耳——因形似人耳，故名。它的作用是遮挡泥土。车耳在汉代非常盛行，不同等级的官吏，其车耳装饰不同，这是古代判断官吏等级的一个标志。

车舆的底部是车轴、车辀和车轮。车轴一般是圆木所制，中间粗，两头细。两端的细轴插入车毂，车毂穿入车轴后，在轴的两个末端装以青铜车害。先秦

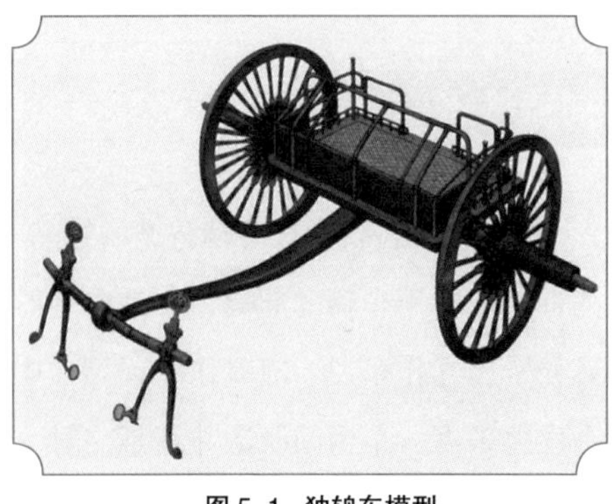

图 5-1 独辀车模型

时期盛行独辀车（见图 5-1）[①]，其只有 1 根车辀或车辕，必须驾 2 匹马或者 4 匹马，甚或更多。在行进过程中，轴是不动的，靠的是毂和轮的转动，这就容易造成毂的破裂。因此，通常情况下，毂的两端装有金属帽，也就是“輨”来防止毂的变形或者破裂。毂上凿有榫眼，用来装辐条。商代车辆的辐条以 18 根居多，西周车辆辐条平均数为 21 根，以后历代多有差异。车辀竖向而置，辀尾一般伸出车厢一部分，这样做是为了给乘车之人作脚踏之用，但是踩的时间长了会导致辀尾的损坏。因此，在辀尾上一般装有铜踵。辀向前伸出车舆的平直部分称为“轨”，轨的前面向上弯曲，其弯曲度大体高于马背，这是为了保持车舆的水平。车轮的制作过程最为复杂，它要求圆且坚固，这样才能保持车辆的稳定与快速行驶。周代时，人们已经能够将圆周进行等分。因此，轮人将几根木条放在火上烘烤后使其弯曲而制成车轮。这种圆形的轮圈也称为“轮牙”。轮牙着地的一面一般做成凸鼓形，这是为了减少与地面的摩擦以及防止在泥泞道路上滑倒。[②]

车舆上装有伞盖始于西周，盖为伞形，伞柄称为“杠”，其顶端称为“盖斗”“保斗”。在盖斗的周围凿有方孔，以使盖弓插入。盖弓用来支撑伞盖面，一般是竹制或者木制。盖弓一头圆一头方，方形的一头插入盖斗的方孔内，圆形的一头套有盖弓帽，稍近中部有小孔或者小钩，用来穿绳将各弓连接起来。盖弓一般有 28 根，对应着天上的二十八星宿。盖弓制作完成后，上面覆以盖帏。这样，

① 采自刘永华：《中国古代车舆马具》，清华大学出版社 2013 年版，第 128 页。
② 参见叶持跃、黄伟：《中国交通文化概说》，机械工业出版社 2011 年版，第 25 页。

一个伞盖就制作完成了。在礼乐制度发达的周代，伞盖往往是身份的象征。当天子下车后，伞盖要拿下来，由专人举着，跟从天子。在为天子举行葬礼时，伞盖也是要拿下来的。遇到大风这样的天气时，伞盖因受风力影响也要取下来。另外，伞盖因受空气阻力影响，不宜用于战争中。①

秦汉时期，制车技术与前朝相比有了显著的进步。主要表现在：一是有了统一的制造标准和管理制度。秦统一六国后，下令“车同轨”，在车辆的制造方面就有了统一的标准。秦朝以数字“六”为纪，“符、法冠皆六寸，而舆六尺，六尺为步，乘六马”②。在中央，车辆的制造由少府管辖，地方上由郡县工官管理车辆的制造。汉代在中央和地方都有专门制造车辆的工坊。在中央由少府的属官尚方令管辖,在地方则由郡县工官管理。民间一些富商大贾也经营制车作坊。因皇室、朝廷官员以及战争所需，当时的制车规模非常庞大。二是制造技术的进步。首先是使用了齿轮转动装置。比如，西汉时发明的一种叫“记道车”的车就使用了齿轮转动装置，根据齿轮的转动来记载车辆行驶的公里数。其次是为了延长车辆的使用寿命以及保证乘车的安全，在车辆的装配与装饰方面做了一些改进。例如，车轮以软木为牙，外面包裹蒲叶，更为高级的车则用皮革作轮缘，其内填絮，减少了路途的颠簸感。为了减少车轮与车轴的摩擦造成的损坏，汉代在车毂中装置了铁制的釭，即车毂口穿轴用的一种铁圈。另外，还使用了装在车轴上的锏。汉朝的马车是贵族专用，在装饰上讲究华贵，这从车轼、车轮、车围上都能看出来，而这些装饰也成了辨别官员级别的标志。

汉代以后，车辆的制造技术日益成熟与完善，这从一些史料记载中可以体现出来。如宋代沈括的《梦溪笔谈·器用》载：“大驾玉辂，唐高宗时造……乘之安若山岳，以措杯水其上而不摇。”这是关于唐朝车辆平稳度的记载。宋代有

① 关于独辀车的资料，皆参见刘永华：《中国古代车舆马具》，清华大学出版社2013年版，第80～126页；孙机：《中国古独辀马车的结构》，《文物》1985年第8期。

② 《史记·秦始皇本纪》。

关指南车和记里鼓车的记载，展现了宋朝先进的科学技术与制车技术，是机械技术史上的重要资料。元朝薛景石在《梓人遗制》中对车辆各部件的记载非常详细。例如，他详细地记载了五明坐车子各部件的尺寸、选材等。以车轮的辋为例，“造辋法，取圆径之半为祖，便见辋长短。如是十四辐造者，七分去一，每得六分，上却加三分。十六辐造者，四分去一分，每得三分，却加一分八厘。十八辐造者，三分去一，每加前同。如是勾三辋造者，料材便是辋之长，名为六料子辋。牙头各加在外”[①]。在选材方面，薛景石记述得也相当细致。如“轮人为轮，斩三材必以其时。三才既具，巧者和之。毂也者，以为利转也，辐也者，以为直指也。牙也者，以为固抱也”[②]。薛景石对五明坐车子的记载反映了那个时期制车水平已相当高超。只有各个部件的尺寸、大小都有严格的比例，才能制造出安全性、舒适度都比较高的车子来。

2. 车辆类型

按车轮的数量来分类的话，中国古代的车辆可以分为独轮车、双轮车、多轮车等几类。

（1）双轮车

双轮车是中国古代社会使用最普遍的车辆。春秋战国时期，在贵族中特别盛行四匹马驾辕。双轮车不仅是当时的交通工具，还是进行车战的武器，更是权力与地位的象征。所以，时人常用“驷”作为车辆的计算单位，用车辆的多寡衡量一个国家的实力或大小，如万乘之国、千乘之国、百乘之国等。“驷马难追”也相沿成为形容速度快的成语。当时最常见的双轮车是独辀车。

秦汉时期，随着政治的大一统，交通得到空前发展，车辆的种类也明显增多。当时流行的车辆有高车、安车、轺车、辎车、軿车、栈车等。

① （元）薛景石著，郑巨欣注释：《梓人遗制图说》，山东画报出版社 2006 年版，第 26 页。

② （元）薛景石著，郑巨欣注释：《梓人遗制图说》，第 19 页。

高车　“高车”一词出现在秦朝以后。《后汉书·舆服志》载：“立乘曰高车，坐乘曰安车。”高车的车轼与车锜增高，大体到人的腰部，伞盖也相应地增高了，可见这样的车只适合立乘。

安车　安车在周代为王后专用，秦时成了帝王的御用车。这一时期的安车分为前、后两室，可将人隔开，也可躺卧其中。秦始皇所乘坐的辒辌车就是一种安车。（见图5–2）辒辌车的四面都有窗户，两侧的窗户在后室，可以推拉，前、后两面窗户是向外撑开的。由于这种车可以在天热时打开窗户，天冷时关上窗户，从而达到调节温度的效果，故称“辒辌车”。自辒辌车成为皇帝的御用车之后，安车走上了其发展的高峰。自汉朝开始，安车成为皇帝与朝廷官员使用的车辆。

图5–2　秦始皇陵车马模型

轺车　轺车（见图5–3）是汉代官员乘用的车，也是公务用车。轺车一般可乘坐两人，有伞盖，驾一马或两马。这种车轻小便利，是汉代最为常见的车。轺车上装有车轓，人们可以根据车轓与伞盖的颜色来区分官员的级别。

图5–3　汉代轺车图

軿车或辎车　如果在轺车的两锜外用皮革、鱼皮等装上外围屏蔽物，就成了軿车或辎车（见图5–4）。軿车车门在前，并且前有遮挡物，驾车之人在车轼前，车舆内仅容一人，是贵族妇

图 5-4　辎车图（成都汉画像石砖）

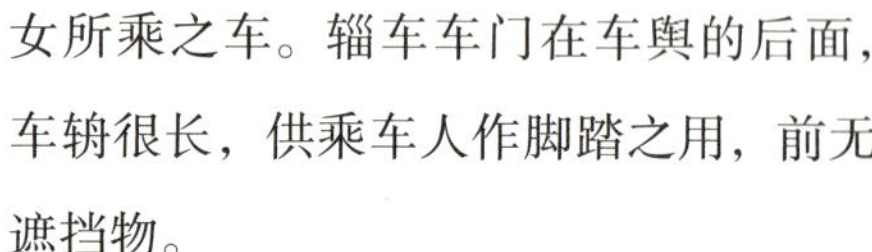

女所乘之车。辎车车门在车舆的后面，车辀很长，供乘车人作脚踏之用，前无遮挡物。

栈车　栈车多为普通百姓使用。其制作比较简单，双辕一马，车舆一般较长，车前后没有挡板。另外，马匹和车舆几乎没有任何装饰物，只有竹木所制之蓬，车体一般较小。栈车可以运输货物，也可以载人，运输货物时称为“役车”，载人时称为“栈车”。

图 5-5　东晋牛车人物瓷俑（广西贺州将军山出土）

牛车　牛车在夏商时期即已出现。自先秦以来，人们以马车为贵，牛车通常只用于运输或为一般百姓所用。到了魏晋南北朝时期，乘坐牛车成为时尚。（见图 5-5）牛车行驶速度缓慢，而且平稳舒适，恰好迎合了士族显贵们养尊处优、寄情山水的特点。

图 5-6　勒勒车

勒勒车　勒勒车（见图 5-6）[①]在元朝草原地区较为盛行。它的特点是车身小，但双轮高大，直径一般为 1.5 米左右。可完全用桦木或榆木制成，不用铁件，结构简单，易于制造和修理。勒勒

① 采自北京师范大学《少数民族特需用品目录》项目组编：《少数民族特需用品目录》，中国经济出版社 2014 年版，第 236 页。

车多用于草原运输，其载货可在500公斤左右。

轿车　明清时期的车辆多为轿车（见图5–7）。这种车多用骡子挽行，车舆有车蓬、车围，形如轿子，因此被称为“轿车”。轿车的车辕由2根圆木构成，车辕前通常架上一个长蹬子，乘车人上、下车时，可以取下作脚踏之用。车厢的坐人处有木板，在木板上放上软垫，可以减轻路途颠簸带来的不适。车围的颜色依等级来划分，皇帝用明黄色，亲王以及三品以上官员用红色，平民百姓用皂青色。

图5–7　轿车

（2）多轮车

多轮车有三轮车、四轮车、八轮车等等，这种类型的车多见于明清时期，主要用于运输货物。

三轮车至迟出现于东汉时期。历史文献中关于三轮车的记载甚少，五代时期有关于任知元乘三轮车游玩的记载。明代的一种名为“字车”的战车就是三轮车。据明代唐顺之的《武编·前集》卷六记载：“（字车）一轮向前，二轮在后，易于转动，此可当挨牌，乃车之最轻捷者。此名子车，用厚板做胎，铁裹尖头，上架皮牌或皮伞，可避鸟嘴铳并佛郎机。轻便可使，功胜木城。”清代运输建筑材料的“千觔”也是一种三轮车，其车身较细长，在2根长辕之间连接了数量不等的短杆。3个车轮大小基本一致，轮径较小，以方便运输材料。

早在春秋时期，就已经出现了四轮车，初为战车之用。皇室贵族的柩车

也是四轮车。在民间，四轮车多为运输货物之用。宋代的太平车就是一种四轮车。这种车有厢无盖，车轮与车厢平齐，以人驾辕，用骡、驴或者牛拉车，前后两排。这种车行驶缓慢，但是运输量极大。清代还出现了四轮铁甲车，这种车以铁叶层层密接悬置，保护车厢。车的上面还挂着风帆，利用风力来节省畜力。

明代的毛伯温为了运输建筑材料，创制了八轮车。这种车是一种多轮少轴车，车架可能分为 2 节，每节 1 轴，有 4 个车轮，节间以 3 个铁环或者铁索连接，特别适合在山地、丘陵地区行驶。[①]

（3）独轮车

顾名思义，独轮车只有一轮，其多为人力推或牵引，因能在狭窄的乡间小路或崎岖的山道上行进，且制作简便，故几千年来一直是百姓常用的交通工具。据文献记载，商代已有独轮车，汉代的独轮车称“辘车”或“鹿车”，宋代称为“串车”。（详见后述）

二、船舶制造技术

在远古时期，人们依河而居，想要获得更多的食物来源，扩大交流范围，水上交通工具必不可少。最早的水上交通工具是腰舟、皮囊和筏。腰舟是将几个空心葫芦绑在一起制成的渡水工具，一般在渡水时系于腰间，以增加浮力。在今天的云南等地还可以看到带着葫芦渡水的人。皮囊是人们将动物的毛皮整张褪下来，然后吹满气，做成渡水工具。筏是将木头、动物毛皮等扎在一起做成的渡水工具。真正意义上的船是独木舟。最早的独木舟是将一棵树的树干挖掉一半或者一半以上，砍出一个凹槽。后来在实践过程中，人们开始把舟的首

① 参见祝慈寿：《中国工业技术史》，重庆出版社 1995 年版，第 1092 页。

尾做成尖形，在舟上做一个横梁，这样既可减少阻力又增加了稳固性。

殷周时期在造船技术方面的成就是木板船以及风帆的出现。最初的木板船就是在独木舟的两侧加上船板，并且根据筏的做法用绳索将 2 艘或 2 艘以上的船并在一起，称为“舫”。后来人们把木板或者木梁放在船上，用钉子钉牢，将船只连为一体。这样，船只的宽度增加，不仅提高了其稳定性，还增加了装载量。风帆的出现是殷周时期在造船技术方面的重大突破。史料中关于风帆的记载语焉不详，然而，1976 年浙江甲村出土的青铜钺上有一幅图，画的是一排人划船，在这些人的头上有羽冠。有的学者认为这是一种最原始的风帆。①

自秦汉以后，我国的造船技术愈加成熟，木帆船成为最主要的水上交通工具。橹、船尾舵、水密舱壁、风帆、指南针的使用以及对船舶的强度、水密性的保障措施是造船技术高度发展的标志。

橹作为一种船舶推进工具，是秦汉时期的一项伟大发明。东汉刘熙《释名·释船》曰：“在旁曰橹。橹，膂也。用膂力然后舟行也。”“膂”本义为脊梁骨，“用膂力”即以腰部力量为主要力量带动全身推动船的前进。最早的推进工具是木桨，其通过划行使船舶前进，而橹则需要用手摇。橹由橹柄、橹板、二壮构成。在橹板上装有一个带球顶的铁钉（叫“橹支纽”）作为支点。在橹的中间有一块硬木块，叫“橹垫”，使用时将橹垫置于支点上。摇橹时，以橹支纽为支点，既省力又能产生较大的推进力。②

船尾舵是掌控船舶航向的工具，早在汉代就已经出现。《释名·释船》介绍道：“其尾曰柁。柁，拖也。在后见拖曳也。且言弼正船使顺流他戾也。”这一时期的尾舵拖曳在船尾，又称为“拖舵”。（见图 5-8）宋朝时出现了在舵杆之前加设部分舵叶的平衡舵，其能使船舶转向更加灵活。1978 年出土于天津静海的宋船保存

① 参见林华东：《中国风帆探源》，《海交史研究》1986 年第 2 期。

② 参见席龙飞：《中国造船史》，湖北教育出版社 2000 年版，第 87 页。

图 5–8 汉代有尾舵的陶船（广州汉墓出土）

了一个完整的平衡舵，舵杆是一个经过修整的树干，舵叶呈三角形。这种舵的平衡系数较小，但它的出土标志着我国船舵技术的成熟。除了平衡舵，还有升降舵。宋代的福船已装有升降舵。明代时，升降舵也应用于沙船中。过浅滩时，将舵提起；进入深水区域时，则将舵降至水下。

随着造船技术的发展，风帆技术得到改进。首先，帆的数量增加。多桅多帆的船舶出现，三国时就已经有了七帆船。15 世纪以后，风帆简化，一桅一般挂一帆。其次，帆的材质发生变化。最初的帆是用植物叶编织而成，唐宋时期，布帆出现，帆幕上横向安置竹条，这种硬帆的设计可以随风力的大小随意增减帆的面积，这是中国古代的船舶可以远洋航行的重要因素之一。再次，帆分成了大帆与小帆，且开始转向船舷之外，这样能获取最大的风力。南宋李心传的《建炎以来系年要录》云："大樯高十丈，头樯高八丈。风正则张布帆五十幅，稍偏则用利篷。左右翼张，以便风势。大樯之颠，更加小帆十幅，谓之野孤帆，风息则用之。"

水密舱壁出现于魏晋时期。《宋书 · 武帝纪》在记述晋代孙恩、卢循率领船队进行海上大起义时曾说："别有八艚舰九枚，起四层，高十二丈。""八艚舰"被认为是用水密舱壁分成 8 个舱的船。① 水密舱壁有三个重要的作用："其一，即使某一船舱因触礁破洞而淹水，也可抑止淹水不致于波及邻舱，从而保证船

① 参见席龙飞：《中国造船史》，第 80 页。

图 5-9 东晋·顾恺之《洛神赋图》中的船

舶不致下沉；其二，船壳板、甲板因有众多舱壁的支撑，增加了船体的刚度和强度；其三，舱壁为船体提供了坚固的横向结构，使桅杆得以与船体紧密连接，这也使中国古代帆船采用多桅多帆成为可能。”[①]中国水密舱壁的发明比欧洲早 1000 多年，在世界造船史上发挥了重要的作用。（见图 5-9）

在船舶的强度与水密性及结构方面，中国古代很早就使用铁钉连接方法来保证船体的强度，唐宋时期则采用了榫接和铁钉并用的连接法。从江苏如皋出土的唐船来看，“除船底部是用整木榫接外，两舷和船隔舱板以及船舱盖板均用铁钉钉成，它的两舷共用七根长木料上下叠合，以铁钉成排钉合而成。铁钉断面方形，每边 0.5 厘米，长 16.5 厘米，钉帽直径 1.5 厘米。（每二列木板边接缝的）铁钉共分两排，上下交叉钉成，相隔 6 厘米。这种重叠钉合的办法，称为人字缝”[②]。这种榫接和铁钉并用的连接法增加了船体的强度，而且表面光滑，减

图 5-10 郑和宝船模型

① 蔡薇、艾超、席龙飞：《水密舱壁　中国古代船舶技术的领先贡献》，《中国文化遗产》2013 年第 4 期。

② 南京博物院：《如皋发现的唐代木船》，《文物》1974 年第 5 期。

轻了船舶航行的阻力。郑和宝船（见图 5–10）在钉接技术方面更为复杂与完美。钉有锹钉、铁锔、铲钉、蚂蝗钉等，使较复杂的木结构可以通过各种船钉拼合、挂锔、加固，从而使中华古木帆船的尺度、吨位、性能都达到世界领先水平，确保了船舶结构坚固。① 为了保障船舶的水密性，捻缝技术必不可少。自唐代以来，人们就用桐油、石灰、麻纤维做成捻料填于连接处的缝隙中，提高了船舶的水密性。随着造船技术的日益成熟，人们对船舶的结构、比例也愈加熟知。如郑和宝船长约 138 米，宽约 56 米，长与宽的比值约为 2.46，这种长、宽比值正好可以使船体稳定，不可随意更改。

图 5–11　车船

有了发达的造船技术的支撑，中国古代在军事、对外交流中都取得了令人瞩目的成就。如在军事领域，汉代楼船在水战中的应用提高了军队战斗力；唐宋时期车船（见图 5–11）② 的发明提高了航行速度。在对外交流中，发达的造船技术使远洋航行成为可能，人们可以不受自然条件的约束，利用天文、地理知识行至南亚、东南亚、欧洲等地，与他国进行交流，促进了世界文明的发展。

三、轿子制造技术

轿子，由辇、舆发展而来，又称为“舆轿”“肩舆”。在先秦时期也称为“桥”“梮”。

① 参见程晓:《我国古代造船技术的兴衰及其启示》，武汉科技大学硕士学位论文，2007 年。

② 采自［英］李约瑟：《李约瑟文集》图 6，第 260 页。

轿子最初在山路崎岖之地使用，夏禹治水时就曾乘轿过山路。1978 年，在河南固始的春秋战国墓中发现了 3 乘木制轿子。据此可知，这一时期的轿子由长方形的底座、边框、立柱、栏杆、顶盖、轿杆、抬杆构成，轿子前面有小门，轿杆捆在底座边框上，和后来轿杆固定在轿身中部的形制不同。

秦汉时期的轿子因袭前朝而来，主要是达官贵人在翻山越岭之时使用。在山路中，马车、牛车等无法通过，就用人力抬轿而行。这一时期的轿子为竹制，因此也被称为“竹舆”。舆底固定在 2 根竹竿上，在 2 根竹竿的前后又有横杆固定。乘坐时，抬轿人用肩扛起轿子，然后一手扶抬杆一手扶轿杆，使轿子平稳前行。[①] 在宫中，还有一种无轮之舆，即“辇”（见图 5–12）。其用人力抬，与轿子形似，是帝后的专享代步工具。秦汉时期的轿子在形制上没有太大的变化，它的普及为魏晋南北朝时期轿子的发展奠定了基础。

图 5–12　班姬辞辇（东晋 · 顾恺之《女史箴图》局部）

魏晋南北朝时期，因轿子有“以肩举之而行”的特点，因此又称为“肩舆”。这一时期的轿子不仅用于翻山越岭，而且成了上层达官贵族的代步工具。轿子的形制发生了很大的变化，种类也更加齐全，有八掆舆、平肩舆、板舆、篮舆等等。八掆舆体积最大、最为豪华，可供 2 人乘坐，舆上遮有帷幔，可驱虫、遮光。舆前有轮杆，可供乘坐者倚靠，另有几案供人读书写字。舆轿不用抬杠，而是在舆前、舆后伸出舆杆，轿夫前有 6 人，后有 2 人，排列抬轿。这种 8 人抬扛的轿子也被称为“八抬大轿”。八掆舆仅限于皇亲贵族使用，一般的官吏乘坐的是平肩

① 参见郑若葵：《交通工具史话》，中国大百科全书出版社 2000 年版，第 97 页。

舆。平肩舆也有通幰帷幔，还可以加饰华盖。民间使用的是板舆，形制比较简陋，就是把一块木板固定在 2 根杠上，由 2 个人一前一后抬着前行。板舆仅供 1 人乘坐，乘坐时屈膝或者盘腿而坐。篮舆是用竹木条编制而成的篮筐，在筐上有提手或者耳索。乘坐时，用 1 根木杠或者扁担前后抬行。东晋陶渊明因有足疾而使用过篮舆。

图 5–13　唐 · 阎立本《步辇图》（局部）

隋唐时期，轿子的种类更加丰富，有步辇、软舆、腰舆、檐子、板舆、肩舆、篮舆等等。这一时期轿子的最大变化就是腰舆的出现，其为后世轿子的成熟与流行奠定了基础。阎立本所绘的《步辇图》（见图 5–13）中唐太宗乘坐的步辇就是一种腰舆。在唐代的宫廷中，有三种舆：一是五色舆，二是常平舆，三是腰舆。腰舆简单平稳，是皇帝平时乘坐最多的轿子。与前朝相似，高级官员乘坐的是肩舆，而且这是其享有的特殊待遇，地位较低的人在这一时期是不能乘坐肩舆的。檐子、板舆、篮舆等一般为妇女所乘。檐子是用竹篾编制而成，其形制已经接近后世的轿子。在使用方面有严格的等级要求，仅限于朝廷命官的妻子和母亲乘坐。一品、二品、中书门下三品官员的妻子、母亲乘坐的檐子可用金、铜来装饰，配轿夫 8 人；三品官员的妻子、母亲乘坐的檐子配轿夫 6 人；四品、五品官员的妻子、母亲乘坐的檐子用白铜装饰，配轿夫 4 人；六品以下官员的妻子、母亲乘坐的檐子用漆画纹，配轿夫 4 人。

从宋元开始，轿子的形制发生了很大的变化，而且在民间也逐渐普及起来。北宋前期，官员上朝时还不准乘轿子，唯有特许才可以乘坐。《宋史 · 舆服志》还对乘轿之制作了规定："士庶之间，车服之制，至于丧葬，各有等差。……工商、

庶人家乘檐子，或用四人、八人，请禁断，听乘车；兜子，舁不得过二人。”另外，这一时期还受传统道德观念的约束，认为以人代畜有悖伦理。如王安石罢相居住在蒋山时，有一次乘驴出行，门人劝他乘轿，他就觉得用人抬他有伤风化。然而，随着商业的繁荣、社会风气的变化、宋朝的南迁以及中国古代家具的变革，轿子逐渐普及起来，形制也发生了重大的变化。

图5–14　宋代轿子（宋·张择端《清明上河图》局部）

这一时期的轿子安装了高脚座椅，以前人们只能屈膝或盘腿而坐，现在，人们可以坐在椅子上，即可以垂足而坐。轿身开始增高，轿杆固定在轿身中部，周围有篾席遮挡，四周有翘起来的盔帽式顶盖，前面挂有帷幔，左右开有窗户，增加了安全感与舒适感。（见图5–14）《宋史·舆服志》对轿子的制式作了规定：“正方，饰有黄、黑二等，凸盖无梁，以篾席为障，左右设牖，前施帘，舁以长竿二，名曰竹轿子，亦曰竹舆。”这种轿子设计合理，安全舒适，对明清时期轿子的使用制度有着直接性的影响。

明清时期在轿子的使用方面作了严格的等级规定。这一时期的轿子有官轿和民轿之分。明朝初年规定：文臣三品官以上可以乘轿，武官不得乘轿。明朝正德以后，轿子的使用扩大到各级官员。清朝时期，无论文武官员，还是普通百姓，都可以乘坐轿子，只是在轿子装饰方面有明显的等级差别。这一时期的官轿有玉辇、礼舆、大轿、明轿、步舆等等。

清朝时期创制了玉辇，玉辇为红漆木轿，底座为长方形，盖为圆形，在轿的左边有铜鼎，右边插有宝剑，轿辕有2根内辕和2根外辕。这种轿子需36

名轿夫来抬，是当时最豪华的轿子。礼舆，又称为“大仪轿”，轿身高大，长方形，上有 2 层穹窿盖，第一层为八角形，第二层为四角形，每个角都有金龙。轿顶盖中心装饰有镶珠错金的宝瓶。礼舆有 2 根直辕、2 根大横杆、4 根小横杆、8 根肩杆，使用时需 16 名轿夫。这样华丽的轿子只能是皇帝在祭天或祭祖时使用。仪舆为黄漆木轿，有 2 根直辕、2 根横杆、4 根肩杆，8 人抬轿。清制规定：玉辇、步舆、金辇、礼舆等都是皇帝专享的轿子。在某些特殊场合，皇太后也可以乘坐金辇，在装饰上，用明黄缎并绣以“寿”字，绘有凤纹和龙纹。一般情况下，皇后与皇太后使用的是 8 人或 16 人抬的黄漆凤舆和仪舆，皇贵妃和其他妃嫔使用的是 8 人或 4 人肩扛的黄漆翟舆和仪舆。皇室亲王使用的是八抬大轿，银顶、黄盖、红帏；汉人文官自大学士以下三品官以上在京师使用 4 人抬轿，银顶、皂盖、皂帏，出京师可使用八抬大轿；四品官以下在京师使用 2 人肩扛小轿，锡顶、皂盖、皂帏，出京师可使用 4 人抬轿。民轿一般是 2 人抬的黑油漆顶、平顶皂帏的小轿，再简陋一些的就是板舆。清代还有一种使用畜力的轿子，它是用 2 根长杠驾在 2 头骡子中间，中间是轿厢，这种轿子叫作“骡驮轿”。

与车辆和船舶相比，轿子以其安全、稳定、舒适的特点而深受人们的喜爱。但是，也正是这些特点，导致它不可能像车辆与船舶那样承担大型的运输与传驿任务。随着时间的流逝，轿子逐渐成为娱乐性的工具，失去了其原有的代步功能。

四、新交通技术的尝试

飞行器　在中国古代社会，勇于创新的先祖利用已有的自然条件和技术在各个领域不断地进行着新的尝试。在交通领域，人们依靠热力与风力尝试制作飞行器。

早在西汉时期，人们看到风筝飞翔，就尝试借助风力制作飞行器，但是没有成功。到了 14 世纪，随着火药的发明，人们尝试以火箭为助力制作飞行器。据说，一个明朝的官员制作了 2 个大风筝，然后将 1 把椅子缚于风筝中间的构架上，再在构架上绑上数十支火箭，自己则坐在椅子上，令随从将火箭同时点燃，以此为助力尝试飞行。虽然这一试验最终没有成功，但其原理和现在的喷气式飞机的飞行原理相同。

自行车　中国古代的人们也尝试过制作自行车。清朝康熙年间，有一个叫黄履庄的人制作出了自行车。据《清朝野史大观·清代述异》记载："黄履庄所制双轮小车一辆，长三尺余，可坐一人，不需推挽，能自行。行时，以手挽轴旁曲拐，则复行如初，随住随挽日足行八十里。"黄履庄所制的自行车有前、后 2 个车轮，骑车时，手挽着车轴旁的曲拐使车前进。这是史料记载的最早的自行车。

中国古代的先民在生活实践中不断地尝试着新的交通技术，为后世交通技术的发展奠定了基础。

五、指南针

指南针是利用磁铁在地球磁场中的指南特性而制作出来的指向仪器。早在战国时期，我们的祖先就发现了磁铁的这种特性，并且制作出了司南。东汉王充在《论衡·是应》中记载："司南之杓，投之于地，其柢指南。"在使用时，将司南放在一个具有 24 个方位刻度的地盘上，司南勺的顶端就会指向南方，使人不致迷失方向。然而，这种以天然磁石制作出来的指向仪器准确性比较低，而且由于司南与地盘的接触面积比较大，有一定的摩擦力，也会影响司南指向的准确性。经过长时间的探索，人们发明了人工磁化方法，制造了指南针。

在指南针制作之初，人们用的是水浮法，即将指南针穿过灯心草，使之浮于水上，下有刻有方位的罗盘，根据指针指向来判断方位。这种指南浮针在航

行中经常会因为摇晃而影响指南效果。（见图 5–15）[①]后来，人们又制成旱罗盘。1985 年，在江西临川朱济南墓中出土了一件座底墨书“张仙人”的瓷俑。他左手持一件大罗盘，此罗盘模型磁针装置方法与宋代水浮针不同，在其菱形针的中央有一个明显的圆孔，有固定的支点，平稳性更高。指南针传入欧洲以后，人们在使用过程中又发明了有固定支架的旱罗盘，指南针的制作技术越来越成熟。

图 5–15 手持旱罗盘的“张仙人”俑（江西临川南宋墓出土）

指南针最初是风水先生用来选定房屋位置以及坟墓方向的工具，约在北宋末年开始用于航海。北宋朱彧《萍州可谈》中最早记述了指南针在航海中的使用。至南宋，指南针已成为航海时的主要指向仪器。在航海活动中，人们用指南针来指引航线。人们把用指南针确定的航路叫作“针路”。为了准确导航，在船舶上还专门设置了安放指南针的仓房——针房（见图 5–16）。负责观测指南针的人称为“火长”。

图 5–16 装有针房的清代航船（清·徐葆光《中山传信录》插图）

指南针是世界航海史上的一项伟大发明，凭借它，人们打破了自然界固有的限制，在远洋航行中能够随时把握方向。

① 采自陈定荣、徐建昌：《江西临川县宋墓》，《考古》1988 年第 4 期。

六、过洋牵星术

所谓过洋牵星术（见图 5–17），是用牵星板测量天体高度来确定船舶所在位置的天文技术。早在新石器时代，人们就能够利用天象来判断方向。慢慢地，人们掌握了更多的天文知识，并将其应用于航海，使航海者们在没有参照物的情况下依据天文知识就能够准确地判定方位。

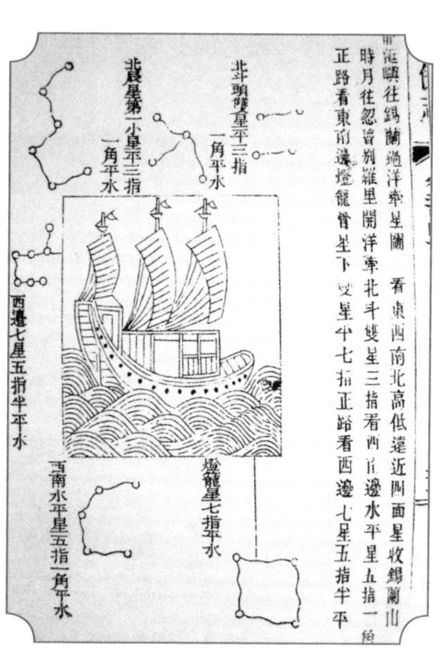

图 5–17　过洋牵星图（明 · 茅元仪《武备志》插图）

在过洋牵星术中最重要的仪器是牵星板。据明代李诩《戒庵老人漫笔》“周髀算尺”条记载：“苏州马怀德牵星板一副十二片，乌木为之，自小渐大。大者长七寸余，标为一指二指以至十二指，俱有细刻若分寸然。又有象牙一块，长二尺，四角皆缺，上有半指半角一角三角等字，颠倒相向，盖周髀算尺也。”[①] 严敦杰对马怀德的牵星板做了复原，指出：牵星板是“用十二块方的木板，最大一块每边长约二十四厘米（合明尺七寸七分强），叫十二指。其次是约二十二厘米，叫十一指。这样每块递减二厘米，到最小的一块每边长约二厘米，叫一指”。使用时，左手持木板，右手牵着绳子，眼睛顺着右手的绳端向木板看去，使木板上缘对准天体，下缘对准水平线，以此测出星体的高度，根据高度数据对照牵星图上

① （明）李诩撰，魏连科点校：《戒庵老人漫笔》，中华书局 1982 年版，第 29 页。

的星座位置来推断出船舶距离某地的远近。①

我国的过洋牵星术产生于元明之际，在郑和下西洋时发挥了巨大的作用。它被应用在《郑和航海图》上，精准地记录了航队的航向、航程、停泊港口及遇到的暗礁、浅滩的分布等。

七、《郑和航海图》

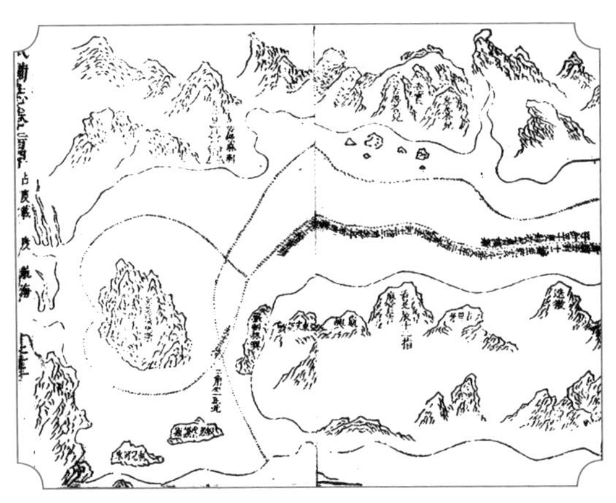

图 5-18 郑和航海图（明·茅元仪《武备志》插图）

《郑和航海图》（见图5-18），原名《自宝船厂开船，从龙江关出水直抵外国诸番图》，明代茅元仪将其编入《武备志》中，使得这本记载着航海技术与航海地图的文献得以保存。《郑和航海图》是研究中国航海史以及中西交通史的重要资料。

从航线上来看，《郑和航海图》以今江苏南京为起点，出长江口沿海岸向南，绕过中南半岛、马来半岛，通过今马六甲海峡到达今印度洋的马尔代夫。至此分为两条航线：一是横跨大洋到今非洲东岸的索马里的摩加迪沙，自此沿岸北上可至忽鲁漠斯（位于今霍尔木兹海峡北）；二是穿过阿拉伯海直达忽鲁漠斯。与以往的原始航海图不同，

① 参见严敦杰：《牵星术——我国明代航海天文知识一瞥》，科学史集刊编辑委员会编：《科学史集刊》第9期，科学出版社1966年版，第77页；金秋鹏：《略论牵星板》，《海交史研究》1996年第2期；席龙飞、杨熺、唐锡仁主编：《中国科学技术史·交通卷》，科学出版社2004年版，第394页。

它突出与航海有关的要素，记载了沿途的岛屿、浅滩、礁石、港湾、山峰、国家等等。在《郑和航海图》的航线上，还注记了针位与前行数据等等。①

从《郑和航海图》各幅图的方位来看，每一幅图的方位都是不同的，而且有的图的方位与实际方位不符。例如，从南京至太仓港的实际方位是自西而东，但图上的是自右至左，方位完全颠倒。综观整幅航海图就会发现，它是以航线为中心自右至左绘制而成的。

指南针与过洋牵星术在《郑和航海图》中得到了很好的应用，这也提高了《郑和航海图》绘制的精确度。《郑和航海图》的针路注记，一般是从某地什么针位多少航程到某地。古代的罗盘共分为 360° ，每 15° 是一向，称为“单针”“丹针”。“更”是记程单位，一更合今天的多少公里，至今没有定数，一般认为是 30 公里。《郑和航海图》中保存了 4 幅过洋牵星图，在郑和船队航行至印度洋区域时，有一段路既有针路注记，又有牵星数据。在广阔的印度洋海域，没有明显的标志，利用天文技术定位是必然选择。

《郑和航海图》将中国古代的天文知识、地理知识绘制在了一起，体现出我国古代航海技术的发达。同时，《郑和航海图》绘制的航线完整、清晰，是当时世界上最丰富的地理图籍，为研究中西交通史的发展提供了重要的史料。

八、指南车与记里鼓车

指南车与记里鼓车都是一种利用齿轮传动系统制作而成的机械装置。指南车是采用自动离合的齿轮传动系统制成的指向车，记里鼓车是利用齿轮传动系统制成的计算路程的车。

指南车　根据历史文献的记载，最早的指南车是黄帝所制。到了曹魏时期，

① 参见朱鉴秋：《〈郑和航海图〉之基本特点》，《中国航海》1984 年第 1 期。

马钧制成指南车。指南车在晋代成为卤簿仪仗之一。指南车由 4 匹马驾驶，有一木刻仙人，着羽衣，立于车上，不论车辆如何转向，仙人的手臂始终指向南方。马钧所造的指南车早已失传。南北朝时期，祖冲之改造了指南车，但历史文献中都没有关于祖冲之所制指南车详细构造的记述。《宋史・舆服志》里对北宋时期的燕肃指南车作了详细的介绍，是研究指南车的重要史料。

据《宋史・舆服志》的记载，燕肃指南车是独辀车，上面立一个木仙人，手臂南指。指南车上有 9 个轮。2 个足轮，足轮里有 2 个附足子轮，各有 24 个齿。再往里有 2 个小平轮，各有 12 个齿。在车中心有 1 个大平轮，有 48 个齿。大平轮装在车辀上，木人立于大平轮的中心位置。当车子行驶时，先调整木人，使其手臂朝南。在朝前直行时，竹绳将左右小平轮悬挂起来，大平轮与附足子轮不产生传动关系，当车子向右行驶时，车子的后端必然向左转。这时，右边小平轮的绳子向上拉紧，右边的小平轮上去，左边的小平轮下来，插进附足子轮与大平轮中间，三者产生传动关系，利用齿轮的传动来抵消车子转弯时带来的角度。这样，不论指南车怎样行驶，木人的手臂始终指向南方。（见图 5–19）

图 5–19　指南车（中国国家博物馆藏）

记里鼓车　记里鼓车（见图 5–20）为双辕双轮车，是由汉代的记道车发展而来。有关记道车的文字记载最早见于汉代刘歆的《西京杂记》：“汉朝舆驾祠甘泉汾阳……记道车，驾四，中道。”可见至迟在西汉时期，已经有了这种可以计算道路里程的车。到后来，因为加了行一里路打一下鼓的装置，所以称为“记里鼓车”。记里鼓车又名“大章车”“司里车”，制如指南车，车行 0.5 公里，木人打 1 槌。《宋史・舆服志》详细地记载了宋代卢道隆记里鼓车的构造及使用方法：

独辕双轮，箱上为两重，各刻木为人，执木槌。足轮各径六尺，围一丈八尺。足轮一周，而行地三步。以古法六尺为步，三百步为里，用较今法五尺为步，三百六十步为里。立轮一，附于左足，径一尺三寸八分，围四尺一寸四分，出齿十八，齿间相去二寸三分。下平轮一，其径四尺一寸四分，围一丈二尺四寸二分，出齿五十四，齿间相去与附立轮同。立贯心轴一，其上设铜旋风轮一，出齿三，齿间相去一寸二分。中立平轮一，其径四尺，围一丈二尺，出齿百，齿间相去与旋风等。次安小平轮一，其径三寸少半寸，围一尺，出齿十，齿间相去一寸半。上平轮一，其径三尺少半尺，围一丈，出齿百，齿间相去与小平轮同。其中平轮转一周，车行一里，下一层木人击鼓；上平轮转一周，车行十里，上一层木人击镯。凡用大小轮八，合二百八十五齿，递相钩锁，犬牙相制，周而复始。

图5-20 记里鼓车模型(中国国家博物馆藏)

指南车和记里鼓车都是齿轮传动系统在生活中的应用，它们的发明，显示了中国古代劳动人民的聪明才智，在中国乃至世界科技史上都占有重要的地位。

第六章 交通制度

中国古代的道路大多崎岖难走，交通工具又极其复杂。为此，朝廷制定了一系列的交通规则。唐朝时期颁布的《仪制令》就是中国古代颁布的交通礼仪的规范。其中的“少避长，轻避重，去避来”与现在的“礼让三先”有异曲同工之妙，而且，这也是中国古代重礼仪的具体表现。然而，“贱避贵”却是中国古代等级社会的产物。

关津制度形成于先秦时期，是中国古代为了维护国家安全、防止外敌侵扰、稽查行旅以及收缴关税而实行的制度。秦汉时期是关津制度的大发展时期。这一时期在全国范围内设置了关、津，且重点分布于边疆与京师周围，旨在保卫国家安全。隋唐以后，关津的设置多与军事和财政有关。人们出入关津时必须携带“节”“传”“过所”“路引”等凭证。

一、交通规则

中国古代是“人治”社会，君主高高在上，在交通礼制方面呈现出等级色彩。另外，中国古代交通工具的复杂多样使得交通仪制也呈现出复杂性的特点。大体来说，中国古代交通规则主要包含以下几个方面的内容。

1.“贱避贵，少避长，轻避重，去避来”原则

“贱避贵，少避长，轻避重，去避来”这12个字最早见于唐朝的《仪制令》（见图6–1）。所谓“贱避贵”，指普通百姓、奴婢等要给达官贵族让路；“少避长”指年少者要给年长者让路；“轻避重”指轻车轻骑以及携带较少物品的人要给负重的车骑或脚夫等让路；“去避来”指下坡的人要给上坡的人让路，行人要避让同向相行的车马。“少避长，轻避重，去避来”跟现代交通

图6–1　陕西略阳灵崖寺《仪制令》石刻

礼制的“礼让三先”有异曲同工之妙，但是“贱避贵”却有着浓厚的封建色彩。“贱避贵”的交通礼制虽然在唐代以前没有被明确地写入律法之中，但是却有十分久远的渊源。《史记·廉颇蔺相如列传》就记载了这样一段故事：秦、赵相争时，秦国欲举行渑池之会迫使赵国屈服，赵国派出蔺相如与秦国谈判。在渑池之会上，蔺相如以其睿智的回答以及不畏死的勇气没有让秦国得到一丝好处。归国后，蔺相如因功高而被奉为上卿，职位在将军廉颇之上。廉颇认为蔺相如乃一介平民，只是凭着一张嘴而被封为上卿，难以忍受在他之下。因此，廉颇扬言见到蔺相如就羞辱他，而蔺相如每次见到廉颇就有意躲避。蔺相如这样的表现，与其地位不符，所以，蔺相如的舍人感到羞愧而请辞。由此可以看出“贱避贵”思想影响之深。

在中国传统社会，“贱避贵，少避长，轻避重，去避来”具体表现在如下几点：

用路差别　在古代社会，人们行走的道路有道、路、途、畛、径等之别，而在用路方面也存在等级差别。如秦汉时期实行严格的驰道制度，驰道是天子驰走车马之道，任何人包括太子在内都不得随意行于驰道之上。汉朝之后又有供天子、官员行走的御道。“宫门及城中大道皆分作三，中央御道，两边筑土墙，高四尺余，外分之，唯公卿、尚书，章服，从中道，凡人皆行左右，左入右出。夹道种榆槐树。”[①] 驰道或御道是皇帝或官员的专用通道，其他人不得随意行走或破坏，否则将会受到严厉的处罚。

避让制度　不同品级的官员若相遇于路，品级低的要下马避让。如唐代的法律规定：大凡官员在路上相遇，四品以下遇到正一品，东宫四品以下遇到三师，诸司郎中遇到丞相，都要下马回避，敛马侧立，否则要受鞭笞四十的处罚。宋代时，宋太祖曾下诏，大小官员相遇于路，官级悬殊者立马回避，次尊者领马侧立，稍尊者分路而行。明朝时期，针对官员相遇俱不回避的情况，明孝宗

① 《太平御览·州郡部》，中华书局 1960 年版。

曾下诏令官员遵守礼制："驸马遇公侯，分路而行。一品、二品遇公、侯、驸马，引马侧立，须其过。二品见一品，趋右让道而行。三品遇公、侯、驸马，引马回避，遇一品引马侧立，遇二品趋右让道而行。四品遇一品以上官，引马回避，遇二品引马侧立，遇三品趋右让道而行。五品至九品，皆视此递差。其后不尽遵行。文职虽一命以上，不避公、侯、勋戚大臣；而其相回避者，亦论官不论品秩矣。"[①]

骑乘差异　在骑乘权上，不同的时期有不同的规定。西汉初年，为了打击商人，贬低他们的社会地位，汉高祖刘邦规定商人不得乘车、骑马。魏晋南北朝时期，非官员不得骑马出行。如前所述，这一时期盛行牛车，皇室用大楼辇，高级官吏所乘之车为通幰车，中级官吏以及富商大贾所乘之车为偏幰车。唐朝时，工商、僧道及贱民不准骑马。元朝律令则规定娼妓不准乘坐车马。在乘轿制度上，唐及北宋时，宰相、诸司官及患病官员允许乘轿，其他人无论尊卑都不准乘轿。南宋时期，乘轿之风盛行，但是庶民之家不得乘轿。明清时期的轿子有官轿和民轿之分，清律规定满族官员只有亲王、郡王、大学士、尚书才能乘轿，贝勒、贝子、公、都统以及二品文臣，非老不得乘轿，其余的无论文官还是武官，都不得乘轿。在民间，没有官位和爵位的富商以及普通百姓只能乘坐民轿。在形制上，民轿与官轿相差甚远。在享有骑乘权的人中，不同等级的人享有的规格也是不同的。如在乘车方面，唐朝时职事五品以上、散官三品以上、爵国公及县令都可以乘坐有伞盖的车。

图 6-2　皇后乘坐的大轿（《崇庆太后百寿点景图》局部）

① 《明史·礼志》，中华书局 1974 年版。

在乘轿方面，清朝时官轿有起拱轿顶，民轿不准起拱，只能平顶。官轿可以外罩绿呢，皇帝、太后乘 24 人抬绿呢大轿（见图 6–2）[①]。慈禧太后的鸾舆则以紫檀木为架，轿顶饰以黄金，外罩用杏黄色贡缎，上绣九条盘龙，以翡翠为莲花踏脚，抬轿人是 24 名身材一般高、年纪一样大的太监。这样的出行工具足以显示出太后至高至尊的地位。

图 6–3　明代出警入跸图（台北“故宫博物院”藏）

警跸制度　中国古代的帝王在出行时不仅享有专用通道，而且还要有戒严措施，这就是警跸制度。（见图 6–3）帝王出行时，对其经过的地方严加戒备，称为“警”；清除道路，禁止行人，称为“跸”。警跸之制最初是出于安全需要，用来保证最高统治者的安全。实际上，警跸制度体现的是一种专制主义中央集权体制下君王对公共交通权力的强制占有，普通百姓犯跸则会受到严惩。史载，汉文帝出行经过中渭桥时，有一个人从桥下走出，惊到了文帝所乘之马。这个人因此被捕。廷尉张释之询问原因，那个人说知道圣驾要来，因此躲到了桥下。过了一段时间，他以为圣驾已过，就从桥下走了出来，不曾想正好惊扰了御马。这个人因为犯跸而需要交罚金。这说明最高统治者对交通权力的绝对占有与控制，任何人不论何种原因都不得犯禁。警跸制度为皇帝专享，不过，在皇帝特赐的情况下，一些王侯官员也可以享有出警入跸的权力。如西汉景帝时，梁孝王就因有天子赏赐的旌旗而享有警跸之荣。如果没有天子特赐，私自出警入跸者犯大不敬罪。据《汉书·淮南王传》记载，西汉文帝时，淮南王刘长骄纵枉法，

① 采自周成编著：《中国古代交通图典》，中国世界语出版社 1995 年版，第 137 页。

无视朝廷法度,私自使用出警入跸仪式。汉文帝于是命人告诉淮南王不要轻言恣行,“以负谤于天下”。

禁马众中　如前所述,中国古代的交通工具复杂多样。在人口众多的城市,为了保证民众安全,除上述交通总原则外,各王朝还制定了一些交通规则。如魏晋隋唐时期规定“禁马众中”。《唐律疏议》“无故于城内街巷走车马”条规定:凡是无故在城内街巷以及人口稠密的地区乘车跑马者,鞭笞五十。明清律法也有相关规定:凡无故在城镇街市驰骤车马,因而伤人者,减斗殴伤人罪一等;因而致人死亡者,杖罚一百,流放1500公里。如果是在乡村无人旷野之地驰行而致人死亡者,杖罚一百,并且追征埋葬银10两。

男女异路　据《礼记·王制》载:“道路,男子由右,妇女由左,车从中央。”这是关于男女异路的较早的记载。随着人口的逐渐增多,男女异路的方式会导致道路拥挤,交通秩序紊乱。为了保持道路通畅以及便于关吏、津吏的检查,唐朝时马周制定了“右侧通行”的交通规则。

上行回避下行　这是对水上行船所作的交通规定。唐朝律令中专门制定了水上通行规则。如果两船途中相遇,要各相回避;如果到了湍碛处,则要遵循上行回避下行的原则,违者鞭笞五十。

“贱避贵,少避长,轻避重,去避来”作为中国古代最主要的交通礼制,在宋朝时作为重要的交通法规被公布于要会、坊门、桥柱等显而易见的地方,并在全国推行。《宋史·孔承恭传》云:“承恭少疏纵,及长能折节自励。尝上疏请令州县长吏询访耆老,求知民间疾苦、吏治得失;及举令文‘贱避贵,少避长,轻避重,去避来’,请诏京邑并诸州于要害处设木牌刻其字,违者论如律。上皆为行之。”在今天,陕西略阳灵崖寺以及福建松溪都还保留着宋代碑刻的《仪制令》。

2. 宵禁制度

宵禁,也称“夜禁”“鼓禁”“钟禁”,是中国古代实行的禁止人们夜间外出的制度。这项制度早在西周时期就已经被确定下来。西周时,有司寤氏掌夜禁,

还设阍人掌宫门之禁、司门掌国门之禁、修闾氏掌闾门之禁。诸侯朝见天子以及一般人行走，都是日出而行，日落而归，正应了“日出而作，日落而息”这句话。夜晚时，在宫中、军中、街巷中还有负责击鼓的人，这是戒守之鼓，每晚要敲 3 遍。此外，还有宫正、修闾氏等击柝巡逻，防止人们夜行。

汉唐时期，宵禁制度愈加严格。两汉时，宫中的执金吾、道路之亭长都是宵禁之法的执行者。西汉时，“飞将军”李广夜至霸陵亭，其时已至宵禁时分，因此霸陵尉不让其通过。王莽新朝时，大司空王邑手下有一个士夜至奉常亭，想要过去，被亭长制止。士用马鞭打了亭长，亭长便杀了这个士，自己亡命而走。王莽认为亭长奉公执法，没有罪过，下令勿追捕。东汉时期，黄门郎窦笃从宫中回来，夜至止奸亭，亭长霍延遮亦不让其经过。像这样的史实还有很多。这说明，在两汉时期，宵禁制度非常严格。唐朝以法律的形式对宵禁制度作了规定：在每天早晨的五更三筹，敲开门鼓，人们开始出行。日落时，敲闭门鼓，关闭城门，而后再击鼓六百槌，关闭坊门，禁止人们通行。夜禁之后，任何人不得外出，但如果有军情紧急之事，以及疾病之类的大事，可持本县、本坊发给的通行证通过。如果有犯夜者，要被鞭笞二十；没有事由在夜里去往别人家，会被鞭笞四十；持杖入殿门的话，会被判为绞刑。

唐朝以后，历代都严格执行宵禁制度。如元朝规定一更三点（18：10 左右）至五更三点（5：10 左右）为夜禁时间，犯夜者鞭笞二十七下；官员犯夜，则可以用收赎的方式免于处罚。但是，在封建社会后期，随着商品经济的发展及市民阶层的壮大，城市里兴起了夜市，为适应这一状况，宵禁制度有所松弛。如在宋朝时，城市夜市兴起，人们经常在三更半夜进行各种娱乐活动。五更敲开门鼓后，早市又开始了。因此，在发达的城市中，已经有了昼夜不绝的夜市，传统的“日出而作，日落而息”的生活习惯已经被打破。不过，这一时期虽然在时间上有所松弛，但是在夜禁管理上仍然非常严格。如南宋时期，在城市中设有厢官和军巡官，负责管理火灾及盗窃事件，维护夜间秩序。

二、关津制度

图 6–4 古代雁门关遗址

关津，是指中国古代设在水陆交通要道上的关卡。西周时期的关多设在边境上，并且专门设司关一职，掌管商人、行旅、使者、官员的出入。商人凭借“节”与“传”出入关门，交纳关税；四方旅客从关门而入，也要接受检查。春秋战国时期出现了一些规模较大的都市，部分国家开始在这些都市的城门处设置关卡。如赵国有雁门关（见图 6–4）、楼烦关，楚国有九里关、平靖关，秦国有潼关、武关、散关、萧关等等。先秦时期的关津制度尚不健全，它只是国家自我保护的一种政治措施，但其为秦汉时期关津制度的发展奠定了基础。

秦汉时期，职掌关津武备事务的是关都尉或郡都尉，隶属于军事系统；职掌关津通常事务的是内史；在都尉、内史之下，还有关啬夫、关佐、津吏等官员负责核验通关凭证、起草文书等事务。另外，这一时期出现了我国第一部针对关津的成文法律——《津关令》。

魏晋南北朝时期，政权割据，各国出于军事防备的目的，在各个要塞设置关津，而且为了增加财政收入，常常在各关津征收各种关税，导致商人及行旅苦不堪言。

隋唐时期，关津制度逐渐完善，且以法令的形式对关津的各个方面作了明确的规定。据《新唐书·百官志》记载，唐朝时天下共有 26 关，并且有上、中、下之别，一般人员凭借过所出入关津；出塞数月者，给行牒；猎手凭借长籍出

入关津，长籍 3 个月一换；蕃客往来，必须检查其装备及装备的重量；凡是出入关津的人，在某一关接受检查通过后，在其他关津即不再核验。关津设置的目的在于“限中外，隔华夷，设险作固，闲邪正禁者也。凡关呵而不征，司货贿之出入，其犯禁者，举其货，罚其人”[①]。全国的关津事务由尚书省刑部的司门郎中和员外郎以及都水监职掌，下设关令、关丞、津吏等，负责核验往来人员，稽查货物，征收关税等。不论是文武百官，还是普通百姓，都要凭借通行证才能过关津。关津之制渗透到了社会各阶层，也成了诗歌创作的素材之一。如岑参在科举未中过潼关之时郁闷地写道：“来亦一布衣，去亦一布衣。羞见关城吏，还从旧道归。”[②]此处关城即指潼关，为当时入京求仕者的必经之路。王维在送别友人时作了一首《送元二使安西》：“渭城朝雨浥轻尘，客舍青青柳色新。劝君更尽一杯酒，西出阳关无故人。”[③]

先秦至中唐时期，关津的职能主要是军事职能，即维护统治秩序、保卫国家安全，其经济职能尚未完全凸显。汉代侯应曾说：“自中国尚建关梁以制诸侯，所以绝臣下之觊欲也。”[④]下面，我们以张家山汉简《二年律令·津关令》中所记载的函谷关、临晋关、武关、郧关、扞关为例，来分析西汉初期关津的设置目的。武关和郧关处于伏牛山、武当山和秦岭山麓延伸的交汇处，是南阳、荆襄地区通往汉中、关中的必经之地；函谷关是秦汉时期关中出入关东的必经之地，处于伏牛山与中条山相夹的黄河河谷，其地深险如函，历来就是兵家的必争之地；临晋关临近黄河，是关中通往燕、代地区的通道；扞关是巴蜀地区通往江汉、江南地区的水陆交通要道。[⑤]初唐时期，李渊曾下诏云：“关梁之设，襟要斯在，

① 《旧唐书·职官志》，中华书局 1975 年版。

② 刘开扬、刘新生编著：《高适岑参诗选》，天地出版社 2003 年版，第 274 页。

③ （唐）王维著，喻岳衡点校：《王右丞集》，岳麓书社 1990 年版，第 125 页。

④ 《汉书·匈奴传》。

⑤ 参见杨建：《西汉初期津关制度研究：附〈津关令〉简释》，上海古籍出版社 2010 年版，第 50 页。

义止惩奸，无取苛暴。”[①]“中唐以前，‘关讥而不征’、‘关以御暴’是税关设立的基本依据，即使国家通过关卡对商贾征税，也必须从‘禁末游’即抑制商人和商业的意图出发。……唐代对关津关吏的考核准则，是‘讥察有方，行旅无壅，为关津之最’。”[②] 关津的征税职能在这一时期仅仅是辅助功能。关税之征起源于春秋时期，中唐以前，税率一般都很低，且时断时续。汉武帝时期征收关税仅仅是为了解决关吏的衣食问题。总体来说，先秦至中唐时期，在儒家义利观中厚往薄来价值观的引导下，关津的设置多是为了守备及防御，且呈现出一定的规律，即在国家未统一或者政局混乱时，关津的设置较多；在国家统一、国力强盛、边疆安定之时，关津的设置较少。

中唐以后，关津制度在管理等方面更加严格。一个显著的变化是关津的经济职能越来越突出。中唐以后，边境战事频发，军费增加，国库空虚，有人奏请收缴关税。唐肃宗时期，开始令商人在江淮钱塘过船之地缴纳关津之税；两税法改革之后，地方政府未经允许不得擅自征收关税。至宋代之后，关税之征慢慢地具有了合法性与必要性，行旅带货出入关津都要缴纳关税。这一时期的关税称为“过税”，税率为20%。元朝以降，随着商业的繁荣、交通的发展以及货物流通范围的扩大，专门征收关税的机构——榷关正式形成。榷关主要由户部和工部负责。

三、节

节，是我国最早的信用凭证。《周礼·地官司徒·掌节》有载：“掌节。掌守邦节而辨其用，以辅王命。守邦国者用玉节，守都鄙者用角节；凡邦国之使

① 《唐会要·关市》，中华书局1955年版。

② 参见姚永超、王晓刚编著：《中国海关史十六讲》，复旦大学出版社2014年版，第22页。

节，山国用虎节，土国用人节，译国用龙节，皆金也，以英荡辅之;门关用符节，货贿用玺节，道路用旌节，皆有期以反节。凡通达于天下者，必有节，以传辅之；无节者，有几则不达。”汉朝郑玄注曰："凡民远出至于邦国，邦国之民若来入，由门者，司门为之节；由关者，司关为之节；其商，则司市为之节。其以徵令及家徒，则乡遂大夫为之节。唯时事而行不出关，不用节也。……符节者，如今宫中诸官诏符也；玺节者，今之印章也；旌节，今使者所拥节是也。将送者，执此节以送行者，皆以道里日时课，如今邮行有程矣，以防奸擅有所通也。”① 这就是说，在先秦时期，人们不论是出门、入关还是行商，都需要有节作为出入凭证。

周置掌节一职辅佐君王职掌各节。吏民出入关、门需要使用符节，商人带货出入关、门需要使用玺节，使臣出入关、门需要使用旌节。节上需要注明有效日期及路程等，到期需要归还注销，没有节而出入关、门是私度，要受到刑法制裁，这样做是为了防止有人行不轨之事。

1957 年出土于安徽寿县的“鄂君启”青铜节（见图 6–5）为我们展现了战国时期的鄂君启持节带领商队往返于各地的情况。鄂君启节包括 2 枚舟节和 3 枚车节，节上明确地规定了舟车的数量及水陆运输范围。鄂君启持节带领商队通过水路与陆路去今两湖地区、安徽等地进行贸易，至关、门直接出示节即可通过，享有免税特权。

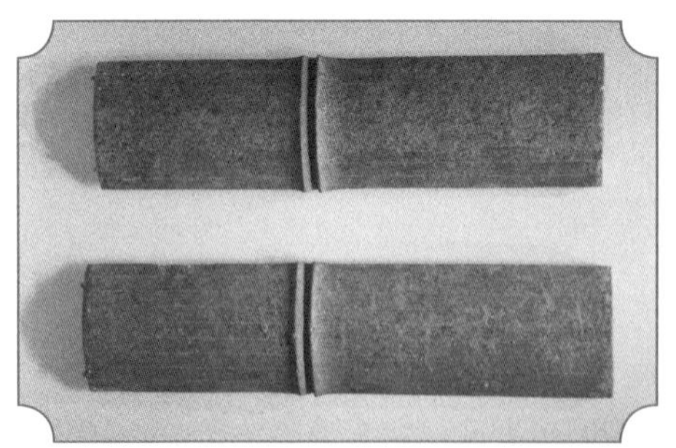

图 6–5 “鄂君启”青铜节（中国国家博物馆藏）

节分为金属节和竹节。由国君颁发的是金属节，相关官员颁发的是竹节。最早的节是自然生长的竹子制成的，称为“剖竹”，没有任何

① （汉）郑玄注，（唐）贾逵疏：《周礼注疏·地官司徒·掌节》，《十三经注疏》本，中华书局 1980 年版。

形制可言。后来，节开始向多样化发展。金属节被制成了各类动物的形状，发展成为后来用于军事上的虎符；有的竹节变长，加上丝织物或动物毛，成为使者出使的身份象征；还有一种竹节则被制成了小型方片，是人们出入关、门的凭证。

秦汉时期，节主要用于传达皇命，是国家和君王身份的象征。如使者持节出使他国，臣子持节代表君王传达命令等。广为人知的“苏武牧羊”的故事就是持节不改忠心的典范。汉武帝时期，苏武奉命出使匈奴时被匈奴扣留。苏武拒不投降，被放逐到北海牧羊。19 年后，苏武回国，他出使时所持节上的旄牛尾都掉光了，但他仍然持节不弃，以表忠贞。

四、传

传的含义有很多，诸如驰传、传舍等。《说文解字·人部》载：“传，遽也。”《周礼·秋官司寇·行夫》亦载：“行夫，掌邦国传遽。”郑玄注曰：“传遽，若今时乘传骑驿给使者也。”日本著名学者森鹿三将“传”解释为：“以交通路线上适当设置的车站来替换车马的意思。同时又把这种替换车马的地点，叫做传。”[1]传还有另一层含义，即官府文书。《周礼·地官司徒·掌节》云：“凡通达于天下者，必有节，以传辅之；无节者，有几则不达。”传作为身份证明而与节一起用来出入关、门。《史记·孟尝君列传》中记载了一段趣事：“（秦）昭王释孟尝君。孟尝君得出，即驰去，更封传，变姓名以出关。夜半至函谷关。秦昭王后悔出孟尝君，求之已去，即使人驰传逐之。”秦昭王释放孟尝君后，孟尝君变更了证明身份的传，得以出关。半夜至函谷关后，秦昭王后悔放行孟尝君，

---

① ［日］森鹿三：《论居延汉简所见的马》，中国社会科学院历史研究所战国秦汉史研究室编：《简牍研究译丛》第 1 辑，中国社会科学出版社 1983 年版，第 80 页。

便命人驰传去追捕孟尝君。前一个“传”指的是身份证明，后一个“传”是乘传之义。对于“传”的乘传、传舍之义，我们已在第一章中有所概述，本节重点讨论“传”的官府文书或身份证明之义。

汉代刘熙《释名·释书契》载:“传，转也，转移所在执以为信也，亦曰过所，过所至关津以示之也。”在先秦至西汉时期，吏民出入关津需要出示传作为信用凭证，以方便核验。传是一种官府文书，至关门、渡口示之即可。对于传的形制，晋代崔豹在《古今注·问答释义》中有所说明：传是木制，在其上写上持传人的姓名、身份、时间、事由、所经之地、所到之地、所携物资等，用板封起来，盖章即是。

传有私事用传和公事用传之分。私事用传的审批程序有四步：(1）出行者向乡啬夫提出申请；(2）乡啬夫受理，对申请人进行资格审查，查验有没有狱事或者赋役在身，然后出具“爰书”向县请传；(3）县丞根据乡啬夫的报告进行批判；(4）县丞主判，令史进行勾检连署。[①] 公事用传是郡、县签发的，它不仅可以作为度关凭证，还可以使持传人拥有住宿、使用驿马等权力。传上书写时间、官吏职称、姓名、出行事由以及乘传、传舍待遇等等。

传作为维系国家统治的手段，在不同的时期有不同的变化。西汉文帝实行休养生息的政策，致力于恢复社会生产。因此，这一时期出入关、门不用传。汉景帝时发生了“七国之乱”，国家统治受到了威胁，汉景帝下令恢复使用传。汉宣帝、成帝时，灾荒连年，流民以及运输谷物的人都可以不用传而来去自如。由此可以看出，使用传的根本目的还是维护政治统治。

两汉之际，过所开始取代作为通关之用的传。这样，到东汉以后，通关之传便废弃不用了。

---

① 参见程喜霖：《唐代过所研究》，中华书局 2000 年版，第 19 页。

五、过　所

图 6-6　唐代瓜州都督府给石染典过所（《吐鲁番出土文书》）

过所，是自汉代开始，历经魏晋南北朝隋唐，直至宋代吏民的通关凭证。（见图 6-6）汉刘熙《释名·释书契》载："过所，至关津以示之也。"汉代的过所主要有两种形式：一种是人马启程前发给行人的过所。实际上等于一种通知形式。一种是随身携带的过所，相当于路证。[①] 在出土的汉晋简牍中，有很多带有过所的文书。西汉时期的过所多与传合用，相当于通知和路证，这是过所最初的作用，此时其已经具有了后世官府文书的雏形。从汉武帝时期出现"过所"称谓起，历经昭帝、宣帝、元帝、成帝，过所制度逐渐形成和发展。至两汉之际，过所取代传，成为通关凭证。

据出土的汉简，两汉过所的勘发程序有四步：（1）外出者向乡啬夫提出口头或书面申请，说明外出原由、目的地、时间、所带物品；（2）啬夫对外出者进行审查，然后作爰书呈报都县；（3）县司受理后，由县掾、令史、史、佐等核实啬夫报告，然后拟写过所稿呈郡太守或县令丞签发；（4）郡太守、县丞勘发过所，过所一式两份，一份由外出者随身携带，另一份存档备查。[②]

吏民持过所过关津时，要接受关吏的检查。一般来说，关吏要核验他们的

---

① 参见陈直：《汉晋过所通考》，《历史研究》1962 年第 6 期。

② 参见陈直：《汉晋过所通考》，《历史研究》1962 年第 6 期。

面貌特征、身份，如果携带了牲畜，则会检查它们的口齿等。如若与过所不合，就会被判私度关罪，私度者将被判以徒刑。

魏晋南北朝时期，过所制度进一步发展。按照规定，不论是内地行旅，还是外地胡商，凡是过关津者必须出示过所。如《三国志 · 魏书 · 仓慈传》记载，曹魏时期，通往西方的丝绸之路比较繁荣，胡商为了前往洛阳申请过所，仓慈则依制发给过所让他们通过。这一点成了仓慈任敦煌太守时的政绩。两晋时，凭过所过关津的制度以法令的形式明确规定下来。《太平御览 · 文部 · 过所》云："《晋令》曰：诸渡关及乘舡筏上下经津者，皆有过所，写一通，付关吏。"

隋唐时期，过所制度臻于完善。唐朝有 26 关，不同身份的人凭借不同的通行证过关。据《唐律疏议 · 卫禁》载："水陆等关，两处各有门禁，行人来往皆有公文。谓驿使验符券，传送据递牒，军防、丁夫有总历，自余各请过所。若无公文，私从关门过，合徒一年。越度者，谓关不由门，津不由济而度者，徒一年半。已至越所而未度者，减五等。"意即：驿使过关时用符券，公务人员往来用递牒，军防丁夫有总历，一般的行人用过所。如果有私自过关门的人，则处一年徒刑；如果有不从门过关或者不由济过津者，处一年半的徒刑。这是唐朝针对过所制度所列的法律条款，惩罚不可谓不严。

唐朝时期，过所之制的管理机构有了明确的分工。尚书省刑部的司门郎中、员外郎职掌天下门关以及过所事务，制定过所式，据此勘发。一般人员外出时须先申请过所，在京师由尚书省的司门郎中、员外郎发给，在州县则由州府掌管户籍、通旅、过所事务的户曹参军发给。申请过所的程序有：(1) 外出人员向本州县递交牒文申请过所，内容包括身份、姓名、随从人员、所带物品、时间、地点。在申请过所时，还需要有保人作保证辞，保证外出人员是合法编户，非逃兵或逃户，所带牲畜也非偷盗所得。(2) 县司受理牒文，一一进行核实。核实后，县佐把外出人员的身份、年龄、外出时间、外出原由等拟牒上呈，由县尉向州请给过所。(3) 户曹收到县牒文后，再进行核验；核验通过后，制定过所。

过所一式两份，一份为正过所，盖章后发给申请人;另一份没有印章，入案备查。过所的有效期一般是 30 天，过期则要重新申请，不过再次申请过所就没有第一次那么烦琐了，拿着牒文以及旧过所验证后去申请新过所即可。

唐朝对过所的勘验也有法律规定。行旅在关津、城垣等关司禁约之处若试图偷度，会被杖罚七十；编户有役在身或者有刑在身则被禁止过关津，关司若给过所，则主判官吏处一年徒刑；编户代他人申请过所或者自己申请过所转借、转卖他人，各处一年徒刑；行旅所携带的奴婢及牲畜若与过所不合，要受到不同程度的杖罚，而关司如果知情却放行，也会被杖罚。在边州关塞地区，胡人众多，为了防止胡汉私自交往、通商，唐律对于违制者的处罚更为严重。对私自出关者，处两年徒刑;行旅不能私自携带官府禁止的丝织物、珍珠等物品出关，否则将处以流放、徒刑等。这是保证官府贸易、财政收入的重要举措。

宋代的过所又称“公凭”“公据”。当时，不论什么阶层的人，出入关津必须持有公凭。而且在法律上也有明确而严格的规定。《宋刑统・卫律》中规定：私度者处一年徒刑，越度者加一等；不应过关而冒名度关者处一年徒刑，家人相冒者杖责八十，主司知情者同罪，不知情者无罪；无故留难过关者，主司一日鞭笞四十。两宋时期，除了人以外，马、器械过关也要有公凭。军人若领兵出关，则须持本司的符来核验，入关时需要按部领兵文帐来验人。

过所制度是维护国家统治秩序与社会安定的重要措施。在国防方面，过所与关津互为表里。关津是关防的核心，在关津处唯有勘验过所才能明确过关津者的身份，也只有这样才能维护社会秩序、止暴除奸。在贸易方面，过所制度的实施为政府征收商品税、关税提供了参考。一方面，法律明令禁止行旅私自携带丝织品、毛皮、兵器过关，相关贸易只能通过官府来进行，这是政府保障财政收入的一项措施。但它是一把双刃剑，对商品流通起到了较大的限制作用，在一定程度上阻碍了商品经济的发展与壮大。另一方面，外国商人过关津须出示过所，验证身份，通过过所制度可以明确外国商人的身份、人数以及所带商

品等，为关税的征收提供参考。在社会关系方面，过所文书揭示了社会各个阶层之间的关系。行旅所携带的过所文书上面都会清楚地写有姓名、身份、随从等内容，通过这些内容可以了解当时的社会关系。如在吐鲁番出土的有关过所的文书中常常记载着商人或者庄主等带着“作人”出关,这里的“作人”即雇工，这说明唐代雇佣关系已经大量存在。从实行过所制度的目的来看，主要是巩固国防和收缴赋税，这与汉唐时期实行的兵制以及赋税制度息息相关。

六、路　引

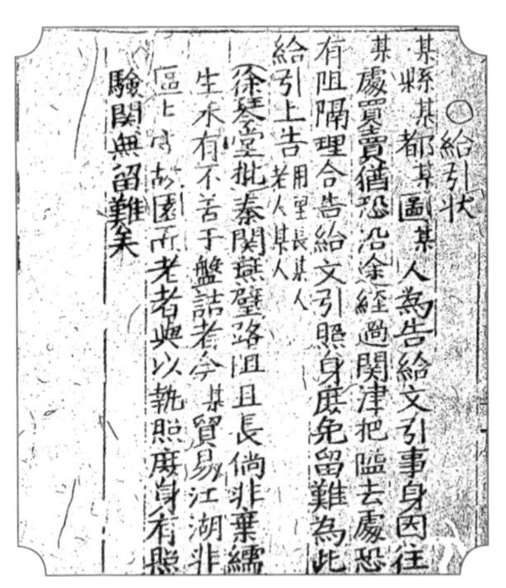

◎給引狀

某縣某都某圖某人為告給文引事身因往

某處買賣猶恐沿途經過關津把隘去處恐

有阻隔理合告給文引照身庶免留難為此

給引上告 用里長某人 老人某人

徐參堂批 秦關憑璧路阻且長倘非業繻

生未有不苦于盤詰者今某貿易江湖非

區上可故園而老者與以執照庶身有照

驗關無留難矣

图 6–7　给引状（日本宫内厅书陵部藏）

路引，也称“文引”，是元明清时期行人过关津时的通关凭证。明代的杨慎在《丹铅续录 · 过所》中说 :“过所者，今之行路文引也。”《元典章 · 兵部 · 船桥》载 :“今后回任官员就便出给文引，开写见授品级人马数目。”在一些诗歌、戏曲中也经常提到“文引”或“路引”“路符”，如“得借路符堪往返,独山秋有雁来声”[①]。明朝的《新刻邺架新裁万宝全书·民用门·给引状》（见图 6–7）记载了路引的格式 :“某县某都某里某人，为告给文引事，身因往某处买卖，犹恐沿途经过关津把隘去处，恐有阻隔，理合告给文引，照身庶免留难，为此给引，上告同里长某人老人某人。”

元明清时期，社会经济不断发展，加上封建依附关系的减弱，人口流动加快。为了便于管理与控制人口，封建政府实行了严格的户籍制度，尤其是明朝，

① （明）汤显祖著，徐朔方笺校：《汤显祖诗文集》，上海古籍出版社 1982 年版，第 559 页。

编制了赋役黄册，实行里甲制度。对外出人员，政府规定须出示路引方可过关。相较于前朝，这一时期的军民离开家乡超过 50 公里就必须持有路引，否则军人按逃军论处，百姓则按私度论处。办理路引的程序同前朝有相似之处，人们如果想要外出，则先向里甲申请，里甲审核通过，则上交州县审核，州县审核通过即可发路引。路引为纸质，采用的是半印勘合，半印钤于路引上，半印存于发引的官府。外出人员回来后进行勘合，勘合通过之后，才可以注销路引。路引上必须注明姓名、身份、年龄、事由、起止时间等等，回来后要交还路引，并且告知里甲，路引不得重复使用。对于要外出的人，邻里是有权知道相关事项的。如果外出人员没有在规定的时间内回来，邻里要向里甲报备，以便撇清责任，否则会有连坐之罚。

对私度或者冒名度关者，明律有明确的规定。私度关津者，杖责八十；过关不由门、过津不由渡的越度者，杖罚九十;在边塞越度者，杖罚一百且判三年徒刑;将马、骡私度关津者，杖罚六十，越度者，杖罚七十。对那些无故阻挡过关津的人，阻一日则鞭笞二十，每一日加一等，罪止至笞五十。遇到大风浪则不许摆渡，违者鞭笞四十；行至中间强行勒索者，杖罚八十。与前朝相比，这一时期对一般私度和越度者的惩罚减轻，但是对在边塞私度、越度者的惩罚加重。另外，这一时期封建政府对人们的控制更加严格，人们的活动范围不得超过 25 公里。路引制度与里甲制度相结合，成为限制人们自由、正常流动的枷锁。

“中国传统社会的经济结构始终是以农为主的一元结构。在这种结构下，土地是社会最基本的生产资料。社会成员各种生活所需都直接或间接地来源于土地，即使是与农村分离的城镇居民的生活所需，也主要来源于对农村土地的超经济剥削。”[①] 因此，上层统治者通过设置关津，要求人们凭借节、传、过所等出入关津，将人们束缚在土地上，以此来保障兵源，增加赋税收入。

① 姚秀兰：《论中国传统社会的户籍制度与人口流动》，《学习与探索》2005 年第 4 期。

七、邮 驿

邮驿，是我国古代的通信方式。驿道，是我国古代社会的陆上交通要道，由国家主持修建，与我国的邮驿制度相伴而生。

早在远古时期，人们通过手势、呼叫等方式传递信息。到了商周时期，邮驿制度初步形成。“传”“邮”“驲”都表示邮驿。“羁”是指设于商代道路上的驿站。邮驿的传递方式有车传、徒步、马传等。传递信息的人称“邮人”，邮人通过邮亭机构以县为单位依次向下传递，不可逾越任何一县而继续传递信息。邮人以及官吏、使者等过关津、住宿、使用车马等都要有凭证，即符节或传，借此才能通往下一个地方或者住宿。

秦汉时期的邮驿在先秦邮驿的基础上进一步发展。这一时期出现了空前统一的局面，政府为了加强对地方的控制与管理，实行了多项措施，其中一项就是建立了全国性的邮驿交通网络。首先是修筑了以咸阳为中心的通往全国的驿道。这些驿道包括从咸阳通往北方的直道与回中道，通往西南的栈道和五尺道，经蒲津、平阳通往云中的河东道，经函谷关、洛阳、定陶到临淄的东道以及经南阳到吴楚地区的南道。其次是在驿道上设置了邮亭、传舍、铺等交通设施，通信组织有邮、传、驿。官吏、使者及邮人停宿之地称为“传舍”，每隔15公里即建一传舍。步传为“邮”，邮有邮亭，每隔2.5公里设一邮亭；车传为“传”，又称“置”；马传为“驿”，也称“驿置”，给传递文书者及官吏等提供食宿与交通工具，每15公里设一驿。驿与传舍的共同之处在于都有提供食宿与车马的任务。再次是对文书的管理更加细化。除了安排专人负责传递和管理文书以外，还按照文书的紧急程度将文书分为急字文书与普通文书。皇帝诏令与书署急书属于急字文书，急字文书要立即送出；普通文书当日送出，没有积压即可。最后是相关法律的制定。为了加强对邮驿的管理，秦汉政府在公文的传递、传舍管理

等方面制定了法律，保障了邮驿的正常运转。

魏晋时期，社会动荡，政权更迭频繁，全国性的邮驿体系被破坏，但是区域性的邮驿网络得到充分发展，显示出其特有的活力。与前朝相比，这一时期邮驿的发展体现在三个方面：（1）在法律方面，出现了第一部专门的邮驿法律——《邮驿令》。其具体内容现已不可知，仅零散见于其他史料中。作为第一部邮驿法令，它为后世邮驿法令的制定提供了蓝本。（2）传、邮、驿渐渐合一。传舍与邮亭都有传递文书、提供食宿的任务，不同的是一归客馆令，一属法曹，魏晋时二者渐渐合一。邮以步传为主，随着时代的发展，其作用逐渐降低，而以马传为主的驿的作用得到提高。（见图 6-8）到了北周以后，沿途只剩下驿，邮、传、驿逐渐合而为一，这在邮驿史上是一个重大的变化，为隋唐时期的邮驿体系奠定了基础。（3）区域性邮驿得到发展。如蜀汉时期，西南地区得到开发。蜀汉以成都为中心，重修了子午道、褒斜道、金牛道；于金牛道上开凿了剑山，架设阁道，沿途设置邮驿；修复了四川至宜宾的石门道；疏通了自旄牛（今四川汉源南）经严道至临邛的路；开辟了佷山至武陵（今湖南常德西）的路。[①] 这样，以成都为中心的邮驿网络建立起来，为蜀汉后来的南征北伐奠定了基础。

图 6-8　驿使画像（嘉峪关魏晋墓室壁画）

隋唐时期是中国封建社会的繁荣时期，开创了前所未有的强盛局面。这一时期的邮驿体系更加完善，为交通运输的发展提供了便利。隋朝修建了以大兴（今陕西西安）为中心的驿道交通网络，有大兴至洛阳的两京驿道，大兴往西北可至河西走廊进而通向西域，往

① 参见马楚坚：《中国古代的邮驿》，商务印书馆国际有限公司 1997 年版，第 43 页。

图 6–9　梅岭古驿道

南可远至南海，往西南可至蜀郡（今四川成都）。国内驿道四通八达，并且与通往国外的路相接，促进了国内各地区之间的交流以及东西方的交流。对于这种盛况,《隋书·食货志》有详细的记载:“诸州调物，每岁河南至潼关，河北自蒲坂，达于京师，相属于路，昼夜不绝者数月。”唐朝在隋朝的基础上扩建并新开辟了几条驿道：如连接长江与珠江地区的梅岭古道（见图 6–9）、关中至剑南（今四川成都）的骆谷道、长安至回纥牙帐（今蒙古哈尔和林南）的参天可汗道、长安至涪州（今重庆涪陵）的荔枝道等等。

隋唐时期的邮驿有了更加完善的管理系统与组织系统。邮驿组织有馆与驿，馆是在州与县以上设置的宾馆，负责接待官员，更换马匹；驿设置在驿道上，每 15 公里设一驿，负责接待官员、使者，传递公文、军事情报等。为了保障邮驿系统的畅通，隋唐政府从行政与监察两个方面进行管理。行政方面：在中央尚书省之下设驾部司，负责管理全国馆驿。其长官为郎中，副长官为员外郎，下有令史负责核验专用于驿的驿券，书令史负责核验用于军事的符节。在地方，各道节度使之下设馆驿巡官,专管驿政。州有兵曹、县有县令掌管驿政。监察方面：各道都有判官负责考核邮驿系统官员,据考核结果进行奖、罚、升、迁。除此之外，还有御史负责巡查各地驿站。隋唐时期政治的清明与经济的发展为邮驿的发展提供了基础，而邮驿系统的完善又促进了隋唐交通业与商业的发展。我们所熟知的“一骑红尘妃子笑，无人知是荔枝来”就是邮驿系统办事效率的完美体现。

宋代的邮驿分为两种：驿传与递铺。宋朝时期，战争频繁，驿站频遭破坏，由 15 公里设一驿改为 30 公里设一驿。为了弥补驿站的不足，宋统治者设立了递铺。递铺分为马递、急递与步递，每 5 公里或 10 公里设一递铺，递夫由专职

兵卒担任。至此，驿不再承担直接传递文书的任务，而由递铺专门负责。南宋在递铺之外又设置了斥候铺、摆铺，专门传递军情文书，同时另设车子铺负责运输物资。由此来看，邮驿系统分工更加明确，少了供官员、驿夫食宿与更换马匹的驿站，而多了递铺，适应了宋代军事发展的需要。这一时期的驿道，北宋以汴京、南宋以临安为中心向外辐射。以汴京为例，东至登州，西北至沙州并通西域，南远至广州，东南至福建。在邮驿的管理上，在中央由驾部郎中管理全国的邮驿，不同的是枢密院掌管了驿马与驿递符节的发放；地方管理一如唐制。

元代是邮驿高度发展的时期，驿站遍布全国。“他们在国土上遍设驿站，给每所驿站的费用和供应作好安排，配给驿站一定数量的人和兽，以及食物、饮料等必需品。这一切，他们都交给土绵分摊，每两土绵供应一所驿站。如此一来，他们按户籍分摊，徵索，使臣用不着为获得新骑乘而长途迂回。”[①]元代邮驿高度发展的原因有三个方面:（1）元代疆域辽阔，为了管理如此辽阔的疆域，设置驿站、修筑驿路势在必行；（2）元代是游牧民族建立起来的王朝，有沿途提供食宿、更换马匹的生活传统；（3）元代继承了前朝旧制。元世祖忽必烈定都燕京之后，将驿改为站赤，并建立了以燕京为中心的四通八达的交通网络。据《元史·地理志》记载：“薄海内外，人迹所乃，皆置驿传，使驿往来，如行国中。”

元朝在邮驿方面还进行了改革。在中央，忽必烈令通政司管辖蒙古站户，兵部管辖汉地站户。驿站分为军站、专供外国使臣来往的驿站以及一般的驿站。在地方，驿站由各地的管民官管理，在路总管府设置专管驿站的检查事务。法律方面，元朝制定了《站赤条划》与《给驿条例》，对驿站的管理、驿官的职责等都有明确的规定。如管站官员不能随意借乘铺马，不得勒索站户；驿站对使臣的供应有规定，夺取则受罚；等等。元朝的急递铺设置一如宋制，铺与铺之间的距离视情

① ［伊朗］志费尼著，何高济译：《世界征服者史》，内蒙古人民出版社 1980 年版，第 34 页。

况而定，一般 5 公里或 15 公里设一铺。元朝后期陷入内乱，朝政不稳，邮驿渐渐衰落。

明代的邮驿所设机构有会同馆、水马驿、急递铺和递运所，全部邮驿之权掌握于兵部的车驾清吏司。会同馆和水马驿相当于元代的站赤。会同馆是设于京师的站赤，水马驿是设于全国各地的站赤。会同馆分南、北二馆：北馆设在北京，接待的对象是王府派遣的人员、西北诸国使臣和云贵等处土官番人；南馆设在南京，接待对象是日本、朝鲜、安南等国前来贡献的使臣。水马驿是水驿和马驿的总称。马驿一般 30 或 40 公里设置 1 处，交通工具主要是马匹；要冲之地一驿配马 30 ～ 80 匹不等，其余的道路上 2 ～ 20 匹不等。急递铺与元代性质相同，每 5 公里设 1 铺，由铺司主管，铺兵 4 ～ 10 人不等，全由在铺所附近挑选的少壮男子充当。递运所主要是转送货物，陆路、水路皆有。在陆路者，配有数量不等的车辆，其中大车能载 250 公斤左右。在水路者，配有若干数量的船只。

清代邮驿是明代邮驿的延续，只是名称更多，划分更细。据《大清会典》可知，有的称“驿”，有的称“站”“塘”“台”“所”“铺”。除所和铺以外，其他都相当于元代的站赤。

驿设于盛京及腹地，数量最多，也是主要的邮驿机构。驿的任务与明代相同，既传递公文，又接待使臣宾客，是清代主要的驿站网络。站负责传递军事情报。塘与站性质相同，是设在嘉峪关以外的驿站。塘分为军塘和营塘。军塘设在安西、哈密、镇西（今新疆东部）境内，用以传递军事情报。营塘用以转递一般军事文报。台是设在西北地区的邮驿机构。由于台也用于军事方面，故多称“军台”，不过到光绪年间均改称为“驿”。所是递运官物的，相当于明代的递运所。铺是专门递送公文的，与明代的急递铺相近。所的分布以山西和陕西境内数量最多。后来，各处的所大都裁并归驿，仅甘肃一带尚有存留。1913 年，驿站全部撤销。

第七章 交通模式

在漫长的历史岁月里，人们早期外出远行只能以徒步的方式。后来，随着出行距离和出行范围的扩展，为了提高出行速度和节省体力，人们便发明了不同的交通工具，使得交通往来更加方便。

我国的交通模式受到自然环境的影响，具有鲜明的地域特色。所谓“四海之内，南资舟而北资车”，北方以车运为主，南方以船运为主，北方草原和西北地区以及西南地区则以驮运为主。当然，这些运输方式互为补充。《史记·夏本纪》中说的“陆行乘车，水行乘舟，泥行乘橇，山行乘檋”，便是先民对几种交通工具的经验性总结。

在我国古代社会，交通工具有很强的等级色彩，不同阶级的人选择不同的出行工具，不可逾越。以马车来说，大约在商周时期，其已被普遍地应用于战争或出行、巡游、狩猎等活动。但是，造车不易，马匹贵重，所以能够使用马车出行的人社会地位必定居于一般人以上，只有他们才可以“致远而不劳”。普通人外出还是以徒步为主。

秦汉以后，乘坐马车仍然是统治阶层的专利，而且还形成了一套车舆制度。不同地位的人乘坐的马车类型不同，使用的驾马数量也不同。比如“金根车”只有天子出行才可以使用。隋代就规定皇帝乘用的马车用六马系驾，皇后乘用的马车用四马系驾，其他官员或者是二马系驾，或者是一马系驾。一般百姓在日常生活中常乘牛车、骡车乃至驴车出行，或者是骑乘牛、骡、驴出行。从汉代开始，民间流行一种独轮车，当时称为“鹿车”。这种独轮车靠人力牵引而行，既可用于载人，也可用于载物，而且车型较小，对于道路的适应能力很强，尤其适合山区小道。如果百姓连这种独轮车都没有，那就只好徒步，用人力载物了。

车马出行是身份和等级的象征。最开始乘用牛车的多数是普通百姓，“古之贵者，不乘牛车”。贵族乘坐牛车有失身份，只有在特殊条件下才会乘牛车。西汉开国初年，将相多乘牛车，这只是不得已之举。但是社会风气的变化是出人意料的，大约从东汉末年开始，上层社会不再以乘牛车为耻。到了魏晋南北朝

时期，社会上甚至以乘牛车出行为风尚。不过，总体来说，车、船、轿、辇等交通工具一直具有明显的等级色彩。

一、车　运

中国是世界上最早使用车的国家之一。车运是指用车载人或载物的一种交通模式。车大体可分为两大类：人力车和畜力车。畜力车又可细分为马车、牛车、驴车和骡车等。

1. 人力车

人力车，顾名思义，就是以人力牵引的车子，主要是指独轮车。独轮车也叫“小车”或“鸡公车”“羊角车”，多为木质，单轮，双辕，既可载人，又可运物，是一种既经济又实用的运输工具，主要为下层劳动者所使用。

据文献记载，商代已有独轮车，不过至今尚未见到考古实物，故其构造形态亦不可知。周代称人力所挽之车为“栈车”。《诗经·小雅·何草不黄》记载：“有栈之车，行彼周道。”

汉代的独轮车（见图 7–1）称“辘车”或“鹿车”。因其面积较小，“裁容一鹿”而得名。因为没有饲养牛马的劳苦，又被称为“乐车”。汉代的鹿车主要用于载人，是汉代普通百姓经常使用的交通工具。《后汉书·列女传》就提到西汉末年鲍宣的妻子“与宣共挽鹿车归乡里”。鹿车不驾牲口而行，只以一人推。《后汉书·赵熹传》记载，赵熹在和友人避难的路途中，将韩仲伯之妻“载以鹿车，身自推之”。鹿车一般只载一人，也有载一个成年

图 7–1　汉代独轮车画像石（陕西常家湾出土）

人和一个儿童的，比如《汉书·范冉传》中就记载范冉“推鹿车以载妻子”。贵族出门乘坐鹿车则有伤体面。三国时期，董允因父亲令其乘鹿车前往参加他人的葬礼而“有难载之色”，反倒是一同前往的费祎乘坐鹿车时从容自若，受到董允父亲的赞扬，可见时人的乘车风尚。

大约在三国时期，独轮车开始用于运输货物。据说，诸葛亮出师北伐曹魏时，因蜀道崎岖难行，运输粮草不便，于战事不利，便发明“木牛流马”为军队运输粮草。其中的“木牛”就被认定为双轮架车，而“流马”则被认定为独轮车。清代麟庆《河工器具图说》载：“蜀相诸葛亮出征，始造木牛流马以运饷。木牛，即今小车之有前辕者；流马，即今独推者是。”也有人认为，所谓“木牛流马”皆是独轮小车，其实是对汉代鹿车的改良。与用于载人的鹿车不同，诸葛亮发明的“木牛流马”主要用于运输粮草。孙机先生认为“木牛流马”可以运载一个士兵1年的口粮，约合250公斤。“木牛流马”适用范围极广，尤其适于狭窄难行的山区小道，因此其发明为解决蜀魏战争期间粮草难运的问题提供了极大的帮助。

魏晋南北朝时期，鹿车仍见使用，多用于载人。《晋书·刘伶传》载，刘伶“常乘鹿车，携一壶酒，使人荷锸而随之”。乘鹿车更能表现魏晋名士个性风流不羁的色彩。

图7–2　串车（宋·张择端《清明上河图》局部）

到宋代的时候，独轮车名为“串车”，其形制与以前的独轮车基本一致，只是有的由原来的单人推改为四人推拉或使用畜力拉，且主要用于运载货物。（见图7–2）宋人孟元老《东京梦华录·般载杂卖》曰：“又

有独轮车，前后二人把驾，两旁两人扶拐，前有驴拽，谓之‘串车’。”在民间，人力独轮车仍然被大量使用。河北地区流行一种独轮人力客车，专用于载人。还有一种羊头车，需两人，一人挽于前，一人推于后，流行于镇江以东。四川地区还流行四人力推车，类似于三国时期的“流马”，主要用于运输货物，载重大约 1000 公斤。还有一种名为“江州车”的独轮车在四川地区也极为流行。据南宋曾敏行《独醒杂志》记载，这种车“只轮两臂，以一人推之，随所欲运……登高度险，亦觉稳捷，虽羊肠之路可行”。因其始于江州，故而名之，也类似于诸葛亮的“流马”。

明清时期独轮车仍然盛行，此时的人力车形制是独轮（有辐），双直辕上构筑出分左、右两侧的货架，架前或设挡栏，架后辕下有双支脚。[①] 这种形制的车除载人外，还可用于货物的运输，一般一人在后向前推行即可。明代还出现一种双缱独辕车（见图 7–3），前用驴拉，后用人推，可用于较重货物的运输。如若加上拱席作顶，可以用来载客，一些不愿意骑驴、骑马的人常雇这种小车出行。这种小车运输距离比较长，从江南载客可一直到西安或者北京。

图 7–3　双缱独辕车（明 · 宋应星《天工开物》插图）

清代还出现了一种加帆的独轮车。这种独轮车是在车上加帆，将风能转化为车行进的动力，可能是受到船帆的启发。关于加帆车的记载，最早可以追溯到萧梁时期，但是有明确记载的加帆独轮车则出现于清道光年间（见图 7–4）[②]。清麟庆在《鸿雪因缘

① 参见郑若葵：《交通工具史话》，社会科学文献出版社 2012 年版，第 170 页。
② 参见柴国生：《中国古代风能利用研究》，郑州大学硕士学位论文，2007 年。

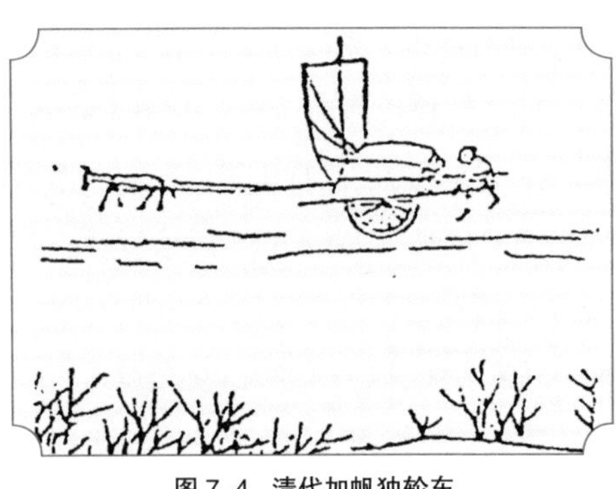
图 7–4 清代加帆独轮车

图记》中就绘有一幅加帆独轮车图。这种车由一人扶辕，前有牲畜拉拽，车上立有帆，帆或为布制，或为席制。独轮车将风力、人力、畜力配合使用，大大减轻了人力负担，是我国古代劳动人民智慧的结晶。

2. 畜力车

所谓畜力车，是指用马、牛、驴、骡等牲畜牵引的车。畜力车所用的车或者是双轮车，或者是四轮车。

马车　古代马车的用途有载人和运物之分。据记载，“相土作乘马”。“乘马”就是驯养马来拉车。商的先祖相土生活在夏王朝，据此可推断马车至迟在夏王朝时期就已经发明并被利用。迄今所见中国古代最早的马车文物是安阳殷墟等地出土的商代晚期马车（见图 7–5）。夏商周时期，普通人大多只能靠步行外出，马车主要是为上层贵族所使用，所以马车是一种身份和地位的象征。从历史上来说，对马最早的利用应该是用马来拉车，故而马车除了用于统治者的外出行乐、狩猎外，还被用于战争中。《帝王世纪》谓商王汤“革车三万，伐桀于鸣条”。马车用于作战时，称为“战车”，又称“戎车”。而用于载人时，则称为“乘车”。周朝时，马车的使用当十分频繁。《诗经》中有大量的诗句描写周朝的马车。如《诗经·邶风·北风》：“惠而好我，携手同车”；“其车既载，乃弃而辅”；等等。春秋战国时期，“礼崩乐坏”，各国之间连年征战，马车多用于战争，是主要的战斗工具。当然，马车也被用于传送消息和情报等，称为“传车”或“驲”。

图 7–5 商代晚期青铜马车（河南安阳殷墟出土）

秦汉时期的马车除了在战争时期用于作战外，主要还是为上层统治阶级所用。如前所述，汉代流行的轺车、轩车、辎车等都是马车。马车在社会生活中占有重要的地位，使用非常广泛，文学作品中多有反映，尤其是皇帝或贵族车马出行时，场面十分壮观。

魏晋南北朝时期，马车的发展利用进入衰落期和停滞期，牛车在日常生活中得到重视，再加上统治者大力提倡牛车，因此马车不管是载人还是运物都受到极大限制。隋唐五代时期，马车仍然没有得到足够的重视。以唐朝为例，皇室除了在册封典礼和婚姻丧葬等庄重肃穆的活动中还保留着使用马车的传统外，在日常生活和军事活动中都很少使用马车。即使如此，乘坐马车仍然有身份等级的限制。朝廷的仪仗队伍使用的车舆名目繁多，等级森严，主要还是以马引驾，只是驾马的数量因规格不同而有区别而已。比如，隋代皇帝的辂车驾六马，皇后的车为四马，王侯及五品以上官员使用的轺车为二马，基层官员则为一马。下层人民难得车马出行。

两宋时期，马车仍主要用于上层社会，民间几乎不见使用。不管载人还是运物，民间使用的主要是牛车，间用驴车或骡车。元代则不然，马车大规模使用，主要是因为元代统治者出身于北方草原，对马情有独钟。草原民族在逐水草而居的时候，也会用马挽车。

明清时期，马车多用于皇家仪仗活动中，高级官员和富商大贾日常出行也以马车为主。民间日常出行多用骡车。到清代的时候，官员上朝出行很少乘坐马车。清朝前期官员出行主要是乘坐驴车，嘉庆以后则以骡车为主。直到光绪、宣统年间，马车才又受到重视，官员出行复多用马车。

牛车　牛车是中国古代常见的民用车。古代社会牛主要用于耕田，后来由于牛耐力强，能负重，才用于交通运输行业。史书有“王亥作服牛”的记载。王亥是商王的先祖，其生存年代大约在夏朝时期。“服牛”指用牛来拉车。据此传说，牛车至迟在夏王朝时期便已出现。

图 7–6　汉代牛车画像石（山东滕州出土）

牛车可用于载人，主要为普通百姓所用，“古之贵者，不乘坐牛车”。西汉开国初年，经济凋敝，天子尚且不能乘坐驷马安车，而“将相或乘牛车”（见图 7–6），这是在社会经济条件不允许的情况下不得已而为之。到汉武帝中后期，社会生产逐步恢复，政府官员若是乘坐牛车会被视为“仪序失中，有损国典”而被贬官。

大约从东汉后期开始，牛车的社会地位上升，上层社会不再以乘坐牛车为耻。比如颍川名士刘翊虽“家世丰产”，却也乘坐牛车出行。《晋书·舆服志》更是明确指出，“自灵献以来，天子至士遂以为常乘”。魏晋以后，乘坐牛车成为一种时尚，当时的文人士大夫出行大多选择牛车。西晋时期，石崇和王恺还用牛车斗富。皇室用车也多用牛车。《魏书·礼志》记载，北魏皇帝出行时乘坐的辇车就是用 12 头牛牵引的。公卿大臣也以得到皇帝赏赐的牛车为荣。

隋唐五代直至宋元时期，上至贵族，下到普通百姓，都以牛车为最普遍的陆路交通运输工具。帝王将相、文武官员以乘坐牛车为贵。史载，唐玄宗前往华清宫时，杨贵妃姐妹使用的牛车装饰就很华丽，“为一犊车，饰以金翠，间以珠玉，一车之费，不啻数十万贯”。后来因为饰物太重，牛车不堪重负，转而乘马。五代之时，采选宫人也用牛车。《旧五代史·庄宗纪》载，后唐庄

图 7–7　宋·朱锐《溪山行旅图》局部（上海博物馆藏）

宗时期，因为采选宫人达千余人，“车驾不给，载以牛车，累累于路焉”。宋代许多贵族家眷或者妇女出行时都乘坐牛车。孟元老《东京梦华录》记载，当时贵族宅眷坐车“与平头车大抵相似，但棕作盖，及前后有构栏门，垂帘”，而且“命妇王公士庶，通乘坐车子”（见图 7–7），“可容六人”，用“独牛驾之”。陆游《老学庵笔记》提到，当时成都的贵族妇女也是“出入皆乘坐犊车”。不过，贵族阶层使用的牛车大多装饰华贵，十分舒适，民间载人所用牛车不能与之相比。

牛车速度不及马车，但是负荷力超过马车，同时体形较马车稍大，故又被称作“大车”。戴震《考古记图》曰：“大车任载而已。”对百姓而言，牛车除了用于载人、农业生产等活动外，其最为重要的作用就是载运物资。

早在殷商时期，牛车就被广泛用于物资的长途运输。商民擅长经商，常用牛车来进行商品交易活动，所谓“肇牵车牛远服贾”，因而这一时期牛车的数量非常多。

汉唐以后，民间的物资运输工具主要是牛车。《汉书 · 田延年》记载，汉昭帝去世后，曾经租赁民间牛车 3 万辆用于运输陵墓的沙石。《后汉书·乌桓传》载，东汉顺帝年间，乌桓进攻云中，曾“截道上商贾车牛千余辆”。可见当时牛车在民间是非常流行的。南北朝时期，牛车的使用也很普遍。北齐后主高纬修建宝林寺时，运石填泉，往返漳河取材，主要是以牛车作为运输工具。在唐代，下层民众多用牛车运输物资，载力比较可观。如白居易《卖炭翁》中的老翁就是用牛车载炭，有千斤之重。其文曰：“手把文书口称敕，回车叱牛牵向北。一车炭，千余斤，宫使驱将惜不得。半疋红纱一丈绫，系向牛头充炭直。”

到了宋代，民间使用牛车已极为普遍。宋代民间有一种太平车，“重大椎朴，以牛挽之，日行不足三十里”。因为车行缓慢，所以主要是用于短途运输。但是其载重量极为可观。孟元老《东京梦华录》记载，太平车“上有箱无盖，箱如构栏而平，板壁前出两木，长二三尺许。驾车人在中间，两手扶捉鞭按驾之。前列骡或驴二十余，前后作两行；或牛五七头拽之”。这种太平车是当时最为重要的长途运输工具。

元朝建立以后，草原居民仍然保持“逐水草而居”的生活方式，所以牛车应用范围很广。约翰·普兰诺·加宾尼在《蒙古史》中就提到，草原民族在迁徙的时候用牛车搬运帐幕，“以车搬运时，较小的帐幕，一头牛拉就足够了，较大的帐幕，则须三头、四头甚至更多的牛，根据其大小而定”[①]。

明清时牛车在山西最为常见，主要用于载运粮食。由于路窄多险，牛颈上皆系铜铃，名曰“报君知”。牛车主要用于运输货物，在当地日常生活中发挥着重要的作用。

牛车有时还被官方征用。有时用来运输粮食。如《旧唐书·元稹传》记载，“朝廷馈东师”，用“牛车三千四百飞刍越太行”。有时用于战争时期驮运物资。如：北魏道武帝拓跋珪讨伐姚平时，便是令大军驾驶牛车；隋炀帝征伐高丽时，也征用了大批牛车。虽然是因马匹短缺才以牛车代替，但这也从侧面反映出牛车在驮粮运物等方面具有一定的优势，同时说明在民间牛车的使用规模是比较庞大的。

驴车　用驴驾车的习俗大约可上溯到东周时期。秦汉时期，此种习俗仍在沿袭，但应用范围仍然很窄。《后汉书·来歙传》提到，东汉初年，驴曾用于运送军粮，不过这只是马匹短缺情况下的无奈之举。

唐宋以后，驴车的普及性大为提高，主要是因为马匹比较珍贵，一般的家庭难以负担。相对而言，驴的饲养成本比较低，更受下层百姓的欢迎。唐宪宗元和年间规定，百姓如果盗取一斗盐以上，除了处以杖背的刑罚外，还要“没其车驴”。当时的一些旅店也备有驴畜等，向客人出售以营利。如《太平广记》卷二八六记载，汴州城西的板桥店“多有驴畜，往来公私车乘，有不逮者，辄贱其估以济之，人皆谓之有道，故远近行旅多归之”。由上可知，民间驴车使用比较普遍。

① ［意］约翰·普兰诺·加宾尼：《蒙古史》，［英］道森编，周良霄注，吕蒲译：《出使蒙古记》，中国社会科学出版社 1983 年版，第 9 页。

宋代民间所用的车除了太平车外，还有一种两轮平头车，主要用于载物。平头车的形状类似于太平车，但比太平车小一些。张择端的《清明上河图》、朱锐的《盘车图》中均有平头车的形象。平头车主要用于长途运输，而且常组成车队。孟元老《东京梦华录》提到，诸乡“纳粟秆草，牛车阗塞道路，车尾相衔，数千万辆不绝”，体现出当时平头车在民间运输中的重要地位。平头车除了用牛引驾外，也可以用驴引驾，只是用的数量比牛多。

对于平民百姓而言，驴在陆路交通中的作用和意义是不可低估的。驴或用来骑乘，或用于运输。宋应星《天工开物》记载，明朝时北方有一种独辕小货车，人推其后，驴曳其前。不载人的话，“载货约重四五石而止”。

骡车　西汉时，“大将军卫青围匈奴，匈奴薄暮乘六骡”[①]。据此推测，这一时期骡应该已经出现，只是应用范围不广。骡车的制作与利用可能也已经出现，其形制可能是照搬或借用双辕马车或牛车等。魏晋南北朝时期，骡车在个别场合中也在使用。乘用骡车是地位较低的表现，达官贵人很少乘坐。唐代时，骡子可用于战争中。《旧唐书·吴少诚传》载，因申、蔡两州（今河南信阳、汝阳一带）少马，身为节度使的吴少诚便“广畜骡，乘之教战”。

宋代主要的车型是通幰牛车和般载车，般载车车型又以太平车为主。张择端《清明上河图》中常见太平车的形象，车夫持鞭把辕，在骡马旁边步行。北宋周密《癸辛杂识续集》中提到一种北方大车，实际上就是指太平车。“北方大车可载四五千斤，用牛骡十数驾之。管车者仅一主一仆，叱咤之声，牛骡听命惟谨。凡车必带数铎，铎声闻数里之外，其地乃荒凉空野故耳。盖防其来车相遇，则预先为避，不然恐有突冲之虞耳。”这种车常用牛或骡驾车，载货量十分可观。

明清时期轿车和敞车是主要的车型，均是用畜力牵引的双轮车。轿车主要用于载人运客，而后者用于运输物资。不管王公贵族，还是庶民百姓，车子的主体

① （宋）李昉等撰：《太平御览》卷九〇一引《史记》，中华书局 1960 年版。

形制类似，不过是在车子所用材制、车子的构件以及外部饰物等方面表现出等级差别。以材质为例，轿车所用均为木材，不过皇室贵族宗亲和朝廷要员用的是楠木、紫檀木、花梨木等上等木料，而普通百姓只用柳木、榆木、槐木等一般木料。轿车因外围有棚，状如轿子而得名。这种车空间比较大，还可以用来装运行李，在外出游学、经商或宦游时，使用频率很高。因为常常用骡子驾车，又被称为“骡车”。

图 7–8 清朝时期北京的骡车

敞车形制与轿车类似，但因运货所需，不能立有车棚和车围，也很少装饰。敞车专用于货运，又称“大车”。由于其多以骡驾为主，也称“双轮骡车”。这种骡车是民间用于运输的重要交通工具之一。双轮大车载重比合挂大车稍轻，但却具有灵活的优点，对路况要求不高。（见图 7–8）

明清时期有一种合挂大货车（见图 7–9），专门用于货运。此车的特点是四轮、高厢、独辕，以骡马驾车，骡马多者有 12 挂，或者 10 挂，少者 8 挂。这种货车可载重约 4500 公斤，不过对于道路的要求比较高。宋应星《天工开物》卷下《舟车》云：“凡大车行程，遇河亦止，遇山亦止，遇曲径小道亦止。”这种大货车行驶平稳，运输货物十分安全。

图 7–9 合挂大货车（明·宋应星《天工开物》插图）

清代乾隆初年，官员一般乘坐驴车，很少有人乘坐马车。乾隆中期以后，马车渐渐增多，不过“尚罕见”。嘉庆朝以后，骡车成为主要的代步工具，“日日穿胡同”。光绪后期，马车才重新流行。近代以后，随着西方物质文明的传入，中国传统的车运模式发生了重大的变化，中国的交通运输业也翻开了新的篇章。

二、船　运

船运，是用舟船来运载人员及货物的一种交通模式。船在我国的起源很早，大约在原始社会末期已经问世（见图 7–10）。随着人类社会的不断发展和造船技术的不断进步，“船”渐渐成为固定的称呼。“陆行乘车，水行乘船。”船最早应该产生于临江靠海的地区，目前有关船的最早考古实物见于今山东荣成。

图 7–10　仰韶文化船型彩陶壶（陕西宝鸡北首岭出土）

夏代水上交通工具以独木舟为主，形制简单，仅可载一两个人或少量货物。武王讨伐殷纣王的时候，曾“以四十七艘船济于河”，完成运输战车 300 辆、战士近 5 万人的任务。由此推断，在商周之际应该已经出现大型木船，载重力比较可观。

西周时期，舫开始出现。舫就是连接起来的两只船，其运载力与独木舟相比有较大的提高。也是从这一时期开始，舟船的使用有了明显的等级色彩。《尔雅・释水》曰：“天子造舟；诸侯维舟，大夫方舟，士特舟，庶人乘泭。”也就是说，天子乘坐由多条船连接而成的“造舟”；诸侯乘坐由 4 条船构成的“维舟”；高级官吏乘坐由 2 条船构成的“方舟”；一般官吏乘坐“特舟”，也就是单体船；普通百姓只允许乘坐“泭”，也就是木筏或独木舟。

到春秋战国时期，运载能力较强的木板船已经成为主流。其按照用途主要

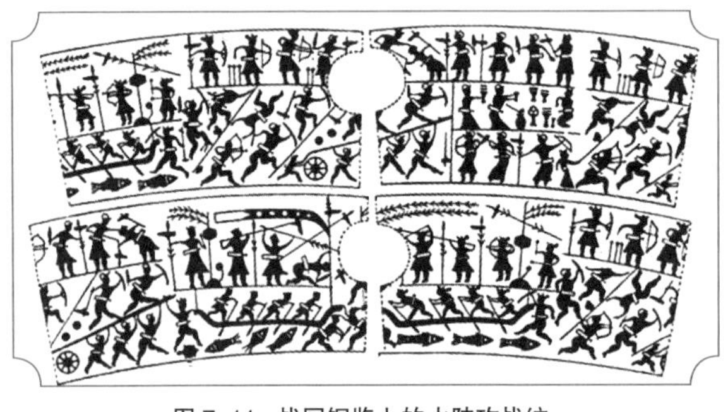

图 7-11 战国铜鉴上的水陆攻战纹

分为战船和货船。南方的楚、吴、越等国之间常常爆发大规模的水战（见图 7-11）[①]，使用的战船规模相当可观，而且运输能力也很强。当时战船的类型也比较多，包括大翼、小翼、突冒、楼船、桥船等。《越绝书》中讲道，吴国的一艘大翼，可“容战士二十六人，棹五十人，舳舻三人，操长钩矛斧者四吏，仆射长各一人，凡九十一人”，此外还可容纳“当用长钩矛、长斧各四，弩各三十二，矢三千三百，甲兜鍪各三十二”。[②]另外，秦国的大船运输能力也很强。张仪就曾说：“秦西有巴蜀，大船积粟，起于汶山，浮江已下，至楚三千余里。舫船载卒，一舫载五十人与三月之食，下水而浮，一日行三百余里。”[③]这一时期专用于运货的船也出现了。史载，晋国爆发灾荒，向秦国求助，“秦于是乎输粟于晋，自雍及绛相继。命之曰‘泛舟之役’”[④]。秦、晋两国相距六七百里之遥，而秦国的运输船队竟可以前后相继，由此可以看出这一时期船的长途运输能力已经十分可观。

秦汉魏晋时期，楼船（见图 7-12）是主要的船只类型，在战争场合、远洋航行乃至统治者的巡游娱乐中都发挥着巨大的作用。《史记·平津侯主父列传》中记载，秦始皇在统一岭南的过程中，“将楼船之士南攻百越”，还组织过一支

---

① 采自中国社会科学院考古研究所：《中国考古学·两周卷》，中国社会科学出版社 2004 年版，第 426 页。

② （宋）李昉等撰：《太平御览》卷三一五。

③ 《史记·张仪列传》。

④ 《左传·僖公十三年》。

运输船队，承运粮食约 15000 吨。《后汉书·马援传》记载，马援在平定南越时，“将楼船大小二千余艘，战士二万余人”。楼船运输能力之强可见一斑。楼船在远洋航行和民用货运方面也毫不逊色。三国时期的东吴造船技术也很发达。据《武昌记》载，孙权时期曾建造一种战船，最大的可载战士 3000 人。这也是孙权能够派万人舰队访问夷州（今台湾）的原因所在。西晋时期在四川建造楼船，训练水军，为灭吴作准备，其中最大的楼船“方百二十步，受二千余人”，有“舟楫之盛，自古未有”之誉。[①] 唐代诗人刘禹锡在《西塞山怀古》中曾对此感叹道：“王濬楼船下益州，金陵王气黯然收。”

图 7–12 楼船（宋·曾公亮等《武经总要》插图）

秦汉魏晋时期民间所用的船只不仅种类繁多，而且具有明显的地域性。汉代江南地区流行用“舳”作为内河运输工具，四川地区则流行蜀艇。到南朝的时候，南方民间所用的船只规模也很庞大。有一种船长约 60 米，水面以上高约 90 米，远望如桥，可以载六七百人，驮运万斛以上的物资。

隋唐五代时期，我国造船业进入了一个发展高峰期。按照用途划分，此时的船有战船、漕船、商船、海船以及用于游乐的彩船。这些船只规模庞大，载人运物的能力非常可观，既可用于内河航运，又可用于海上航行。以战船为例，隋文帝开皇年间，杨素奉命讨伐南方的陈朝，在长江上游建造船只，包括五牙、黄龙、平乘、舴艋等。其中的五牙舰“上起楼五层，高百余尺，左右前后置六拍竿，并

① 《晋书·王浚传》。

高百五十尺，容战士八百人”[①]。到唐代的时候，船运更加普遍，海路运输也越来越方便，商人们大多都拥有适于海上航行的海船。对于唐代内陆和海路船运发展的盛况，《旧唐书·崔融传》中有极其生动的描写：“天下诸津，舟航所聚，旁通巴、汉，前指闽、越，七泽十薮，三江五湖，控引河洛，兼包淮海。弘舸巨舰，千轴万艘，交贸往还，昧旦永日。”此外，还有民间所用的民船，这些船只主要用于内河航运，规模一般比较小，“水不载万”。而唐代大历、贞元年间有一种“俞大娘船”，仅船工就有数百人，“居者养生送死婚嫁悉在其间”。

宋元时期，船运更加繁荣，朝廷漕运、官员出行、士子游学、商人贸易以及民间出行等都少不了船舶。仅以南宋都城临安为例。吴自牧《梦梁录·河舟》云：“杭城辐辏之地，下塘、官塘、中塘三处船只，及航船鱼舟钓艇之类，每日往返，曾无虚日。缘此是行都士贵官员往来，商贾买卖骈集，公私船只，泊于城北者多矣。”按照种类和用途，大致可将船分为客船、货船和海船。货船和海船的运输能力自不待言。民间使用的船只种类也很多，包括客船、货船、家船、米船、渔船等，这些船只在张择端《清明上河图》、李嵩《百里长江图》等作品中多有描绘。当时有一种大货船，“如三间大屋，户出其背，中甚华饰，登降以梯级，非甚大风不行。钱载二千万贯，米载一万二千石”[②]，运载力在500吨左右。当时的中小型客船种类也比较多，有舫船、航船、飞篷船等，此外还有一种江船。这些船的运输能力虽不能与海船、漕船及大型的客货船相比，但也比较可观，主要在民间使用。元代漕运用船非常普遍，而客船也很常见，《元典章》称“江淮上下及淮浙等处小河，往来客船相望不绝”。

明清时期是我国船运行业的巅峰时期，同时也是衰落时期。这一时期内陆水系交通十分发达，长江、大运河以及南方的主要水道码头林立。除了海船、

---

① 《隋书·杨素传》。

② （宋）张舜民：《画墁集》卷八《郴行录》，中华书局1985年版。

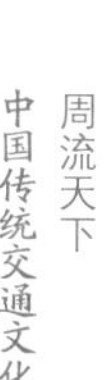

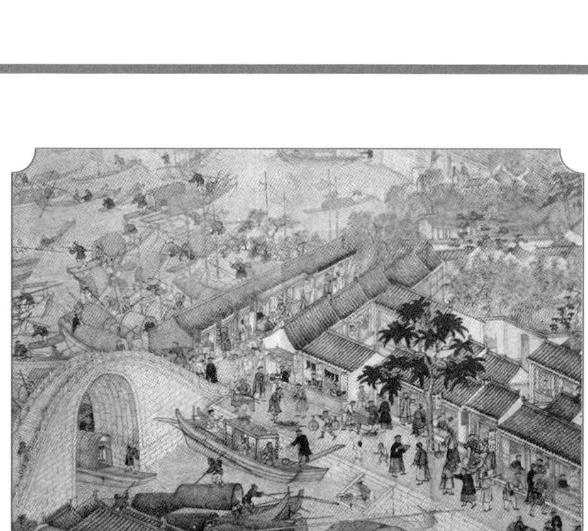

图 7–13　清·徐扬《盛世滋生图》（局部）

漕船外，民间各地船只大小不一，不仅种类多，名称也多。仅以明代为例，用以载物的有航船、舢板、板船等，用以载客的有夜航船、香船、胡羊头船、无锡快等，用以游玩的有湖船、楼船、游山船等。此外，还有渔民所用的小艇、网船等。清代皇帝、官员出行常乘坐舟船。乾隆皇帝下江南巡视，便将舟船作为首要出行工具。民间船运业非常兴盛，在一些重要的津渡处，都有一些船只对外出租，方便过往行人。在江浙一带的水道上还出现了大量观光船。其中有一种为“灯船”，因为“及夕，则船内外皆张灯，列炬如昼”而得名，专供在江上游玩宴饮之用。在姑苏城码头上，停泊着许多平底方头的大中型客、货船（见图 7–13）。而到清代晚期，伴随着外国轮船的大量使用，用于内河航运的国产船只地位一落千丈，传统的船运模式也随之改变。

图 7–14　拖床

此外，明清时期在京津地区还流行一种特殊形式的船，名“拖床”（见图

7-14），又称“冰车”“冰排子”，多用于上层贵族的游乐活动。在结冰的河中或湖中，将木板放在冰面上，板上放上草帘，下面嵌入铁条，可以站立三四个人，前面有人拉绳，“行并如飞”，安稳舒适，远胜于“坐骥乘车”。如果将多个拖床连在一起，还可以在上面喝酒，“欢饮高歌”。[①]

三、驮　运

驮运，是指靠马、牛、驴、骡等牲畜的驮力完成客货运输的交通运输方式，在交通不发达的山区或者偏远地区比较常见。北方地区使用的牲畜为牛、骡、马、驴等，而新疆、甘肃等地区多使用骆驼，西南地区的马帮在商贸运输中使用的主要是骡马等。

我国古代的驮运既包括运输物资，也包括载人。所谓载人，就是人们利用马、牛、驴、骡、骆驼等畜力作为出行代步工具，这种出行方式在古代社会交通发展史上占有一席之地。马最早被用于骑乘，主要是因为马在我国出现的历史非常悠久，而且马的速度比较快，是“畜之疾行者”。骑马出行在我国古代社会生活中可谓司空见惯。

骑马风俗当以唐代为盛。这一时期，上至达官贵人，下至庶民百姓，只要经济条件允许，都会选择乘马出行。正如刘知几所说：“贵贱所行，通用鞍马而已。”[②]唐时贵族妇女骑马出行游玩也十分兴盛，尤以虢国夫人为典型（见图7-15）。不过，总体而言，骑马或乘马车主要用于上层社会狩猎、巡游等活动（见图7-16）。民间百姓作为代步工具的主要是驴、骡或牛。

利用马、牛、驴、骡运载粮草等物资在战争场合中也很常见。尤其是牛、驴、

① 参见（清）潘荣陛：《帝京岁时纪胜·冰床滑擦》，北京古籍出版社1981年版。

② 《旧唐书·刘子玄传》。

图 7-15 唐·张萱《虢国夫人游春图》(辽宁省博物馆藏)

骡，它们的速度虽然不如马，但是驮载货物的运载力比较可观。如隋炀帝征辽时,因马匹不足便用驴代替,用于驮物载粮。明成祖朱棣在远征北漠的时候，曾征发民驴 34 万匹用以驮运。而在西北地区，骆驼在战争中也被用于运输物资。《汉书·李广利传》记载，汉武帝时期为讨伐大宛，发“牛十万，马三万匹，驴橐驼以万数赍粮”。《后汉书·窦宪传》记载，窦宪率军出塞击北匈奴，与北单于战于稽落山，大破匈奴，“获生口马牛羊橐驼百余万头”。

图 7-16 清·王翚等《康熙南巡图》局部

对于中国古代社会来说，驮运在西南地区的茶马古道和西北地区的丝绸之路上最为常见。茶马古道上使用的是马，尤其是骡马，而丝绸之路上往来中外的胡商使用的则为骆驼。西南地区道路崎岖难行，秦汉时期仅能在此修筑五尺道、西南夷道。即使到了明清时期，商旅之道仍然比较难行。在西南地区，由于马车、牛车、骡车等在运输物资方面无法发挥出其应有的作用，而云南、贵州等地区的对内、对外物资交流又十分迫切，

于是形成了著名的茶马古道（具体路线详见前“茶马古道”条）。其贸易范围十分广泛，人数众多，且形成了专门的商业组织，即“马帮”（详见后“马帮”条）。茶马古道上交换的物资以茶为主，还包括皮毛、盐、铜、铁、粮食等大宗商品。大宗商品的交易不能肩挑背扛，而西南地区盛产的骡马耐力强，载力也十分可观，遂成为马帮主要的运载工具，“往返万里，跬步必骑，驼负且重，未尝困乏”[①]。

而丝绸之路上则是另外一番景象。我国西北的甘肃、青海、宁夏、新疆等地区，荒漠戈壁较多，主要的交通工具是号称“沙漠之舟”的骆驼。有关骆驼的记载很早，多是少数民族所用。西汉桓宽《盐铁论·崇礼》云：“骡驴骆驼，北狄之常畜也。中国所鲜，外国贱之。”丝绸之路沿线所经各国和各地区也是以骆驼为驮畜。

奔波于丝绸之路上的商旅团队，要想穿越茫茫沙漠，骆驼成为最佳的驮运工具。《宋史·外国传》指出：“沙深三尺，马不能行，行者皆乘橐驼。”丝绸之路运输的货物以丝绸为主，也有茶叶、瓷器、糖、金银、漆器、竹器等大宗商品，其运输少不了骆驼。宋梅尧臣《骆驼》诗云：

鸣驼出西域，衔尾自连连。
汉驿凌云去，胡人踏雪牵。
常时识风候，过碛辨沙泉。
老觉肉峰侧，犹蒙锦帕鲜。

元代诗人马祖常《河湟书事二首》云：“波斯老贾度流沙，夜听驼铃认路赊。”从这些诗句中亦可看出骆驼多为商贾所用，是丝绸之路上重要的运输工具。

伴随着我国与丝绸之路沿线国家与地区交流的不断深入，骆驼对我国古代社会生活产生了重要的影响，其驮运形象也成为中西交流史上浓重的一笔。即使

① （宋）周去非：《岭外代答》卷一，中华书局 1985 年版。

是考古发掘的大量骆驼俑（见图 7–17），其艺术形象也多与驮运分不开。

图 7–17　唐代彩绘釉陶载物俑
（陕西省博物馆藏）

学者陈竺同指出："两汉时与西域各国的经济交流，主要是依靠骆驼商队。往来西域的商人，成群结队，骑着骆驼，根据沿路的骆驼遗粪认识路线，越过四面茫茫的流沙。"[①] 唐人张籍《凉州词》中赞道："无数铃声遥过碛，应驮白练到安西。"这些驼队不仅将西亚、中亚的珠宝器物和一些植物品种引进中原，还将中国的丝绸等源源不断地输出到域外。丝绸之路上的骆驼带来的是商品和文化的双向馈赠。

① 陈竺同：《两汉和西域等地的经济文化交流》，上海人民出版社 1957 年版，第 14 页。

第八章 交通习俗

一个时代有一个时代的习俗。从先秦时期到唐宋时期就经过了一个非常明显的变化。比如，先秦时，人们出行前必须要占卜，挑选吉日出行。还必须要举行“祖道”仪式，也就是祭祀行神，目的是祈求神灵护佑，保障行旅安全。仪式结束后，人们会举行宴饮活动，与远行之人饯别。可以看出，这一时期，人们对神灵有强烈的敬畏感，送别仪式上更多的是庄严肃穆或者忧虑悲切之情。魏晋时，人们对于送别仪式的态度发生了明显的变化，虽然仍然保持祖道的习惯，但是祭祀行神的意义逐渐弱化，更看重的是祖道仪式结束后的宴饮。这种宴饮成为上流社会聚会的一个契机，“百寮践行，缙绅具集”。人们已经视出行为平常之事，饯别宴饮成为送别主题，人们借此抒发离愁别绪，折柳送别也成为永恒的诗歌意象。

十里不同风，百里不同俗。我国疆域辽阔，各个地区地理环境差异明显，由此形成的交通习俗也是各具特色。如西南地区，因为地势崎岖，山高谷险，陆路交通不便，为了加强与外界的经济和文化交流，人们除了使用车、船等交通工具外，尤其习惯用马、牛等畜力驮运，久而久之就形成了马帮这一群体。他们对我国西南地区社会经济和文化的发展，乃至对中国与东南亚地区的交流都产生了不可磨灭的影响。而在东部地区，尤其是明清时期，随着大运河漕运的兴盛，漕帮群体形成并发展起来。其最初只是一个宗教互助组织，到清朝后期，由于国力衰落，漕运难以为继，漕帮里的大批水手陆续失业，他们只好贩卖私盐，甚至偷盗、劫掠等，用以维持生计。而到清朝末年，漕帮已经完全沦为一个具有强烈贬义色彩的社会集团。

交通习俗涉及方方面面，与人们的衣食住行密切相关，其主要目的是延伸和强化人类行走的本能，制约和规范人们的出行，以保障人们的出行安全，因而有些习俗在现代社会仍然保持着一定的影响力。

一、行旅习俗

在中国传统社会，民间出行的习俗大体可以概括为以下几类：

1. 出行禁忌

古代生产力水平较低，人们对外出旅行充满畏惧。商代的甲骨文中就有很多择日占卜的记载。不管是帝王，还是平民百姓，外出旅行之前一定要占卜，挑选吉日出行。天子即位、军队出征这样的国家大事，更要事先占卜，以测吉凶。比如汉文帝在即位之前犹豫不决，特意派人占卜，得到吉兆后才即位。

在古代有专门的书籍记载出行避讳的事项。1975 年湖北云梦睡虎地出土的秦简《日书》，共有 423 支简，有关“行规宜忌”的就多达 151 支。《日书》甲种就有“丁卯不可以船行”和正月丑日、二月戌日、三月未日等“不可以行，不吉”的记载。天水放马滩秦简《日书》载:“执日，不可行，行远必执而于公。”此外，还认为每月都有一天不能出门、不可归家，否则会有“大凶”。这些日子即正月初七、二月十四、三月二十一、四月初八、五月十六、六月二十四、七月初九、八月十八、九月二十七、十月初十、十一月二十、十二月三十。

出门之前事事占卜必然麻烦，于是在民间形成了一系列习俗。这些习俗一般包括选择吉日出门，忌讳凶日出门，测算出行方向。避讳凶日出门是指“逢十三不可出远门”，这是由于人们认为“十三”与“失散”谐音，不吉利。每月的初五、十五、二十五也不可出门。在山东有些地区，人们认为出行的吉日是三、六、九，忌双日出门。而河南地区则流行“七不出门，八不归家”，意思就是逢“七”的日子不可出门，宁可延期；逢“八”的日子不能回家，宁愿在外多待一两天。如《后汉书·郭躬传》中记载，陈伯敬出行时，一旦占卜结果为凶，便立即下马止步；回来时如果犯忌，则在乡亭中投宿，不急于回家。

相传唐代的风水大师杨筠松专门规定了一些忌讳出行的日子，称为“杨公

忌”。如正月十三、二月十一、三月初九、四月初七、五月初五、六月初三、七月初一、七月二十九、八月二十七、九月二十五、十月二十三、十一月二十一、十二月十九，这些日子都不能离家出门，而且也不能进行开张、动工、婚丧嫁娶等大事。

出门不仅有忌日，还有忌月。古人认为应尽量减少在六月和腊月出门。不仅如此，出门还要选择好出行的时间，通常是在一天的上午或者凌晨。

古代还有出门之前测算方向的习俗。如上引《日书》甲种就认为“毋以辛壬东南行”“毋以癸甲西南行”“毋以乙丙西北行”“毋以顶庚东北行”。民间俗语有“老不上北，少不上南”的说法。

随着宗教信仰观念的变化，古代先民逐渐创造出了人格化的路神，认为如果怠慢了路神，就会导致路途不顺，甚至带来危险。

不同地域、不同行业有着不同的禁忌。如沿湖海河川地区的居民，在船出行之前或行驶过程中有许多忌讳，由此形成了水神崇拜的交通习俗。古代水神（见图 8-1）[①]有很多，河有河神，湖有湖神，海有海神。以宋代为例，行神有陆地行神和水上行神两种。陆地行神有梓潼君、五通神、紫姑神等，水上行神有天妃、龙王等。宋代对于行神的祭祀就十分认真。蔡绦《铁围山丛谈》中记载有宋人祭祀梓潼君的风俗：“长安西去蜀道有梓潼神祠者，素号异甚。士大夫过之，得风雨送，必至宰相;进士过之，得风雨则必殿魁。

图 8-1　水神

① 采自《绘图三教源流搜神大全》，上海古籍出版社 2012 年版，第 338 页。

自古传无一失者。”龙王神也是宋人经常祭祀的行神。方勺《泊宅编》卷三记鄱阳湖畔的龙王庙云：“士大夫及商旅过者，无不杀牲以祭，大者羊豕，小者鸡鹅，殆无虚日。”

2. 祖道祭祀

图 8–2 路神

祖道是指祭祀行神（路神）（见图 8–2）[①]以保旅行安全的一种宗教仪式，出行之人以此获得心理上的安慰。所谓“祖”，就是指行神。对于“祖”的具体所指，大体有三种说法：一是共工之子。汉代应劭《风俗通义·祀典》记载：“共工之子曰脩，好远游，舟车所至，足迹所达，靡不穷览，故祀以为祖神。”二是黄帝之子。汉代崔寔《四民月令》“正月”条注解说：“祖，道神。黄帝之子曰累祖，好远游，死道路，故祀以为祖神。”三是黄帝之妻。唐王瓘《轩辕本纪》曰：“帝周游行时，元妃嫘祖死于道，帝祭之以为祖神。”

先秦时期祖道风俗就已经出现。如《诗经·大雅·韩奕》曰：“韩侯出祖。”有关先秦祖道仪式，《仪礼·聘礼》有明确记载：“出祖，释軷，祭酒脯，乃饮酒于其侧。”祖道的大致程序是：先进行軷祭，通过祭道神以求得道神保佑旅途平安；后饮饯，主要是饯送行人，表达送行者的不舍，并对出行者给予安慰，亦即表达别情。[②] 在祭祀道神之时，先要委土成山，再放上一只牲畜，由使者进献酒和

① 采自叶兆信编著：《民间诸神》，中国轻工业出版社 2000 年版，第 124 页。

② 参见李立：《神话视阈下的文学解读：以汉唐文学类型化演变为中心》，中国社会科学出版社 2008 年版，第 3 页。

脯以祈祷。然后，大家在旁边饮酒饯行。礼毕，乘车从牲畜身上碾过，寓意行道之人前路无艰险。祭祀之人身份尊卑有别，故軷祭所用牲畜不同，天子用犬，诸侯用羊。当时祭祀行神是出行的必要程序。如《史记·刺客列传》记载，荆轲在离开燕国前往秦国行刺嬴政时，“至易水之上，既祖，取道”。

到了汉代，祖道之风依然盛行。《汉书·刘屈氂传》记载，贰师将军李广利在出师前，身为丞相的刘屈牦就“为祖道，送至渭桥”。当时人们还借助祖道是否顺利来预测祸福。《史记·五宗世家》记载，废太子刘荣被景帝征召，临行之前“祖于江陵北门。既已上车，轴折车废”。江陵父老因而流涕窃言:“吾王不反矣。”后来刘荣果然畏罪自杀。

魏晋南北朝时期，祖祭“道神”的风俗依然普遍存在。晋人嵇含《祖赋序》就指出:“祖之在，于俗尚矣。自天子至庶人，莫不咸用。”人们出行要选择吉日，祭祀神灵，祈求平安。不过，这一时期祭祀的是各地自己的路神。魏晋南北朝时的路神多种多样，每个地方的路神都不相同。行人祭祀路神成为常态，否则就会带来祸患。

在古代，祖道的地点一般是在家门、城门、河畔、桥边、亭边。《古事类苑》卷八十四引古诗云:“步出城东门，遥望江南路。前日风雪中，故人从此去。”北魏杨衒之《洛阳伽蓝记》记载，洛阳崇义里东有七里桥，桥东一里处有郭门，称为“三门”，“离别者多云：相送三门外。京师士子，送去迎归，常在此处”。祖道活动具有很强的交际意义，同时还是等级和身份地位的象征，因此魏晋南北朝以前，祖道活动十分兴盛。不过在魏晋名士追欢逐乐风气的带动下，祖道祭祀行神的宗教意义逐渐淡化，“情恋所亲”的深情厚谊成为祖道的主题。

3. 饯别送行

饯别与祖道风俗密不可分。饯别是指祭祀完路神后，亲友们就近为旅行者设宴送行，又称为“祖饯”；有的则是在野外搭帷帐饯别，因而又称为“祖帐”。

饮饯制度最初形成于西周。《诗经·邶风·泉水》“出宿于泲，饮饯于祢”

就反映了周代的饯别习俗。汉代以后，饯别的活动十分隆重。《汉书·疏广传》记载，宣帝太傅疏广致仕还乡时，“公卿大夫故人邑子设祖道，供张东都门外”，前往送行的车达数百辆。其中的“供张”就是指设宴送别。饯别之时，酒是不可缺少之物。南朝刘义庆《世说新语·文学》中就记载，东汉郑玄应诏前往袁绍帐下做官之前，亲朋好友前来送行，“饯之城东”，到场者300余人，“皆离席奉觞，自旦及暮”，郑玄饮酒300余杯方才成行。

从东汉开始，在饯别之时赋诗相赠成为上层社会的一种时尚。灵帝时，蔡邕在送督军御史高彪出行督察幽州时，写有一篇《祖饯祝》。其中云：

令岁淑月，日吉时良。爽应孔嘉，君当迁行。
神龟吉兆，休气煌煌。蓍卦利贞，天见三光。

这里的“日吉时良”“神龟吉兆”是套辞，倒是体现了先秦时期择吉、卜筮的古老习俗。魏晋以后，祖道这种媚神仪式逐渐削弱，抒发送别感怀之情成为饯别的主要形式。如曹植《送应氏诗二首》其二中写道：

亲昵并集送，置酒此河阳。
中馈岂独薄，宾饮不尽觞。
爱至望苦深，岂不愧中肠？
山川阻且远，别促会日长。

晋人张华《祖道赵王应诏诗》曰：

庶寮群后，饯饮洛湄。
感离叹凄，慕德迟迟。

六朝时期，南方出现了一种“啼泣”的送别习俗，即饯别时一定要啼哭泣别，“数行泪下”，否则就会被认为是寡情的表现，甚至还会受到责难。[①]《艺文类聚》记载，东晋时有客人临行之前与谢公辞别，因为不能与之“流涕”相别，被众人讥讽。

① 参见尚秉和：《历代社会风俗事物考》，上海三联书店2014年版，第424页。

唐人远行前饯别蔚然成风，送别地点或在酒肆，或在名楼，或在城外，或在亭中。例如李白《金陵酒肆留别》云：

风吹柳花满店香，吴姬压酒劝客尝。
金陵子弟来相送，欲行不行各尽觞。

王昌龄《芙蓉楼送辛渐》云：

寒雨连江夜入吴，平明送客楚山孤。
洛阳亲友如相问，一片冰心在玉壶。

王勃《江亭月夜送别二首》其二云：

乱烟笼碧砌，飞月向南端。
寂寂离亭掩，江山此夜寒。

酒更是不可缺少之物。例如王维《渭城曲》云：

渭城朝雨浥轻尘，客舍青青柳色新。
劝君更尽一杯酒，西出阳关无故人。

高适《送李侍御赴安西》云：

行子对飞蓬，金鞭指铁骢。
功名万里外，心事一杯中。

陆龟蒙《别离》云：

丈夫非无泪，不洒离别间。
杖剑对樽酒，耻为游子颜。

除了饮酒外，还会有一些音乐歌舞，用以助兴。如岑参《白雪歌送武判官归京》云：

中军置酒饮归客，胡琴琵琶与羌笛。
纷纷暮雪下辕门，风掣红旗冻不翻。
轮台东门送君去，去时雪满天山路。
山回路转不见君，雪上空留马行处。

宋元明清时期，饯别风俗仍然十分兴盛，在各个阶层内流行。欧阳修记载，当时商船出海前，市舶司机构照例“支送酒食”，设宴饯行的时候，商人、水手和杂役均可参加。饯别在文人士大夫中更为流行。《涑水记闻》记载，范仲淹被贬饶州时，“朝廷方治朋党，士大夫无敢往别。王待制质独扶病饯于国门”。陆游《入蜀记》也记载，当陆游至法云寺时，“兄弟饯别，五鼓始决去”。元代的文人不但要设宴饯行，互赠诗句，有时还要送出一程，以表达朋友情谊。元人萨都剌《送马伯庸子之京》就有相关记载：“平原痛饮如有神，醉吐不惜车中茵。”《四美亭饯别时雪大作戏赠赵公子》中亦云：“公子青骢马，追随十里遥。”

明清时期，甘肃一带饯别风俗尤盛，号为“善俗”。当官员“宦游南去”或商人“东归”时，当地人民“率皆携挈樽罍，招邀于郭外之荒墩古戍间，红氈密地，毳帐如鳞，人围马住，颇极缠绵。更时有密识妖姬，牵驴道左，偷啼背面，送面添杯。行者停车助其叹悼，登高望尽，惘惘归途”[①]。

古人多选择城外、河边、桥边、亭下作为饯别之所，由此一些地方还被赋予了“送别”的特殊意义，如南浦、灞桥、长亭等等。

图 8-3　明·沈周《京江送别图》局部（北京故宫博物院藏）

① （清）徐珂编撰：《清稗类钞·风俗类》，中华书局 1986 年版。

“南浦”一词最早见于屈原《楚辞·九歌·河伯》:“与子交手兮东行，送美人兮南浦。”河伯与恋人在南浦依依不舍的分别场景使后人深受感动，于是“南浦”之别成为人们送别尤其是在码头送别的一个意象（见图 8–3）。南朝江淹《别赋》云：“春草碧色，春水渌波。送君南浦，伤如之何。”唐诗中亦多有描写。比如，王维《齐州送祖二》中有“送君南浦泪如丝，君向东州使我悲”之语。白居易《南浦别》云：“南浦凄凄别，西风袅袅秋。一看肠一断，好去莫回头。”

图 8–4 明·吴伟《灞桥风雪图》
（北京故宫博物院藏）

灞桥，古作“霸桥”，是汉唐时期有名的送别之地。（见图 8–4）《三辅黄图》记载，“霸桥，在长安东，跨水作桥。汉人送客至此桥，折柳赠别”。元杂剧《汉宫秋》记载，汉元帝就曾在灞桥送别昭君。到唐代，灞桥更是在唐诗中频繁出现。如李白《忆秦娥》:“秦楼月，年年柳色，灞陵伤别。”

亭大约设置于秦汉，与后世驿站相似，是为行人提供饮食和休息的场所。“十里长亭，五里短亭”，亭有长亭和短亭之分。长亭送别成为中国送别文化中的特色。唐宋以后，长亭送别更给人哀婉伤痛之感。《太平御览·居处部》引《永嘉记》曰：“乐城县三京亭，此亭是祖送行人之所。”李白的《菩萨蛮》写道：“何处是归程？长亭更短亭！”宋代柳永《雨霖铃》（见图 8–5）更是写尽男女分离之苦。其词云：

寒蝉凄切，对长亭晚，骤雨初歇。都门帐饮无绪，留恋处，兰舟催发。

图 8-5　柳永《雨霖铃》词意

执手相看泪眼，竟无语凝噎。念去去，千里烟波，暮霭沉沉楚天阔。

多情自古伤离别，更那堪，冷落清秋节！今宵酒醒何处？杨柳岸，晓风残月。此去经年，应是良辰好景虚设。便纵有千种风情，更与何人说？

元人王实甫《西厢记》中崔莺莺在长亭送别张生，可谓将长亭分别的不舍之情表达得淋漓尽致。其中的唱词曰：“晓来谁染霜林醉？总是离人泪。”“伯劳东去燕西飞，未登程先问归期。虽然眼底人千里，且尽生前酒一杯。未饮心先醉，眼中流血，心内成灰。”即便到了近代，长亭也在国人的送别文化中占有一席之地。如李叔同《送别》云：“长亭外，古道边，芳草碧连天。”这是对其最好的诠释。

4. 折柳赠别

古人对出远门者还有赠别的习俗。亲朋好友会赠物、赠钱，赠送的物品多是一些适合旅途携带的东西。如《汉书·萧何传》载，刘邦因徭役赴咸阳，众人相送，“吏皆送奉钱三，（萧）何独以五”。

折柳赠别在中国的送别文化中有独特丰富的寓意。“柳”与“留”谐音，暗示送别者的不忍相离之情。柳叶青青，意味着送别者和旅行者的深情厚谊。柳丝细长，寓意希望远行者能够不忘故土，早日回归家乡。柳树易生，插枝成荫，

同时有辟邪的作用，寓意期望远行者能够平平安安。①

其实，早在2000多年前我国就已经有了杨柳送别的风俗。《诗经·小雅·采薇》云："昔我往矣，杨柳依依。"汉代时人们就在灞桥边折柳赠别。《三辅黄图》记载："汉人送客至此桥（灞桥），折柳赠别。"南朝梁元帝《折杨柳》则是借杨柳比喻游子思乡之情，情意缠绵。

到唐代，折柳送别成为时代特色。如李白《劳劳亭》云：

天下伤心处，劳劳送客亭。
春风知别苦，不遣柳条青。

王之涣《送别》云：

杨柳东风树，青青夹御河。
近来攀折苦，应为别离多。

李商隐《及第东归次灞上却寄同年》中的"灞陵柳色无离恨，莫枉长条赠所思"两句诗，就反映出唐人折柳相赠的习俗。因为折柳相赠成为寻常之事，有时甚至会出现"长条折尽"的现象。如白居易《青门柳》云：

青青一树伤心色，曾入几人离恨中。
为近都门多送别，长条折尽减春风。

宋代以杨柳入词者甚多，而且多与相思别离有关。如吴文英《风入松·听风听雨过清明》："楼前绿暗分携路，一丝柳、一寸柔情。"秦观《八六子·倚危亭》："念柳外青骢别后，水边红袂分时，怆然暗惊。"辛弃疾《沁园春·送赵江陵东归》："记我行南浦，送君折柳；君逢驿使，为我攀梅。"宋词中的杨柳更有人格化的色彩，成为人们的情感寄托对象。

折柳相赠习俗在明清以后逐渐淡化，不过在一些诗歌中仍有提及，只是多取其相思怀乡之象征。如清祝德麟《河干送别》云："森森河流广，垂垂柳色微。

① 参见赵睿才：《时代精神与风俗画卷》，河北人民出版社2002年版，第166～179页。

临分无别语，但问几时归。”[①]

5. 接风洗尘

接风洗尘是指远行者回归家乡后，亲朋好友设宴欢迎的一种仪式。“洗尘”一词最早见于葛洪《肘后备急方》，是指洗去药材上的尘土以入药，到宋代才有洗去长途跋涉者身上的风尘之义，并引申为设宴接风。苏轼《和钱穆父送别并求顿递酒》“伫闻东府开宾阁，便乞西湖洗塞尘”中的“洗塞尘”就是指宴请刚经过长途跋涉归来之人。

在唐代，接风洗尘又被称为“软脚”或“软脚局”。软脚最初是指让旅人双脚得以放松，后来有了设宴款待慰劳的含义。杨贵妃得宠时，唐玄宗临幸杨国忠府，“出有饮饯，还有软脚”。《大唐遗事》记载，郭子仪自同州归长安时，朝臣“就宅作软脚局”，每人 300 文钱。[②]宋代时也有软脚这种仪式。如赵蕃《口占简去非》云：“春风春雨急仍颠，闻道远劳从事贤。软脚不应惟命酒，池塘生草要新篇。”软脚不仅要劝酒，更要有诗词“新篇”，由此可见宋人接风洗尘之高雅。

金代也有此种风俗。如金人李俊民《谢杨成之》云：“与客西从济上回，明朝扶杖到云台。一尊相送休频劝，留作山行软脚杯。”清代民间仍然流行以软脚迎接远道而来之人。如李慈铭《抵沪后薛慰农观察亦至邀饯汪氏西楼》云：“桃花春水会相访，为我更置软脚筵。”[③]吴振棫《至西安程玉樵同年德润留饮》云：“知余远至商软脚，青钱买酒分余暖。”[④]当时软脚宴上，酒当为不可缺少之物。赵翼《途中杂诗》云：“软脚华筵为我开，典衣治具意堪哀。衰年未必还相见，何忍坚辞饯别杯。”

---

① （清）祝德麟：《悦亲楼诗集》卷三十，上海古籍出版社 2002 年影印。

② （宋）曾慥：《类说》卷二引。

③ （清）李慈铭：《白华绛柎阁诗集》卷辛，上海古籍出版社 2002 年影印。

④ （清）吴振棫：《花宜馆诗钞》卷十三，上海古籍出版社 2002 年影印。

“洗尘”一说或许是源于行旅多蒙风尘,需要洗濯。[1]洗尘又被称为“洗泥”，大约也是洗去远行者沾染的尘泥，慰劳远行者之义，在宋代比较流行。《大宋宣和遗事》中就写道：“多年不相见，来几日，也不曾为洗尘，今日办了几杯淡酒，与‘洗泥’则个。”《水浒传》中也有“洗泥尘”之语。

“接风”首见于元杂剧《秦修然竹坞听琴》第一折：“着孩儿那里安歇，便安排酒肴，与孩儿‘接风’去来。”元明清时期的文学作品中有关接风、洗尘的记载很多。《水浒传》有“小人不曾与都头‘接风’，何故反扰”“下山来迎接，摆了‘接风酒’”“在后堂安排筵席洗尘”之语。《儒林外史》也有“秦老又备酒与他洗尘”“当夜设席‘接风’”的记载。可见，当时，亲朋好友给行旅之人接风洗尘的习俗相当普遍。

根据清人翟灏的记载，洗尘的主要内容分为两大类：一是设酒宴饮，二是馈赠礼物。大概是因为有人趁此机会结交权贵，所以元朝皇帝曾下令禁止政府官员参加接风洗尘之宴，受人礼物。

而现在北方地区还有一种“出门饺子回家面”的说法。据说远行之人平安到家后第一顿饭吃面条，能祛除在路上沾染的晦气。这是一种比较简单的洗尘方式，也是对古代接风洗尘礼仪的继承。

二、车船运行习俗

陆地用车，水路行船。不同的地域使用不同的交通工具，并由此产生了不同的习俗。

古人对于乘车有一套严格的要求。古代马车的车厢叫作“车舆”，舆是载人的部分，乘车的人从后面上来，必须要有绥供人上车时拉手用。《论语・乡党》说，

① 参见王子今：《中国古代行旅生活》，商务印书馆 1996 年版，第 164 页。

孔子“升车，必正立，执绥”。“绥”即车上的绳子。这样的上车方式其实能保护乘车人安全，防止上车时因重心不稳发生意外。《史记·张仪列传》记载，张仪在欺骗楚怀王回到秦国后，不想履行自己的承诺，使用的借口就是“失绥堕车”，因而“不朝三月”。可见如果不抓紧绥确实有可能会发生意外。先秦时期还有一种“超乘”的乘车方式。所谓“超乘”就是跳跃上车，主要是武士用于表现自己的勇气，“超乘不衰，乃可贵也”。一般贵族则不敢用此种方式上车，多是踩石而上或是踩几而上。

先秦时期人们多为立乘，对于乘车仪态也有要求。《论语·乡党》中孔子对此有所提及：“车中，不内顾，不疾言，不亲指。”也就是说，上车后不要左顾右盼，不要随便说话，不要指手画脚。汉代贾谊在《新书·容经》中专门论说了当时的立乘仪容：“立乘以经立之容，右持绥而左臂诎，存剑之纬，欲顾，顾不过毂。小礼据，中礼式，大礼下。”立乘对形体动作以及乘车时与人打招呼的礼节都有烦琐的要求。

古代贵族不亲自驾车，有御者为其驾车。古人十分重视驾车的技术，如孔子就曾在教学内容中专门设立“御”这一科。在文献中也记载了很多驾车高手。比如赵国的造父，他曾经为周穆王驾车会西王母，又“日驰千里马”，让周穆王得以回京平定叛乱。

从先秦时期开始，妇女不得立乘。贵族妇女乘坐的车要在车舆的四周围以帷裳，而且装以饰物。汉代妇女乘坐的辎车，车厢好似一间小屋，还有门窗。古代妇女乘车时都会有侍女相随，汉代出土的众多画像石对此多有描绘。到宋代时，贵族妇女出行又出现了新的习俗，即携带香毬。这样车马经过之处，“香云如烟，数里不绝，尘土皆香”。还有一种风俗是“水路”出行，即贵族出游的时候让人提前持“镀金水罐子”洒扫。这本来是北宋京城贵族出行的一种风俗，不久民间争相仿效。但到仁宗时，官方下令禁止民间以此种礼节出行。

车不仅仅是一种交通工具，更是等级和身份的象征，不同身份的人乘坐不同的车。汉代皇帝乘坐的车叫“辂车”或“金根车”“安车”，装饰华贵。高级

官员乘坐“轩车”(见图 8–6),普通官员乘坐“轺车”。不同身份的人乘坐的车,除了在马的数量上有区别外,在车的附件比如伞盖、车轓的颜色等方面也不相同。在汉代,二千石官吏乘坐的马车要涂成红色,以此表示尊贵。皇帝出行时,赫赫扬扬,场面壮观,自不待言,就是高级官员出行时,场面也很宏大,所谓“出入鸣磬,备具威仪,笳萧鼓吹,车骑满道”就是指此。

图 8–6 轩车(四川新都马家乡出土东汉画像砖)

秦汉时期就有人居于水边以船为家。东晋常璩《华阳国志》就记载,当时的江州“结舫水居五百余家”。公孙述曾建造“帛兰船”以供出行游乐。三国时期,孙权还曾于楼船上与群臣宴饮。

据钱钟书先生考证,至迟在南朝的时候,就有开船击鼓、送别行人的风俗。到了唐代,依然保留着这种习俗。[①]杜甫《十二月一日三首》其二云:“负盐出井此溪女,打鼓发船何郡郎?”行人上船要“打鼓发船”。李郢《画鼓》云:“尝闻画鼓动欢情,及送离人恨鼓声。两杖一挥行缆解,暮天空使别魂惊。”

唐代时,人们行船前还要祭神。张籍《贾客乐》记载了商船发船前祭神的情形:“金陵向西贾客多,船中生长乐风波。欲发移船近江口,船头祭神各浇酒。”即使不是行船,日常在水上游玩,也要祭神。唐文宗时期,福建地区的人们如果在新建的湖中游玩,也要以酒祭神。沈亚之《闽城开新池记》中提到,“游池而酒”的时候,沈亚之要“执卮俯船,祭酒于清流”。当时行船所祭之神是“水神”。张籍《春江曲》云:“春来未到父母家,舟小风多渡不得。欲辞舅姑先问人,

① 参见钱钟书:《宋史选注》,三联书店 2002 年版,第 82 页。

私向江头祭水神。”元稹《竞舟》中记载，岳阳地区祭船风俗盛行，而且“祭船如祭祖”。除了水神外,保护水路安全的神灵还有船神。唐代船神名为“孟公”“孟姥”。时人行水路择吉日后，以肉祭祀船神。唐懿宗时期，船户在发船之前除了备酒祭祀船神，还“杀鸡择骨为卜”。

唐人乘船还流行以歌相送。李白《赠汪伦》就提到：“李白乘舟将欲行，忽闻岸上踏歌声。”许浑《谢亭送别》也有记载:“劳歌一曲解行舟,红叶青山水急流。”白居易《琵琶行》云：“浔阳江头夜送客，枫叶荻花秋瑟瑟。主人下马客在船，举酒欲饮无管弦。”唐代乘舟远行的时候似乎多在凌晨或傍晚，唐诗中多有提及。如李白《早发白帝城》:“朝辞白帝彩云间，千里江陵一日还。两岸猿声啼不住，轻舟已过万重山。”王昌龄《芙蓉楼送辛渐》:“寒雨连江夜入吴，平明送客楚山孤。”刘长卿《重送裴郎中贬吉州》:“猿啼客散暮江头，人自伤心水自流。同作逐臣君更远，青山万里一孤舟。”

宋代仍然保留着伐鼓行舟之俗。陆游《入蜀记》云:“二十六日。五鼓发船。是日，舟人始伐鼓。”宋时在船舶中，最忌讳有人死亡，要是有人在船上病重，一般会在气绝身亡之前被扔到水中。如朱彧《萍州可谈》卷二《舶船航海法》云:“舟人病者忌死于舟中,往往气未绝便卷以重席,投水中。”洪迈《夷坚三志》亦云：“海舶中最忌有病死者。”

因为水路行船的风险很大，容易丧命，所以宋代还有烧香许愿、祈风的习俗，以此祈祷神灵保佑出行者一路平安，顺利到达目的地。《湖海新闻夷坚续志》载，江古心前往江西赴任，途中经过临江慧力寺前时，“风涛大作，舟人恐，请烧香许愿”。陈岩肖《庚溪诗话》就记载了吴中地区祈风的风俗：“吴中每暑月，则东南风数日，甚者逾旬而止，吴人名之舶趠风。云海外舶船祷于神而得之，乘此风至江浙间也。”苏轼《船趠风》曰：“三旬已过黄梅雨，万里初来舶趠风。”诗中所提也是当时祈风的习俗。

宋代水神种类多样，船行前祭祀水神是当时必不可少的程序。宋人赵蕃《舟

行诗》反映了宋人行船祭江神时的情景："夜来投宿定花浦，迄晓占风更前迈。波涛汹涌势莫遏，顾视吾舟真若芥。是时霜威甚可怖，篙师战缩不可耐。急温浊酒浇肺肝，向者肌寒人安在。自怜不比娄师德，未可轻犯垂堂戒。径搜苦语谢江神，恐惧偷生勿吾怪。"关于祭祀行神之俗，在陆游《入蜀记》卷二中多有记载。如："十三日，至富池昭勇庙，以壶酒、特豕，谒昭毅武惠遗爱灵显王神。……祭享之盛，以夜继日。庙祝岁输官钱千二百缗，则神之灵可知也。舟人云：'若精虔致祷，则神能分风以应往来之舟。'""四日。平旦，始解舟。舟人云，自此陂泽深阻，虎狼出没，未明而行，则挽卒多为所害。是日早，见舟人焚香祈神，云，告红头须小使头长年三老，莫令错呼错唤。问何谓长年三老，云梢工是也。长读长幼之长，乃知老杜'长年三老长歌里，白昼摊钱高浪中'之语，盖如此。"

宋人祭祀的海神种类众多，福建地区就有仙游的东瓯神女、涵江的灵显侯、郡北的大官神、福州的屿神、泉州的"通远王神"等数位海神。后来天妃（亦称"妈祖"，见图 8-7）成为宋代重要的海上保护神。人们纷纷为其立寺建庙，用于祭祀。时人刘克庄说："妃庙遍于莆（田），凡大墟市小聚落皆有之。"

元代择水路出行必须祭祀河伯等神灵，"登舟宜祭河伯，或止以纸钱投之水中"。在元杂剧中，也有开船前艄公祭祀河神的习俗。元杂剧《冯玉兰月夜泣江舟》第二折载："只等那船头上烧了利市纸马，分些神福，吃得醉饱了，便撑动篙来，开起船来。"可见当时开船前祭祀水神、河神等已蔚然成风。

图 8-7 天妃妈祖像（福建湄洲岛）

明人行船也挑选吉日。据李晋德《客商一览醒迷》载，当时的人认为行船的时候要选择好日子，"天门财富任君行，申集盗贼宜敛迹"。明人姜准《岐海琐谈》记载，当时温州人出行有"遥装"的习俗，凡

远行之人提前择好吉日，亲朋好友送至江边饮酒饯行，然后被送的人登舟划桨，很快返回，改日再正式启程。

三、漕帮习俗

漕帮与漕运密不可分。漕帮出现于清朝前期，是一个因漕运聚集在一起的舵工、水手、纤夫所组成的组织，主要集中在江苏、浙江一带，是依靠大运河为生的一个特殊群体。

漕运与国家财政关系密切。明朝建立了职业性的“漕军”，但提供的待遇很差。军户不仅被各级官吏盘剥，而且动辄家破人亡，因而大量逃亡。为了维护正常的漕运秩序，政府开始雇用无业游民，充当船工水手。明朝中后期，负责漕运的船工水手中只有一半来自政府雇用。（见图 8–8）而到康熙中期，雇用的船工水手成了漕运劳动力的主体。每只漕船上额定的 10 名水手中，除了 1 名负责人是有军籍的运军外，剩下的 9 个都是临时招募来的。由于漕运需长途奔波，工作又苦又累，且待遇很低，江浙当地人一般不会从事这个职业。因此，朝廷雇用的舵工、水手主要是山东、河南的流民，包括破产的农民、手工业者，也有城乡中的无业

图 8–8　漕舫（明 · 宋应星《天工开物》插图）

游民、乞丐，甚至流氓、罪犯。

明、清两代，漕运进入全盛时期（见图 8–9）。江苏、浙江承担漕粮大半，两省的运河码头成为漕运水手聚集的场所，为民间宗教的传播和民间组织的发展提供了有利的条件。漕帮经历了水手罗教、水手行帮、早期青帮三个阶段的变化。漕运水手皈依罗教主要有两个原因：一是寻求精神上的寄托；二是谋求生计，寻求自保。[①]

图 8–9 清·江萱《潞河督运图》局部（中国国家博物馆藏）

水手罗教是一个宗教色彩强烈、互助性质浓厚的民间组织。因为于社会无害，官府对其不加干涉，所以发展很快。罗教又称“无为教”，由山东即墨人罗梦鸿于正德年间创立。罗梦鸿出身漕军，他创立罗教之后，罗教很快在密云卫所和运粮军人中传播，后来在漕运水手中也流行开来。

明末，翁岩、钱坚和潘清三人在杭州聚会，相约共兴罗教，他们被尊为罗教“三祖”。康熙中叶，军运制度发生了重大变革，雇募水手占据船帮优势的局面形成。

① 参见吴琦：《漕运与民间组织探析》，《华中师范大学学报》（哲学社会科学版）1997 年第 1 期。

在停泊漕船的杭州等地开始出现“庵堂”。庵堂既是传教授徒的场所，也是停运时无家水手的栖身之所，并设置有水手墓地。因水手教徒越来越多，庵堂在浙江发展迅速，终于引起朝廷的注意。雍正五年（1727 年），浙江巡抚李卫下令将罗教的庵堂改为“水手公所”，将供奉的罗祖像和佛像、佛经全都搬走，只允许水手在其中居住。

漕运水手收入微薄，并受到层层盘剥，因而有时会违反朝廷禁令，以求获得额外收入。比如揽载商人托运的货物，私载自贩的物产等。漕船经常私贩淮盐北上，回空时则夹带芦盐南下。有时还会因超载而导致翻船。再就是漕运水手有时直接围困粮道官员，要求涨薪，甚至聚众殴官。此外，他们还会骚扰和勒索商旅居民，索要“买路钱”，甚至在光天化日之下抢劫等，这让朝廷十分恼火。

乾隆三十三年（1768 年），乾隆皇帝下令查封苏杭地区所有的罗教水手公所，逮捕罗教首领数十人，其中有的被发配至云贵两广之地，甚至被斩首。这些严酷的措施迫使水手组织突破原有的宗教形式，转变为较为单纯的行业组织——漕帮。其活动地点由陆地转移到水上，活动中心由庵堂转为老堂船。每一个船帮都设有一个老堂船，相当于旗舰，供奉罗祖神像。其首领称为“老管”，具有无上的权威，能够支配帮内财物，制定帮规，甚至有生杀大权。水手罗教原有翁庵、钱庵、潘庵三大分支，翁、钱传下的两支被称为“老安”（“安”即“庵”），潘庵一派则号为“新安”。老安收徒不多，但控制的漕船很多。新安门人不少，控制的船却不多。

道光、咸丰年间，漕运中的民间组织又一次发生重大变化——青帮出现。当时，清王朝国力衰弱，水手行帮借机掌握漕运的控制权，霸占本帮漕船，视同己业。道光二年（1822 年），江苏着手整治漕政，大量漕运人员被裁减，水手群体开始失业。道光五年（1825 年），清廷议行海运，并试办成功。咸丰三年（1853 年），清廷全面实行海运，运河漕运被彻底废止，所有的漕运水手都

失业了，漕运水手承担南粮北运的历史也彻底结束。政府拨付给他们遣散费，任其返乡置办产业，或者是加入地方军队。地方绅士富户和百姓唯恐水手逗留不去，惹起争端，扰乱地方秩序，也组织捐钱，每名水手给制钱3000文，由官府遣送回籍。

事实上，这些水手在原乡并无产业和家庭，因此不愿回乡。他们常年在运河上奔波，除了熟悉水性、身体强壮、稍通武艺之外，别无他长，即使回乡也无法独立生活。为了应付社会的巨大变动，使失业水手能够在社会上立足生存，并维持组织的原有力量，水手行帮开始改变固有的组织策略和行为方式，既保持在水上的势力不变，又逐渐向岸上渗透。他们大多数聚集到苏北的两淮盐场，组成青帮，开始了贩私盐、行劫掠的土匪生涯。[①] 至清代末年，青帮已完全演化成一个从事贩私、劫掠、嫖赌和贩卖人口等多种流氓活动的社会寄生集团。

四、马帮习俗

马帮是一种集搬运长途货物和进行商业贸易于一体的历史悠久的商旅组织，20世纪60年代之前盛行于我国西南地区。在现代化的交通方式尚未普及之前，西南地区与外界进行交流经常要通过马帮。

马帮以马来领头，但是以骡马为主要运输工具。骡马是云南矮种马与驴子杂交后所产。骡马体格比马大，耐力强，适合在山路上长途驮运货物，并且饲养成本低廉。不过骡马胆量小，反应较迟钝，无法独立应付出现的危机，所以马帮必须以马为头领。

云南马帮形成于何时，没有确切的资料可据。不过，据文献记载，西汉时

① 参见吴琦：《清代漕运水手行帮会社的形成——从庵堂到老堂船》，《江汉论坛》2002年第12期。

期在今云南地区已见有马帮驮运。东晋常璩《华阳国志·南中志》云："孝武时通博南山，度兰沧水、澹溪，置嶲唐、不韦二县。……行人歌之曰：'汉德广，开不宾。渡博南，越兰津。渡兰沧，为他人。'"歌中说的就是因汉武帝开发西南地区，云南道路大大扩展，马帮往来大为方便。东晋时期，云南等地的驮马运输已经形成帮派。唐代，南方地区比较盛行驮马运输。明清时，在西南地区已经有了比较固定的马帮运输路线，基本以官道为主。

西南地区民族众多，故经营马帮具有很强的民族性色彩，各个民族均可参与，主要有汉族、回族、藏族、白族等。马帮按照属性大致可以分为专业帮和散帮。专业帮多为商业性质，常年经营，一般为大商户所有，适合长途运输。马帮规模不一，马匹的数量少则百十匹，多则数百匹甚至上千匹。较大的马帮有规定的编队，一般以 5 匹驮马为一把，40 匹驮马为一小帮，120 匹驮马为一大帮。散帮也可称为"拼伙帮"，由两个以上小型马帮合伙组成，属短期性质。散帮的马匹数量相对有限，一般不超过百匹。①

马帮的所有者即马帮老板称为"锅头"，有时候锅头也会由马帮老板派遣信得过的、经验丰富的赶马人担任。有的散帮的锅头只是临时的负责人。马帮内有大锅头、二锅头、三锅头和赶马人，规模较大的马帮人员设置更细。大锅头 1 人，总管内务及途中遇到的重大事宜，多由能通晓多种民族语言的人担任。二锅头 1 人，负责账务，是大锅头的助理。三锅头负责管理马帮和生活。赶马人又叫"马脚子"，大多数为出身贫寒的青壮年小伙。锅头与马脚子多以家族、民族、宗教、地域等关系为纽带。许多赶马人干几年后就会脱离马帮，自己做起锅头来。一个马脚子一般负责骡马 1 ～ 3 匹，最多可照看 12 匹。规模较大的马帮还会设置伙头、哨头、岐头、伙首、群头、么锅等。伙头 1 人，负责马帮伙食，也处理内部惩处事宜；哨头 2 ～ 6 人，担任保镖及押运；岐头 1 人，为人畜医生；伙首，

① 参见汤洁娟：《论近代云南马帮商旅的崛起》，《兰台世界》2012 年第 25 期。

即马帮的“分队工”，一般 3 ～ 5 人；群头，即“小组长”若干人；么锅，即联络员 1 人，对外负责疏通匪盗关系，对内是消灾解难的巫师。[①] 这些人员组成了马帮的一个较为完整的系统。马帮一般都有专门驮运炊具、食品的马。

马帮派别很多，基本以地名划分，著名的有腾冲帮、安顺帮、古宗帮、保山帮、喜洲帮、鹤庆帮、丽江帮、中甸帮、回族帮等 20 余个。有的马帮是以货物命名，如盐业帮、糖业帮等。早期的马帮上路时都带着长矛大刀。到近代时，一些有实力的马帮将武器换成了枪，有的成为武装贩运者，以应对野兽、劫匪或者逃兵。

云南马帮所运输的货物经历了由以贵重物品为主向以日常必需品为主的转变。秦汉时期，主要以贵重物品或奢侈品为主；唐宋以后，由以贵重物品为主向以日常必需品和盐、茶、铜等大宗物品为主转变。近代民国时期，云南马帮积极参与走私物品、军用物资的运输。中华人民共和国成立后，云南马帮参与过建设物资、救灾物资的运输。[②] 一般来说，马帮所运输的货物都与当地人民的生活需求密切相关。

马帮也会进行一定的包装，显得整个马帮有气势。马帮打扮主要集中在头骡、二骡、三骡上。前三头骡马一般膘肥体壮。头骡一定是母骡。这是因为母骡性情温顺、机敏警觉，能避开危险，加上“公马爱母骡”，这样马帮走起来不会乱套。头骡除识途辨路、引领马帮编队外，还要驮负贵重物品；二骡驮负马帮需要的药物，其能否跟好头骡是马帮能否连成一条连贯直线的关键；三骡是大锅头或病号的乘骑。在马帮的最后，还要有一匹十分得力的尾骡。它既要能紧跟上马队，又要压得住马队后部，从而使马帮行列形成一个整体，不至紊乱。

马背上的驮子有软驮和硬驮之分。要是进行长途运输，一般都用软驮；如

---

① 参见杨增适：《茶马古道上的云南马帮》，《西藏民俗》2000 年第 1 期。

② 参见廖乐焕：《论云南马帮运输货物的历史变迁》，《黑龙江民族丛刊》2010 年第 5 期。

果是在云南境内进行短途运输，就用木头所制的硬驮。使用软驮是为了避免骡马的皮肉在长途运输时被磨破，同时也是为了保护货物。

马帮生活非常辛苦。少数民族的马帮成员天刚亮就要从山上找回骡马，给它们喂料，然后上驮子上路。中午开一次“梢”。“开梢”就是吃午饭的意思。当天色昏暗下来的时候，马帮要尽力赶到他们必须到达的“窝子”，在那里才好“开亮”。“开亮”就是露营。他们要在天黑前架好锣锅烧好饭，卸完驮子，搭好帐篷。汉族马帮喜欢夜晚住店，而少数民族马帮则习惯野外露营。

马帮常年在外，风餐露宿，而且路途艰险，有时会有性命之忧，因而在马帮内形成了许多禁忌。这些禁忌一般分为语言禁忌和行为禁忌两大类。语言禁忌如：讲话时不准带“倒”字的音，称陈姓者为“烟”、孟姓者为“混”，把饭称为“造粉子”，把肉称为“僵片子”，把筷子称为“帮手”，把碗称为“莲花”，把灶称为“火塘”，把钵头称为“缸钵”，等等。

行为禁忌种类较多。如马帮出门前要先祭神，在路上遇到危险的时候也向他们祈祷，祈求神灵的帮助。还要选择吉日。一般来说逢农历初一、二、六、八都是好日子，忌讳三（丧）、四（出事）。运输贵重的物品时，还会请巫师来挑选吉日。临行前，还要算卦以示吉凶祸福和去向。马帮歇息后，要先为马添料加草，让马先食，以示对马的关爱和崇敬。

马帮吃饭时规矩也比较多。马队朝哪个方向走，生火做饭的锅桩尖就要正对哪个方向；烧柴必须一头顺，切忌烧对头柴。开饭时，马锅头要坐在饭锣锅正对面，面对要走的方向。大锅头第一个添饭，添饭时平平地盛添最上面一层，不能舀出一个深洞来。摆在桌上的饭碗、菜碗不准挪动。吃菜时汤匙不能泡在汤碗里。盐帮忌讳说“沾水”一类的话，害怕盐包掉落到河里。

做饭的锣锅不能翻扑，也不能任意敲打。要是做饭时发现锣锅位置不正，需要旋转，也必须慢慢地小幅度进行。马帮成员不能随便跨过锣锅，否则就是犯忌，还会受到重罚。有时候，马帮吃饭的时候发现随身带的菜吃完了，负责

做饭的师傅会炒石子当菜。马帮喜欢吃腊肉。等到马帮回乡后要打牙祭，也就是要挑选一个条件比较好的地方，吃一顿比较丰盛的饭菜，庆祝平安返乡。

马帮不仅大大促进了云南、贵州、四川各省的物资交流，方便了当地人民的生活，而且为西南地区与内地，乃至与越南、缅甸、泰国、印度等地的经济联系、文化交流都做出了重要的贡献。在近代，云南马帮实现了普洱茶的外运，使普洱茶得以畅销国内，促进了当地经济的发展。抗日战争后期，我国当时唯一的一条国际交通公路——滇缅公路被日军截断，从丽江经西藏再转道至印度的茶马古道成为大西南后方唯一的国际商用通路。正是通过这条道路，外援物资源源不断地进入国内，为中国抗日战争的胜利做出了重要的贡献。

五、镖行习俗

镖行，又称“镖局”，是受人钱财，专门为人提供财物或人身安全保护的行业。清代，随着商品经济的发展，出现了跨区域的商业贸易，商人担心长途贩运的商品被暴力抢夺，就雇用一批人护送货物，镖行应运而生。

镖行最早兴起于康熙晚期。在清同治时期和光绪前期，镖行进入了发展的鼎盛时期。清代最著名的、业务覆盖范围最广的、通行全国的十大镖局有：兴隆镖局、会友镖局、成兴镖局、玉永镖局、昌隆镖局、广盛镖局（见图 8-10）、同兴公镖局、源顺镖局、三合镖局、万通镖局。[①]

图 8-10 广盛镖局创始人戴二间像

20 世纪 20 年代以后，镖行逐渐衰落。其原因主要有：一是票号的出现。票号或票庄的出现，使镖

① 参见吴秀峰：《探寻远去的晋商镖局文化》，《晋中日报》2012 年 3 月 22 日。

行原先所经营的票镖和银镖等业务被严重削弱。镖行经营困难，业务逐渐缩小，直至难以为继。二是现代交通工具的兴起。镖行原先能够托运大宗货物，很受商号及主顾的青睐。但现代交通工具的出现，尤其是铁路等的大规模修建，使得镖行长途贩运大宗货物的功能逐渐消解。三是中国传统的冷兵器如刀枪剑戟等无法适应社会潮流的发展，逐渐失去用武之地。镖行本身所具有的安保功能得不到保障，只好慢慢退出历史舞台。

镖局自萌芽至衰落，前后不过短短的几百年时间，但是它们不仅促进了商品经济的发展，为物资的流动提供了保障，而且还有助于维护社会安定，保一方平安，在社会上留下了形形色色的传说，形成了独特的镖局文化。

镖行一般由镖行主人（也称“当家人”）、总镖头、镖头、镖师、大掌柜、伙计和杂役等组成。因为镖行是一个风险很大的行业，所以对从业人员有一定的选拔标准，首先选择家人亲属，其次选择同村或者临近村落的乡亲，从而使镖行具有了浓厚的血缘性和地缘性的色彩。有的镖行由镖行主人兼任总镖头。镖行主人一般武艺高强，人脉极广，与官府和绿林人士都有一定的交情，有的甚至家族成员中就有人在朝为官，比如广盛镖局的镖主戴龙邦就是明末进士戴廷栻的孙子。此外，镖行主人必须家境优渥，经济力量雄厚，如此才能取信于商人和官府，发展业务。总镖头是在江湖上有一定声望的人，一般武艺惊人，有的是隐退的官府捕快。镖头与镖师通常是负责走镖的实际行动者。大掌柜掌管镖行的对外业务联络，要求眼明心细算盘精，看货不走眼，估价不离谱。伙计和杂役负责镖行的具体杂务，或在走镖时做一些杂事，也是镖行重要的组成部分之一。《镖局春秋》的作者古彧曾总结出镖行的成功经验，即“官府要有硬后台，绿林要有硬关系，自身要有硬功夫”。这也是各个镖局得以存在并发展的最根本的原因。

镖头与镖师都要求身体强壮，以青壮年男性为主。他们本身武艺高强，并携带刀、剑等武器，清末民初的时候还会携带枪支。镖头要懂得一些江湖行话，同时还要具有一定的公关技能，每到一处要拜会当地有影响力的人物。从相关

记载来看，也有部分女性镖师，不过人数很少。

镖行的业务叫作“出镖”或“走镖”。镖行走镖都有固定的镖路，华北地区的镖行很少承揽闽、粤、藏、川等地的业务，主要是语言不通，加上地形不熟，很容易出现意外。镖行最开始只是负责送信之类的简单业务。清中期以后，镖行的主要业务是为票号押送银镖、票镖。清末，镖行的业务大大扩展，形成了镖行走镖的六大镖系，即信镖、票镖、银镖、人身镖、粮镖、物镖。在清朝，地方官上缴的饷银也会请镖行护送。一些镖行也会承担汇款业务。清末，镖局还会替显贵之家看家护院,比如李鸿章就曾请会友镖局的人前来护院。有的则请镖局保护商店、戏院、银行等，防止有人捣乱，破坏正常的营业秩序。

镖行的走镖大致分为陆镖和水镖。陆镖是沿着交通大道押运镖车，由镖师骑马跟随护送。水镖大多沿着运河泛舟而行，主顾多是朝廷官员和富商大贾。镖师需要兼通水性，随船保护。陆路走镖有三种方式：一是威武镖，二是仁义镖，三是偷镖。陆路走镖时镖车上一般插有写着镖局名号的旗帜,名为“镖旗”（见图 8-11）[①]。出了城镇,走上官驿大道，就由伙计们大声喝，名为“喊镖”，也叫“喊趟子”。当走镖队伍进入省城或较大的城市时，便停止喊镖，并且还要拜访当地的镖行或者名师豪强，说几句

图 8-11　镖旗

① 采自杨津涛：《古代镖局的生存之道：官府要有硬后台，绿林要有硬关系，自身要有硬功夫》，《东方收藏》2010 年第 6 期。

客套话，防止惹是生非，导致丢镖。

走镖的形式有明镖、暗镖之分。明镖就是将大帮客货，由车辆、驴马和役夫等组成一支队伍，插上镖局旗帜，由镖师几人结队护送。暗镖是雇主不愿人众货杂，高张声势，而要简装轻骑，快赶速行，以求早日到达目的地的走镖形式。在暗镖中有一种特殊形式叫“孝镖”。走镖的人在运送金银财宝时，将财物装于灵柩中，伪装成孝丧，聘雇镖师扮作丧家亲属伴送。大部分镖局不愿意接受这一走镖形式。

镖行走镖的规矩分为陆路行规和水路行规两种。陆路行规有五种，分别是“三会一不”“三忌”“保镖六戒”“进店三要”“三不离”。“三会一不”：“三会”是指会搭炉灶、会修鞋、会理发；“一不”是指不洗脸。“三忌”：一是忌问客方行囊内为何物，只问一旦发生意外时，哪件行李是必保之物；二是忌同雇主“宝眷”接触，以便使雇主放心；三是忌中途“讨赏”，以免被视为敲诈勒索。“保镖六戒”：戒住新开张的店，戒住易主之店，戒住娼妇之店，戒武器离身，戒镖物离人，戒忽视疑点。“进店三要”：一是进店后要首先巡视一番，察看有无异常；二是要在店四周巡视一番，看看是否被贼人跟踪包围；三是要进伙房巡视一番，看看厨房中是否有人动过手脚。如果发现情况，立即采取防范措施，或另找店家，或只吃随身携带的干粮充饥。“三不离”：一是武器不离身；二是身不离衣，和衣而卧；三是车马不离院。住店后，要派专人看管车马，不管店外发生什么事，镖师们均要不闻不问，防止中“调虎离山”之计。

水路行规比较简单，主要有三条：一是“昼寝夜醒”。白天发生抢劫杀人事件的概率比较小，因此除了值班镖师外，其余人白天休息，夜晚保持清醒，看守镖物。二是“人不离船”。镖船行经的城镇多比较繁华，河上会有“花船”等经过，镖师不能离船贪看景色，防止中计。三是“避讳妇人”，以让船家和雇主放心。[①]

① 参见古彧：《镖局春秋》，朝华出版社 2007 年版，第 56 ～ 61 页。

清末，“镖不喊沧州”是一种不成文的规定。主要是因为河北沧州是当时的武术之乡，高手如云。各地镖局一则为表示对沧州武界的尊重，二则为避免有逞强之嫌。

主要参考书目

1. 白寿彝：《中国通史》（22卷），上海人民出版社1989年版。

2. 周成编著：《中国古代交通图典》，中国世界语出版社1995年版。

3. 齐涛主编：《中国民俗通志·交通志》，山东教育出版社2005年版。

4. 马小奇、张培东编著：《中国古代交通》，北京科学技术出版社2006年版。

5. 赵云旗：《中国古代交通》，中国国际广播出版社2011年版。

6. 秦国强：《中国交通史话》，复旦大学出版社2012年版。

7. 陈鸿彝：《中华交通史话》，中华书局2013年版。

8. 朱大渭等：《魏晋南北朝社会生活史》，中国社会科学出版社1998年版。

9. 李斌城等：《隋唐五代社会生活史》，中国社会科学出版社1998年版。

10. 陈高华、徐吉军主编：《中国风俗通史》（12卷），上海文艺出版社2001年版。

11. 晁福林等：《中国民俗史·先秦卷》，北京人民出版社2008年版。

12. 尚秉和：《历代社会风俗事物考》，上海三联书店2014年版。

13. 胡维佳主编：《中国古代科学技术史纲·技术卷》，辽宁教育出版社1996年版。

14. 卢嘉锡、席泽宗主编：《彩色插图　中国科学技术史》，中国科学技术出版社、祥云（美国）出版公司1997年版。

15. 沈福伟：《中西文化交流史》，上海人民出版社1985年版。

16. 中国航海学会:《中国航海史:古代航海史》，人民交通出版社 1988 年版。

17. 席龙飞 :《中国造船史》，湖北教育出版社 1999 年版。

18. 金秋鹏 :《中国古代造船与航海》，中国国际广播出版社 2011 年版。

19. 房仲甫、李二和 :《中国水运史》，新华出版社 2003 年版。

20. 陈桥驿主编 :《中国运河开发史》，中华书局 2008 年版。

21. 彭云鹤 :《明清漕运史》，首都师范大学出版社 1995 年版。

22. 吴琦 :《漕运与中国社会》，华中师范大学出版社 1999 年版。

23. 李治亭 :《中国漕运史》，文津出版社 1997 年版。

24. 陈振江 :《丝绸之路》，中华书局 1980 年版。

25. 李庆新 :《海上丝绸之路》，五洲传播出版社 2006 年版。

26. 伍加伦、江玉祥主编:《古代西南丝绸之路研究》,四川大学出版社1990年版。

27. 王明达、张锡禄 :《马帮文化》，云南人民出版 2008 年版。

28. 李旭 :《茶马古道 : 横断山脉、喜马拉雅文化带民族走廊研究》，中国社会科学出版社 2012 年版。

29. 潘洪萱 :《古代桥梁史话》，中华书局 1982 年版。

30.《桥梁史话》编写组编 :《桥梁史话》，上海科学技术出版社 1979 年版。

31. 王泽妍编著 :《古代栈道》，吉林出版集团有限责任公司、吉林文史出版社 2010 年版。

32. 马楚坚 :《中国古代的邮驿》，商务印书馆国际有限公司 1997 年版。

33. 程喜霖 :《唐代过所研究》，中华书局 2000 年版。

34. 常生荣主编:《兵家要地:中国名关新考》，中国友谊出版公司 2013 年版。

35. 徐潜:《中国古代著名关卡》，吉林出版集团、吉林文史出版社 2014 年版。

36. 郑若葵 :《交通工具史话》，中国大百科全书出版社 2000 年版。

37. 周悦编著 :《轿》，吉林文史出版社 2010 年版。

38. 刘永华 :《中国古代车舆马具》，清华大学出版社 2013 年版。

后　记

历经数月，这本《周流天下：中国传统交通文化》终于完成了，诸多感慨，无法尽于言表。

拿到这个题目之后，我就在思索：如何才能把中国古代社会几千年的交通文化展示给世人，让读者一同来感受中国传统文化的魅力与趣旨呢？于我而言，压力前所未有。在此之前，我一直对中西交通比较感兴趣，翻阅了很多这方面的资料，而且博士论文也是研究这方面的，这是本书能够写下去的基础。但是，要完成对整个中国古代传统社会交通文化的回顾，还是让我感到力不从心。而且，由于内容时段跨度很大，在写作过程中常常会有难以下笔之感。

能够完成这本小书，最应该感谢的是我的博士生导师马新先生。求学至今，无论在学习上还是生活上，马新老师都给了我太多的帮助。我记得第一次去老师办公室的时候，老师对我说了一句话：老实做人，老实做事。这句话我写在了我的日记的第一页，常常翻看，这是我做人和求学的标准。在这本书的写作过程中，大到提纲与内容，小到语句与标点，老师都倾心相助。每至毫无头绪时，老师都给予了指点，这让我在颇有顿悟之感的同时又为老师严谨的作风与渊博的学识所震撼。

本书是我与同门陈树淑联手完成的。书中的概述、第 1 章、第 2 章、第 3 章、第 5 章、第 6 章由我撰写，第 4 章、第 7 章、第 8 章由陈树淑撰写，整部书的提纲、文字内容、图片都由马新老师提供或把控。马德青师姐在资料的查找、体例的

统一方面也给予了很多帮助，使本书能够最终顺利完成。

现在已是深夜，到了不得不画上句号的时候了，每每想起诸位师友的教诲与帮助，都会感到幸运与惶恐，一时难以尽表于文字。只望在以后的学业中能够略有寸进，不负流年时光。

董莉莉

2017 年 5 月于山东大学中心校区

图书在版编目（CIP）数据

周流天下：中国传统交通文化/董莉莉，陈树淑著．
—济南：山东大学出版社，2017.10
（中国文化四季/马新主编）
ISBN 978-7-5607-5738-4

Ⅰ．①周…　Ⅱ．①董…　②陈…　Ⅲ．①交通运输史—研究—中国—古代　Ⅳ．①F512.9

中国版本图书馆CIP数据核字(2017)第197120号

特约编辑：马德青
责任编辑：王立强
装帧设计：牛　钧

出版发行：山东大学出版社
社址：山东省济南市山大南路20号
邮编：250100
电话：市场部（0531）88364466
经销：山东省新华书店
印刷：山东华鑫天成印刷有限公司
规格：787毫米×1092毫米　1/16
　　　16印张　220千字
版次：2017年10月第1版
印次：2017年10月第1次印刷
定价：39.00元